中國歷代書目題跋叢書

傅增湘 撰

藏園群書題記

書潛自署

中

藏園羣書題記卷第七　子部二

雜家類・雜學　雜説

明本人物志跋※

此書宋刻世無傳本，乾隆時中州彭家屏寶幾樓曾校刊　本，其自序言於同年塗延年處借得宋帙，而鋟版漶滅，十失其二，手自鈔寫，隨筆勘正云。是其所見宋刻既語焉不詳，重梓之版匡行格是否悉遵舊式亦不可知，所云宋刻殊未足據依也。

明代所傳有正德、嘉靖、隆慶、萬曆各本。此本半葉八行，行十六字，白口，四周單闌。惟前後序跋爲肆估撤去，並以蘗染紙，藉充宋刻，以致授梓時代渺無稽考，然審其字體方勁，雕工明整，猶是嘉、萬以前風氣，疑即皕宋樓著録之正德本也。

各卷鈐章有「馬玉堂印」、「笏齋藏本」、「蔣長泰學山氏收藏記」。馬氏海鹽明經，爲浙中藏書家，余藏本中尚有漢唐齋、紅葉山房諸章，皆其藏書印記也。蔣長泰氏則俟別考之。己卯八月十六日，藏園識。

明隆慶本人物志跋※

此書余庫中有正德本，已詳考而識之矣。此本行格與正德本同，而板匡加大，四邊改爲雙闌，楷書上版，字大悦目，爲隆慶六年宋郡所刊，後有歸德府知府鄭旻跋，略言中丞真定梁公持節中州，爰覓善本加訂正，刻之宋郡，用以傳之人人云。疑其所謂善本即正德所刊，故行格一仍其舊也。考《四庫提要》，知文淵閣著録者爲萬曆甲申河間劉用霖本，劉本蓋用隆慶舊版重脩，館臣猶推爲古本，則此爲鄭守原刻，其珍祕固不待言矣。卷中鈐章有「雲間陶氏藏書印」、「風涇陶崇質家藏善本」、「潯陽奎藻堂書籍記」、「風涇奎藻堂陶氏書籍記」、「南邨草堂陶氏家藏善本」諸印記，篆刻咸爲精雅，其人當亦文學世家，竢於郡邑志乘中考尋其仕履焉。己卯中秋翊日記。

校敦煌卷子本劉子跋※

《劉子新論》一書，《四庫全書》著録，《提要》據晁、陳二家之説題爲北齊劉晝撰，余生平深喜其書，常加披誦，以其言論明達，辨解淹通，可繼《論衡》，而詞采豐贍，文氣充腴，又類《抱朴》，洵六朝之佳著也。數十年來，從事校勘，所見舊本亦至多。乙卯之春，於南中得天一閣所藏龍川精舍本，取校《漢魏叢書》本，改訂特夥。嗣於陳乃乾許見銅活字本，余既手加勘誦，又爲題識於後，而覆本以播傳之。及前歲楊氏海源閣忽罹兵劫，藏書四散，《楹書隅録》中之明鈔《劉子》竟爲余得之。其書依《道藏》本傳録，黄蕘翁既取玄妙觀藏本覆校，又假孫淵如宋刊小字本正訂其訛失，并影寫二葉，附諸卷首，以存其真。其後更以活字本、《子彙》本對核一通，用墨筆誌其異文，上下四周朱墨殆滿，前後題識至十二則。蓋蕘翁生平勘讀之勤，校正之多，無踰於是書，而余乃獲而寶藏之，與龍川精舍本并儲一篋，於此書可謂有緣矣。

至於敦煌卷子本，余於宣統三年即聞何秋輦年丈家有之。秋輦没後，其子鬯威祕惜不輕示人，甲寅歲，始録以見貽，凡二百八行，并言其下各篇在劉幼雲前輩許，蓋本一卷而中分者也。此卷於己卯之春，伯明世兄檢得影寫本相示，凡一百四十行。其流出海外者，伯希和所得存法國博物館，同年董授經大理以考察司法，歷訪歐洲，於巴黎攝取影本以歸，余於辛未春始得見之。其在英倫者，王重民留學於彼，展轉訪得兩本，一大字卷，三百零二行，一小字卷，七十八行，攝影寄歸，藏於北平圖書館。余近日甫從門人孫子書借觀，因得傳校。溯辛亥至今歷三十年，窮搜博訪，舉石室殘卷一一得以手披而目驗之，不可謂非厚幸也。兹述校正歲月及存卷次第於後，以見余尋求此本涉歷歲年，始得如願以償。後之覽者，倘鑑其辛勤而善爲護惜，勿以區區殘帙視之，則余之此舉爲不徒矣。

何氏本校於甲寅十一月，其文自《去情》第三起，「怒問之評書」句。至《思順》第九止，至「若環桑之條以」。存者凡七篇。伯希和本校於辛未二月，其文自《風俗》第四十六起，至《正賞》第五十一止，存者凡六篇。劉氏本校於己卯四月，其文自《愛民》第十二起，至《薦賢》第十九止，至「知復抑賢者乎」句，以下缺。存者凡六篇。英倫藏本校於辛巳十月，其文自《韜光》第四起，「谷之涅則鑽灼悲不至」句起，上缺。至《法術》第十四止，至「術藏於内」句止，下缺。存者凡十一篇。又一本自《鄙名》第十七起，自「名有好醜」句起，上缺。至《託附》第二十一止，至「非石質輕」句止，下缺。存者凡五篇。通計各卷所存，凡三十七篇，去其重複者十二篇，實得二十有五篇，約存全書之半，若以文字先後優劣論之，何、劉二氏及伯希和本爲唐時所寫，緣「民」字缺筆，「世」已易「代」，脱文誤字，時所不免，要當擇善而從。至英倫館大字本，「世」、「民」二字均不改避，當是隋代所録，其異文頗多佳勝，而差失亦較少，疑此卷寫者必爲學人，非經生所及也。

顧余重有感者，是書撰於北齊，與隋相去不過四五十年，即下至唐初亦不越百年，其距書之時代爲近，則其傳録也必得其真。乃石室扃藏，經歷七八朝，而楮墨精嚴，未嘗損浥，忽一旦發此祕窟，爲人窺窬，僻在邊荒，官吏不知監護，一任中外游客篡奪分携以去，即此五十五篇之書，洞室所儲，原有數本即以《韜光》至《思順》各篇者之，何氏外有英倫館本及《石室碎金》本，而英館所藏小字本《鄙名》等五篇行格與他卷不同，是又一本也。而摧毀斷裂，使全卷分崩離析，終古無由合併。徒令吾輩今日窮諮苦索，歷盡三十年之心力，祇獲二十五篇之殘書。藏之千年，毁於一旦，作者有知，其亦有隱痛乎！此余所以丹黄輟筆，撫卷深嗟，而不能已於言者也。聞《石室碎金》所存者有《去情》以下六篇，余未之見，他日訪得，更與各本證其得失焉。辛巳十月十七日，藏園。

明龍川精舍鈔本劉子跋

《劉子》十卷，明人寫本，棉紙藍格，十行十八字，版心有「龍川精舍」四字。此天一閣舊藏，余昔年得之上海金誦清坊中者。闌上有舊人校字及批釋諸條，疑亦明人筆也。以程榮《漢魏》本校之，卷一《防慾》章「口貪滋味」下補「命曰腐腸之藥，鼻悦芳馨」十字。《去情》章「虚心觸己」下補「雖有忮心而不怒者，以彼無情於擊觸也」十六字。《專學》章注文「寘我周行」下補「后妃歎曰：若得君子，將共治國，不知祭祀之時已過，專與不專則斯見也」三十八字。卷二《思順》章「欲無傷」下補「也，其可得」四字。卷三《審名》章「黄公醜女」注「故一國」下作「謂之實醜，後納爲妃，時人始知其爲」十四字，與程本作「無聘者，有鰥夫時冒取之果」十一字者迥異。卷四《薦賢》章注「虞丘楚相」上補「楚莊王以告虞丘，虞丘伏罪。於是遂進叔敖爲相，楚國大治」二十三字。其他單詞片語糾正者又數百事，可知此本之善矣。余昔年曾校明初活字本，取此對勘，其正文所補各條活字本均有之，惟注文三條爲此本所獨具。嗣得黄蕘圃校宋本，則所補注文宋本一一咸備，是此寫本出於宋刊斷可知矣。

又此書敦煌石窟有六朝人寫本，余曾見兩殘卷：一爲何卺威所藏二百八行，存《去情》第三末至《思順》第九上半；一爲法國伯希和所藏一百五十二行，存《風俗》第四十六章至《正賞》五十一。又聞劉幼雲前輩藏一卷，其文與何氏所藏正相接續，惜遠在青島，未得假校。然所校兩卷，其文字與通行者違異頗多，蓋古書自唐以後展轉流傳，去古愈遠，舛謬愈增，欲整齊而廓清之，蓋戛戛乎其難矣。壬申二月清明前三日，藏園記。

黄蕘圃校宋本劉子注跋

題「播州録事參軍袁孝政注」。明鈔藍格本，半葉九行，行十七字，低一格，標題注「無一」、「無二」等字，知從《道藏》本出也。黄蕘圃以宋刊本、明活字本、《子彙》本、《道藏》本重校。其校《道藏》、《子彙》、活字各本均用墨筆分注於上下方。校宋本用朱筆，其宋本闕前二卷，以明翻本配入者，則改用黄筆。余既取其校宋本傳録於新印《道藏》本上，兹將卷中題跋備書於後，以見蕘翁之於是書，其收羅衆本，致力精勤，殊非後人之所敢望也。宋本半葉十一行，每行十八字，注雙行列正文下。明活字本半葉九行，每行十八字，注大字低一格。《子彙》本半葉十行，每行二十字，無注。并附志焉。

收藏印記列左：

「葉氏菉竹堂藏書」、朱圓。「葉印子寅」、「春王圃人」、「葉豹文印」、均白文。「葉國華氏」、朱。「歸高陽葉氏印」、朱白文。「高陽葵園藏書」、「葵園」、均白文。「粉印」、「南陽閨秀」、均朱。「心宸」、白。「丹臣」、白。「廷檮之印」、「袁又愷氏」、「五硯樓」、「又愷」、「五硯樓袁氏收藏金石圖書印」、「海寧陳鱣觀」、「簡莊審定」、「巽夫借閱」、「拙生手校」、均朱。「黄丕烈印」、白。「丕烈之印」、白。「蕘夫」、「老蕘」、「士礼居」、「蕘圃手校」、「五峯山人」、「陶復菴」、均朱。「丕烈」、朱。「蕘言」、「復翁」、「宋廛一翁」、「士礼居」、「二疏精舍」、均白。「士礼居精校書籍」、「丕烈」、「復翁」、均朱。「廿止醒人」、白。「益之手校」。朱文。

《劉子》一書余昔年見唐人卷子本於何秋輦中丞家，存《去情》後半及《韜光》、《崇學》、《專學》、《辨樂》、《履信》、《思順》等篇，曾假得手校於鄂局《百子》本上，嗣收得天一閣藏明人龍川精舍寫本，以《漢魏》本校之，訂正極多。近年又獲觀明活字本於蘇州許博明處，其異字頗有出明鈔本外者。門人孫楷第從事此書，余發篋授之，供其校釋，然終以未得見宋本爲憾。北京圖書館所收歸安姚氏書中有影宋本二卷，余諦視之，乃從《子彙》本摹寫，不足一盼也。頃者聊城楊氏書爲駐軍所篡取，海源閣中埽地俱盡，展轉流入坊市，余於文友堂見此帙，重爲蕘翁手蹟，遂以高價收之。原書所校者，如《子彙》本、活字本、《道藏》本，余咸經手勘，獨宋刻未耳。闌外眉間，朱墨爛然，斑斕錯雜，宛如赤煉蛇，不僅火棗兒糕矣。其佳勝處，舉龍川、《道藏》、活字、《子彙》各本皆遠不及，以此知宋刻之足貴，良非虛語。宋刻自五松園後流轉不知所歸，即傳校本亦世所未見，然則蕘翁此帙殆爲天壤孤行之本，視與宋刻同珍，亦奚不可哉！原本書衣有蕘圃手書「五硯樓遺書，士礼居校重裝，壬申六月，復翁記」二行，屈指計之，已甲子再周矣。百年轉軸，文物淪喪，此戔戔故紙獨完好如新，自宜於劫火兵塵之厄，既喜祕籍之得有所歸，更冀後人之善爲世守矣。庚午十一月小寒節，藏園主人識。

晁氏《讀書志》云：齊劉晝孔昭撰，唐袁孝政注，凡五十五篇，言脩心治身之道，而辭頗俗薄。或以爲劉勰，或以爲劉孝標，未知孰是。庚午巳月晦日，葉子寅讀識。

此書丁丑冬得之梅花館，越宿即取去。庚辰秋，再見之南樓，如逢故人，亟携之歸。内抄録多誤，硃筆已較正。至劉子姓氏，南陽先生雖言之，而終無的據，當以俟知者。世無刻本，可勿珍諸？康熙庚寅中秋十八日，許心扆識。

辛卯夏五月十七日晨牕，見太翁外舅圖記，此册外有外舅圖記，内子圖記補印。

此亦五硯樓書也，因舊抄，檢出之，不令隨他書去。卷端題《劉子》，卷下又有「無一」至「無十」字號，其爲藏本出無疑。惜五硯樓主人在日未取藏本勘之，爲一恨事，而藏本早售出，兹無從借校，又一恨矣。我友周丈香嚴家多祕書，向假得活字本校如右。其硃、墨兩筆舊校者都合，余兹校活字本，是者存之，非者不贅焉。讀是書者以舊鈔爲主，活字參之可耳。嘉慶庚午五月一日校畢，時在支硎道中，復翁。

此書世鮮刻本，惟程榮《漢魏叢書》本有之，然脱誤甚多，不可據也。是舊鈔以他書《道藏》本證之，每葉二十行，行十七字，其自藏本出無疑，不知何故正文與注或錯出，或訛舛，舊校而外，又賴活字本校正無算，可知書非宋刻，可據者十不一二也。余向從萃古齋見一小匡子細字本，主人云是宋刻，惜亦不全，後聞爲陽湖孫伯淵售去。當致書山左，向彼借校，一破羣疑。讀書在廣見博聞，余謂藏書之道亦然。藏而能讀，非見聞廣博，不足以奏其功焉。庚午五月十三，燒燭重檢，復翁又記。

余好古書，無則必求其有，有則必求其本之異，爲之手校，校則必求其本之善而一再校之，此余所好在是也。年來家事攖心，漸奪余好，其興少衰，未有如今兹之甚者。日坐齋中，身閒心忙，視書無一字可入肚，雖流覽之，殊無所得也。古人謂凡人爲一事，到成就處必有魔來擾之，此其是耶！此書因讎校留案頭三年矣，因記愁緒於此。復翁。

時癸酉五月二十六日，三男生十有一載矣。能讀父書，尚賴此子。

宋本二册，見季滄葦《延令書目》，題曰《劉子新論》。孫氏五松園所藏即此本，今借校於此本上，其勝處固多，其脱誤處當以藏本、活本參之。此蕘翁朱筆，在書衣上。

宋刻分卷與此異，其十卷則同，所異在每卷分合。此題亦在書衣。

宋本補缺二卷，想是翻宋本，以行款每葉二十行，行十八字，與宋本行款同也。然每題上空三格，與宋本異，且宋本與藏本、活本正文小注無甚大異，而此本小注全有多寡損益，殊可怪也。校畢記，復翁。黄筆，在卷一末。

丙子八月，借玄妙觀藏本校正。又小注多同，所異者行款錯誤耳。孫藏宋本上所補明刻殊不足信，黄筆校處可從削也。丕烈。墨筆，在卷一末。

余校此書用活字本，用《子彙》本，可謂勤矣，而猶惓惓於宋刻者，蓋書以宋刻爲最佳，世無宋刻則已，苟有之而聞之見之，不能得之，必思借之，手爲校之，此余愛書之苦衷也。陽湖孫伯淵與余同愛書之友也，思借此書於二年之前，適伊病假歸田，來游吴中，面假於去冬，今假於孟夏，諄諄以尚未校過爲詞，必約日見還。余因竭幾日畢之，讐勘者佐以西賓陸拙生，丹黄粲然，幾致目眩。然心苦爲分明，讀者何難尋其脈絡耶！校畢復以伯淵跋語及宋本面目盡記於卷首，宋刻之似，略可辨識。他日與伯淵熟商，能再借我影鈔，則余又滋幸矣。孟夏十有三日雨牕，黄丕烈識。

壬申四月，假得孫淵如觀察所藏小字殘宋刻本校一過。首二卷全缺，他卷亦多脱葉。復翁記。

是書校宋，不憚至再至三，每校一次，即得訛字幾處，書之難校，掃葉拂塵，可謂至論。四月十八日，第三次校畢記。

嘉慶丙子閏六月，因收得《道藏》本《黄帝八十一難經句解》，内有缺葉，遂托穹窿道士向玄妙觀借藏本補鈔，且云藏本如欲借觀，不妨往取。余於鈔補竣事後，開一目去，復檢得數種，原有者校之，不全者補之，卷帙少者擬次第傳録之。此《劉子》原出《道藏》，惜有錯誤，先經前人以朱、墨二筆校勘，及入余手，復取活字本、殘宋本（宋缺補以明刻本）校正文及注，取《子彙》本校正文，幾於火東兒餂矣。兹則專取《道藏》原本覆勘之，始知此舊鈔本實出《道藏》，唯稍有脱落耳。即活字本、宋刻本正文及注亦未必大有歧異，不知所補明刻二卷出於何本？其注名少互異。茲既得見《道藏》真本，自然以此爲主，而以活字、宋刻兩本參焉，明刻之二卷斷不可據。正文《子彙》本極佳，可取證也。所校《道藏》皆標於下方，以「藏」字汻於字下，通體於本行文字詞句有經宋本、活本、明本及前人朱、墨二筆校改增損者，不復再加區別，唯視下方無《道藏》本標出者，皆與藏本合，而舊抄之爲《道藏》固可即本身字而知之矣。至於字體不盡合《道藏》本，未能一一照改也。得此番校正後，《劉子》一書，可稱善本，余之心力亦瘁於此。八月八日燒燭，廿止醒人識。

以上皆黃蕘圃手跋，尚有蕘圃所録孫淵如宋本跋語及所記宋本行款、葉數、印章并影寫二葉，均見《楹書隅録》，不更複出。

嘉慶十七年四月十四日覆校畢，陸雲士記。

道光癸未秋日，長洲張紹仁借讀。

徐北溟補注顏氏家訓跋※

余辛亥殘臘獨遊武林，於何氏修本堂書坊中見殘書數架，因略檢取舊刻舊鈔數百册捆載以歸。其中殘本多出自汪氏振綺堂，故時有名人批校之筆，此《顏氏家訓》僅存下册，緣喜其初印精善，將携之入都，俾配成完帙。然閉置篋笥已二十餘年，固未嘗發視也。頃以修補殘書，隨手檢置案頭，偶瀏覽及之，見眉間訂正之語凡數十則，末葉有嚴久能手跋兩通，乃知眉間諸語爲徐北溟補注而久能之父半庵先生所手録者也。半庵名樹蕚，字茂先，錢竹汀爲撰墓志。久能跋語附著於後，俾覽者知其原委焉。

蕭山徐君北溟爲抱經學士補注《家訓》，並補注《觀我生賦》，多所糾正。予雅服其賅博，借其稿來閱，大人爲度録於此本，爲書其後。北溟名鯤，赤貧，旅寓武林，與抱經學士、頤谷侍御相友善，兩先生極推重之。余去冬與鮑以文在杭州，遂與北溟訂交。又嘗爲我校《麟角集》，極精細。乾隆六十年乙卯仲春廿九日，元照識。

予於壬戌初秋游西湖，時巡撫阮公招客校經，元和顧君廣圻、李君鋭，武進臧君鏞堂與北溟皆在詁經精舍。其時北溟性情改易，雖與予無閒言，予亦謹避之，不敢屢相昵。予歸未幾，北溟遂下世。聞其死之狀甚可悲也。止一子，蠢不知書，北溟所有書册盡屬諸他人，其子今不知作何狀。北溟腹笥饒富，注書是其所長。此書補注不知抱經先生何以不刻。先生乙卯冬下世，計猶及見之。此書上方字先君手寫，先君下世已十年矣，展讀一過，心焉如割。嘉慶十五年庚午七月初三日，際壽謹識。天氣涼甚，如深秋候。

眉間徐氏批注分條録存如下：

卷五：

《省事篇》第十二「事途迴穴」下補注云：

《文選》班孟堅《幽通賦》：「叛迴穴其若兹兮，北首頗識其倚伏。」注：「曹大家曰：迴，邪也。穴，僻也。禍福相反。韓詩曰：謀猶迴穴。」鯤按：《漢書・叙傳》迴字作回，顔師古注云：「回穴，轉旋之意也。」亦作洄泬，潘安仁《西征賦》：「事回泬而好還。」李善注云：「韓詩曰：謀猷回泬。」五臣作洄泬。又《後漢書》王符等傳論曰：「用明居晦回泬於曩時。」章懷注云：「回泬，猶携互不齊一也。」

《誡兵篇》第十四「顔俊以據武威見殺」下補注：原注云「未詳」。

《魏志・張既傳》：「是時武威顔俊、張掖和鸞、酒泉黄華、西平麴演等並舉郡反，自號將軍，更相攻擊。俊遣使送母及子詣太祖爲質求助。太祖問既，既曰：『俊等外假國威，内生傲悖，計定勢足，俊即反耳！今方事定蜀，且宜兩存而鬥之，猶卞莊子之刺虎，坐收其斃也。』太祖曰：『善！』歲餘，鸞遂殺俊，武威王祕又殺鸞。」

《歸心篇》第十六，六舟三駕下補注：原注云「未詳」。

唐釋道宣《廣弘明集》十五卷梁晉安王綱《菩提樹頌序》云：「海度六舟，城安四攝。」又，十九卷蕭子顯《御講金字摩訶般若波羅密經序》云：「百福殊相，入同無生；萬善異流，俱會平等。故能導羣盲而並驅，方六舟而俱濟。」按：六舟即六波羅密也。劉孝標注《世説新語·文學篇》云：「波羅密，此言到彼岸也。」經言到者有六焉：一曰檀，檀者，施也。二曰尸羅，尸羅者，持戒也。三曰羼提，羼提者，忍辱也。四曰毘棃耶，毘棃耶者，精進也。五曰禪，禪者，定也。六曰般若，般若者，智慧也。然則五者爲舟，般若爲導，導則俱絶有相之流，升無相之彼岸也。又按：六波羅密亦稱六度，詳見《釋藏》、《六度集經》。梁簡文帝《大法頌序》云：「出五險之聚，升六度之舟。」

同篇，《釋二》，「業緣未感」下補注：

元注：《維摩經》「是身如影，從業緣見」。按：元注作「如影從身，業緣生見」，乃沿《選》本李注之誤，今據《釋藏》維摩詰本經改正。然自來校《文選》者，自何義門而下，多所釐訂，惟李善所引佛書，沿訛襲謬，不可縷舉，從未有爲之校改者，良由不翻閲釋氏諸書故也。予欲檢對《釋藏》，一一正其訛舛脱漏，俾李注復還舊觀，而衣服於奔走，苦無寧日晷，未知何時得遂此願也。謹附識於此。

同篇，《釋四》，「不必剃落鬚髮」下補注：

《魏書・釋老志》：「諸服其道者則剃落鬚髮，釋累辭家，結師資遵律度，相與和居，治心、修凈、行乞以自給，謂之沙門，或曰桑門，亦聲相近，總謂之僧，皆胡言也。」

卷六：

《書證篇》第十七，「唯王羲之小學章」下補注：

《魏書・任城王雲傳》：「彝兄順字子和，年九歲，師事樂安豐初書王羲之《小學篇》數千言，晝夜誦之，旬有五日，一皆通徹。豐奇之。」《唐書・藝文志》王羲之《小學篇》一卷。

同篇「亦有竹下遂爲夾者」下補注：

按《魯語》：「臧文仲聞柳下季子之言，使書以爲三筴。」《莊子・駢拇篇》：「問臧奚事則挾筴讀書。」《管子・海王篇》：「海王之國謹正鹽筴。」皆爲簡策之策。

同篇，「今亦作夾」下補注：

按：《史記・封禪書》：「使博士諸生刾六經中作《王制》。」《索隱》曰：「小顏云：刾作刺，謂采取之也。」又《毛詩・魏風・葛屨篇》：「是以爲刺魯。」《詩》作

「刾」，見顧炎武《石經考》。

同篇，「而有長沙、零陵、桂陽、諸暨，如此郡縣不少，以爲何也」下補注：

按：《海内經》云：「舜之所葬在長沙零陵界中。」《海内東經》云：「潢水出桂陽西北山。」諸暨當爲餘暨，《海内東經》云：「浙江出三天子都在其東在閩西北入海餘暨南。」

同篇，「董卓焚書」下補注：

《風俗通》逸文曰：「光武車駕徙都洛陽，載素簡紙經凡二千兩。董卓蕩覆王室，天子西移，中外倉卒，所載書七十車，於道遇雨，分半投棄。卓又燒焫觀閣，經籍盡作灰燼。所有餘者，或作囊帳，先王之道幾湮滅矣。」

同篇，「七十四人出佛經」下補注：

按：劉孝標注《世説新語·文學篇》引《列仙傳》曰：「歷觀百家之中，以相檢驗；得仙者百四十六人，其七十四人已在佛經，故撰得七十二，可以多聞博識者遐觀焉。」又《釋藏》「冠」字唐釋法琳《破邪論》云：「前漢成帝時，都水使者光禄大夫劉向著《列仙傳》云：『吾搜檢藏書，緬尋太史創撰列仙圖，自黄帝以下六代，迄到於今，得仙道者七百餘人，向檢虚實，定得一百四十六人。』又云：『其七十四人已見佛經矣。』推劉向言『藏書』者，蓋始皇時人間藏書也。尋道安所載十二賢者，亦在七十四人之數。今《列仙傳》見有七十二人。」據上二書，則《列仙傳》人數當有七十二，而今本衹得七十。又其贊中無出佛經之語，蓋係後人捃摭類書而成，故多所刊削竄改，非復劉向之原書，更非復顏所見之舊本矣。

同篇，「揖下無耳」下補注：

按：後魏《弔比干墓文》「揖」作「捐」，所謂下無耳者也。考顧炎武《金石文字記》所載諸碑別體字，如「緝」作「絹」，「葺」作「萺」之類甚多，不獨「揖」字爲然。又考，「肙」爲「胥」之別體，乃更有「胥」誤爲「咠」者，如「壻」作「𡎆」，「揟」作「𡎆」之類。輾轉訛謬，即「咠」之一字已不致詰。

同篇，「奮奪從雚」下補注：

按：此非正作「雚」字，如後魏《弔比干墓文》「奮」作「奮」，《曹娥碑》「奪」作「奪」，皆從「雚」之破體耳。

同篇，「巫混經旁」下補注：

按：《太公吕望碑》「巫」字作「坙」，而諸碑中「經」字旁多有作「𢀖」者。「坙」與「巠」相似，「𢀖」與「坙」亦相似，故以爲混也。

同篇，以叱爲七下補注：

《御覽》九百六十五《東方朔别傳》曰：「武帝時上林獻棗，上以所持杖擊未央前殿楹，呼朔曰：『叱叱先生，來來先生，知此篋中何等物也？』朔曰：『上林獻棗四十九枚。』上曰：『何以知之？』朔曰：『呼朔者上也。以杖擊楹兩木，兩木者林也。來來者棗也。叱叱四十九枚。』上大笑，賜帛十匹。」

同篇，「拭卜破字經」下補注：

按：「拭卜」與「破字經」當係兩種，不連讀也。段云：「『拭』乃『栻』字之訛，《漢書·王莽傳》内有此字，本亦作式。」鯤按：《史記·日者列傳》「旋式正棊」，《索隱》曰：「按『式』即『栻』也。」又，《宋書·蔡廓子興宗傳》：「爲郢州府參軍。彭城顏敬以式卜曰：『亥年當作公，官有大字者不可受也。』及有開府之授而太歲在亥，果薨於光禄大夫之號焉。」據此，則「式卜」乃自爲一術明矣。其「破字經」段以爲即今之坼字也，當考。

卷七：

《音辭篇》第十八「孫叔言創《爾雅音義》」下補注：

盧云：「《魏志·王肅傳》稱，樂安孫叔然以名與晉武帝同故稱其字。陸德明

《釋文》亦云炎字叔然，唯此作叔言。」案：《莊子》「大言炎炎」，義亦可通，或炎有兩字，亦未可定。

《雜藝篇》第十九「故無頓狼狽者」補注：

段云：狼狽即狼跋。李善《西征賦》注云：「《文字集略》曰，狼狽猶狼跋也。《孔叢子》曰：吾於狼狽見聖人之志。」《孔叢子》所云，謂狼跋之詩也。「跋」、「䟺」古通用，「䟺」又訛「狽」。《酉陽雜俎》乃言狼狽獸，如蛩蛩之與蟨。迷誤日甚矣。

同篇，「追來爲歸，更生爲蘇，先人爲老」下補注：

顧炎武《金石文字記》云：「『追來爲歸』見穆子容《太公碑》作『𨑳』。『先人爲老』見《張猛龍碑》，作『𠒎』。『更生爲蘇』，今人猶用之。」

同篇，「唯有姚元標」下補注：

《北史·崔浩傳》：左光禄大夫姚元標以工書知名於時。

同篇，「蕭賁」下補注：

《南史·竟陵文宣王子良傳》：子昭胄。昭胄子賁，字文奐，形不滿六尺，神識耿介。幼好學，有文才，能書善畫，於扇上圖山水，咫尺之内，便覺萬里爲遥，矜慎不持，自娱而已。好著述，嘗著《西京雜記》六十卷。起家湘東王法曹參軍，得一府歡心。及亂，王爲檄，賁讀至「偃師南望，無復儲胥露寒；河陽北臨，或有穹廬氊帳」。迺曰：「聖製此句非爲過似，如體目朝廷，非關序賊。」王聞之大怒，收付獄，遂以餓終。又追戮賁尸，乃著《懷舊傳》以謗之，極言詆毀。

同篇，「反支不行，竟以遇害」下補注：

《漢書·游俠·陳遵傳》：王莽敗，張竦爲賊兵所殺。注：「李奇曰：竦知有賊，當去，會反支日，不去，因爲賊所殺。桓譚以爲通人之蔽也。」

同篇，「拘而多忌」下補注：

《漢書·司馬遷傳》：「嘗竊觀陰陽之術，大詳而衆忌諱，使人拘而多畏，然其叙四時之大順，不可失也。」又，《後漢書·方術傳》序：「子長亦云觀陰陽之書，使人拘而多忌，蓋爲此也。」

同篇，「會稽賀徽，賀革之子」下補注：

《南史·賀革傳》：「子徽美風儀，能談吐，深爲革愛，先革卒，革哭之，因遘疾而卒。」

《終制篇》第二十「本朝淪沒」下補注：

顧炎武云：「古人謂所事之國爲本朝。魏文叙《降吳表》言，世受魏恩，不能扶翼本朝，抱媿俛仰，靡所自厝。又如吴亡之後而蔡洪與刺史周俊書，言吴朝舉賢良是也。之推仕齊、周及隋，而猶稱梁爲本朝，蓋臣子之辭無可移易，而當時上下亦不以爲嫌者矣。」見《日知録》十三卷。

《北齊書·文苑傳·顔之推傳》「仰浮清之藐藐，俯沉奥之茫茫」下補注：

《文選》班孟堅《典引》：「太極之元，兩儀始分，烟烟熅熅，有沈而奥，有浮而清。」注：「蔡邕曰：奥，濁也。言兩儀始分之時，其氣和同，沈而濁者爲地，浮而清者爲天。」

「驟五帝而弛三王」下補注：

《後漢書·曹褒傳》：「三王步驟，優劣殊軌。」注：「《孝經鉤命決》曰：三皇步，五帝驟，三王馳。宋均注云：步謂德隆道備，日月爲步；時事彌順，日月亦驟；勤思不已，日月乃馳。」

「樹杞梓於水鄉」下補注：

《文選》陸士衡《答張士然》詩：「余固水鄉士。」李善注云：「水鄉謂吴也。《漢書》曰：武功中水鄉人三舍墊爲池。」

「奮大義於沮漳」下補注：

《文選・江賦》：「吸引沮漳。」李善注云：「沮與睢同。謝靈運擬鄴中集詩：沮漳自可美。」

「乃畫地而取名」下補注：

《魏志・盧毓傳》：「詔曰：得其人與否在盧生耳。選舉莫取有名，名如畫地作餅，不可啖也。」

「先憑陵於他道」下補注：

姚姬傳云：「郭璞《江賦》：包山洞庭，巴陵地道。顔以渚宫代荆州，以地道代巴陵也。」《惜抱軒筆記》。他字誤。藏園按：此爲勞季言所補。

「憑衣霧以上天」下補注：

《困學紀聞》二十引《易緯是類謀》曰：「民衣霧，十吸霜，閒可倚杵於何藏。」

「疇百家之或在」下補注：

《文選・西征賦》：「窺七貴於漢庭，譸一姓之或在。」注：「《聲類》曰：譸亦疇字也。《爾雅》曰：疇，誰也。」

「指余櫂於兩東。」注：兩東未詳，或湘東之訛。

《惜抱軒筆記》云：「注疑『兩東』爲『湘東』之訛，非也。《楚賦》：孰兩東門之可蕪？」藏園按：此條勞季言所補。

「赴楚民之有望」下補注：

《漢書·項籍傳》：「居鄛人范增，年七十，素好奇計，往説梁曰：陳勝敗固當。夫秦滅六國，楚最亡罪，自懷王入秦不反，楚人憐之至今，故南公稱曰：楚雖三户，亡秦必楚！今陳勝首事，不立楚後，其勢不長。今君起江東，楚蠭起之，將皆争附君者，以君世世爲楚將，爲能復立楚之後也。於是梁乃求楚懷王孫心在民間爲人牧羊，立以爲楚懷王，從民望也。」

「輔絳宫之玉帳」下補注：

《黄庭經》：「心爲絳宫。」《抱朴子·外篇》：「兵在太乙玉帳之中，不可攻也。」《唐藝文志·兵家》有《玉帳經》一卷。

「書千兩而煙煬」下補注：

《後漢書·儒林傳》：「初光武遷還洛陽，其經牒祕書載之二千餘兩，自此以後，參倍於前。後長安之亂，一時焚蕩，莫不泯盡焉。」《文選》潘安仁《西征賦》：「詩書煬而爲煙。」

「奪諸懷而棄草」下補注：

《文選》王仲宣《七哀詩》：「路有飢婦人，抱子棄草間。」

「留釧之妻人銜其斷絕」下補注：

《御覽》七百一十八《晉記》云：「王達妻衛氏太安中爲鮮卑所掠，路由章武臺，留書並釵釧訪其家。」

「擊磬之子家纏其悲愴」下補注：

《吕氏春秋·精通篇》：「鍾子期夜聞擊磬者而悲，使人召而問之曰：子何擊磬之悲也？答曰：臣之父不幸而殺人，不得生。臣之母得生而爲公家爲酒，臣之身得生而爲公家擊磬，臣不覩臣之母三年矣。昔爲舍氏覩臣之母，量所以贖之，則無有，而身固公家之財也，是故悲也。鍾子期歎嗟曰：悲夫！悲夫！心非臂也，臂非椎悲石也，悲存乎心而木石應之，故子誠乎此而諭乎彼，感乎己而發乎人，豈必彊說乎哉！」

「車五百以夐臨」下補注：

《左》定五年《傳》：「申包胥以秦師至，秦子蒲、子虎帥車五百以救楚。」

「曙結纜於河陰」下補注：

《續漢書·地理志》宏農郡郟縣注：「《史記》曰：自陝以西，召公主之，自陝以東，周公主之。」又，魏郡鄴縣有故大河。《文選》陸士衡《贈文羆詩》：「驅馬大河陰。」注：「《穀梁傳》曰：水南曰陰。」

「追風颷之逸氣」下補注：

《晉書·王廙傳》：「廙性儁率，嘗從南下，旦自尋陽，迅風飛帆，暮至都，倚舫樓長嘯，神氣甚逸。王導謂庾亮曰：世將爲傷時識事，亮曰：正足舒其逸氣耳。」

「僊國從於採芑」下補注：

《史記·田敬仲完世家》：「於是田常復修釐子之政，以大斗出貸，以小斗收。齊人歌之曰：嫗乎采芑，歸乎田成子。」《索隱》曰：以刺齊國之政將歸陳氏也。」

「私自憐其何已」下補注：

《楚辭》宋玉《九辯》：「私自憐兮何極。」

「衹夜語之見忌」下補注：

《惜抱軒筆記》云：「注疑夜語爲久語之譌，非也。」藏園按：此條勞季言所補。

「郊鄉導於善鄰」下補注：

《孫子·軍爭篇》：「不用鄉導者不能得地利。」《左》隱六年《傳》：「五父諫曰：親仁善鄰，國之寶也。」

「終荷戟以入秦」下補注：

按：「秦」當作「榛」。《御覽》三百八十五《揚雄别傳》曰：「揚信字子烏，雄第二子，幼而聰慧。雄笇《元經》不會，子烏令作九數而得之。雄又疑《易》羝羊觸藩，彌日不就，子烏曰：大人何不云荷戟入榛？」

明鈔封氏聞見記跋※

此書獨山莫氏藏本，余昔於吴門獲之。卷首有郘亭跋語，謂是隆慶時寫本，列舉補正雅雨堂本諸條，頗自矜異。然以余觀之，實爲清初人傳録之本，第卷末摹寫「隆慶戊辰借梁溪吴氏宋鈔本録」一行耳。嗣遊南中，適天一閣藏書散出，見有此書，因亟收之。取雅雨堂本略勘一過，其補訂脱佚之處與郘亭所舉正同。如卷一石經條首補一百六十五字。卷三制科條「郎中不入」下補二十二字；銓曹條「禮部侍郎」下補六字。卷四尊號條「天地大寶聖文神武」下補二十六字；露布條「仰憑威靈」下補八字；原注缺六字，誤。卷五燒尾條「問吏部船」下補二十字；圖畫條「數十人吹角」下補二十四字。卷九凌壓條末補注二十六字。其他如「儒教」、「蜀無兔鴿」、「高唐館温湯」等缺文及風憲視物遠近等八事缺全條，此帙及各本咸不能補，蓋自宋以來缺佚久矣。余曩見李木齋師家明寫本，亦經借閲校勘，其所補正與此皆脗合，可知明中葉以後相傳即此本也。此本藍格，棉紙，半葉九行，行二十字。木齋師本半葉八行，行二十二字，版心有「雪晴齋抄」四字，汲古閣舊藏，有印。并附志之。壬申二月二十二日記。

盧抱經校舊鈔本侯鯖録跋※

此書惟《稗海》本八卷最爲通行，其明天啓海虞三槐堂刻頗不經見，然《稗海》本脱誤闕多，至不可勝糾。余别藏明正德時芸窗書院刻本，版式頗爲疏古，然以校《稗海》本，乃無勝處，似商氏傳刻即祖此本也。鮑渌飲謂藏有舊鈔本，分上、下卷，較諸本爲勝。《郘亭書目批注》亦言抱經謂兩卷本者最善。今檢視余所藏鈔本，正爲上下兩卷，首尾有「武林盧文弨手校」小印，卷中朱筆細書亦爲學士手蹟，是抱經所云最善者，即此帙也。原書半葉十二行，每行二十一字，卷中陶弘景避作「洪景」，其傳録當在乾隆時矣。

余曾取《稗海》本手校一通，其奪失訛謬乃百出不窮。舉最甚者言之：如卷一「竹生花」條下脱去「白樂天《琵琶行》」、「桃茢除不祥」、「漢明帝聽劉峻出家」、「弅字」、「潘瀋」、「古鏡背銘」、「老蘇《雷太簡墓銘》」凡七條。卷二「黄魯直讀太真外傳詩」下脱三十二字。又下條「寒日邊斷」上脱十一字，於是以滕達道之詩誤屬於魯直。卷八「張文潛雪獅詩」下脱「韓魏晚謝事」一條、「東坡黄岡」一條。「鰲相公」條「天地雖虚霩」上脱十一行一百九十九字。「銘刻」條脱十四字。其下又脱俞清老、王居卿、曾讜二條。「黄魯直小詞」下脱「晉祠」一條。「山谷詠水仙」條下脱「山谷題東坡水石」一條。其後又脱「江南道中題詩」一條。共脱佚十五條，又脱文三處。其餘詞句之訂正者尚不可計。

又按：《稗海》本卷一首條爲「《文選》文采雙鴛鴦」，鈔本則以「元微之行李從易制詞」、「《文選》名都篇」、「天下生齒數」三條居首，此三條《稗海》本在此卷後。而「文采雙鴛鴦」次之。然鈔本亦有脱佚，如卷一末「盧東題驛詩」、「鄭彦能詞」、「魯直戲東坡醉」、「花宜晝」四條，《稗海》本有而鈔本無之。至卷五辨傳奇崔鶯鶯事，鈔本全不載，《四庫》譏其詞冶蕩，鮑氏所見本亦無之，遂謂其出於後人删削。余觀此卷體裁與全書迥異，或後因爲德麟戲作而附入之。今世所傳上、下卷者，必爲當時原本，故無此文，並非惡其淫艷而刊落之也。

鮑氏既取此書刊入《知不足齋叢書》中，並據海虞、舊鈔兩本於佚文各條及奪漏字句咸一一補入，自可稱爲善本。然余偶檢此本勘誦數則，核其文字，亦往往不同。此本出自擎齋學士手校，其精確宜較可信耶！此帙二十年前獲之杭州書肆，言出自塘栖勞氏，其卷中粘簽猶季言手筆也。

盧校木佚文、脱文録如左：

佚文十五條：

卷一「竹生花」條下佚文七條：

白樂天《琵琶行》云：「曲罷曾令善才伏」，而善才不知出處。《琵琶録》云：「元和中王芬曹保保有子善才，其孫曹綱，皆習此藝。次有裴興奴，與曹同時。其曹綱善爲運撥，若風雷，不長於提絃；興奴則長於攏撚，下撥稍軟；時人謂綱有右手，興奴有左手。」樂天又有《聽曹綱琵琶示重蓮》詩云：「撥撥絃絃意不同，胡啼番語兩玲瓏。誰能截得曹綱手，插向重蓮紅袖中。」其一。

桃茢以除不祥。茢，苕也。今人以桃枝洒地辟鬼。其二。

漢明帝聽陽城侯劉峻等出家，僧之始也。濟陽婦女阿潘等出家，尼之始也。其三。

橐，小束也，音蠹。毬，細毛也。今毬氈字。其四。

潘，普官切，淅米汁也。瀋，胃枕切，汁也。二字皆汁也，但潘字不通用耳。其五。

余家有古鏡，背銘云：「漢有善銅出丹陽，取爲鏡，清如明，左龍右虎俌之。」不知「丹陽」何語，問東坡亦不解。後見《仙藥名隱訣》云：「銅一名丹陽。」又一銘云：「尚方作竟真大巧，上有仙人不知老，渴飲玉泉飢食棗，浮雲天下敖四海，壽如金石佳且好。」東坡云：清如明，如，而也。若《左傳》「星隕如雨」。潁川頓氏一鏡，銘云：「鳳皇雙鏡南金裝，陰陽合爲配，日月當相會，白玉芙蓉匣，翠羽瓊瑶帶，同心相親，照心照膽壽千春。」《西京雜記》云：「漢有方鏡，廣四尺九寸，高五尺，表裏有明。人直來照之，影則倒見。以手覆心而來，則見腸胃五臟，歷歷無礙。人有疾病在内，則掩心照之，知人病之所在。又，女子有邪心則膽張心動，始皇以照宫人，膽張心動者即殺之。」余家有一鏡云：「蔡氏作鏡佳且好，明而日月世少有，刻治六宫悉皆在，長保二親利子孫，傳之後世樂無極。」號又得一面云云。二皆人鼻，此一鼻上有八篆文，中有「魯國」二字可識之，奇古如鐘鼎，欵亦深入字，惟背上者突出。又見一鏡，背花妙麗，又有「真子飛霜」四篆字，鏡名或人名耶？不可得而辨。其六。

老蘇作《雷太簡墓銘》云：「嗚呼太簡，不顯祖考，不有不承，隱居南山，德積聲施，爲取於人，不獻不求，既獲不庸，有功不多，我名孔悲。」此語大妙！有三代文章骨氣，爲文之法也。其七。

卷八佚文八條：

韓魏公晚謝事歸相州，有詩云：「花散曉叢蜂蝶亂，雨匀春圃桔槔閑。」又云：「不羞老圃秋容瘦，且看寒花晚節香。」皆熙寧初紛更法度，争之不勝所作也。其一。

東坡在黄岡，與張從惠吉老同一州，吉老妻，余從姑也。遇生日，請坡夫婦飲，適有新桃，食之見雙仁，坡戲作獻壽詩云：「終須跨個下麒麟，方丈蓬萊走一巡。敢獻些兒長命物，蟠桃核裏有雙仁。」此二條補入張文潛《雪獅》詩下。其二。

山谷云：「金華俞清老字子忠，三十年前與余共學於淮南。元豐甲子，相見于廣陵，自云荆公欲用之，脱逢掖着僧伽梨，奉香火於半山宅寺，所謂報寧禪院也。余命之僧名曰紫琳。清老無妻子累，去做半山道人似不爲難事，然生龜脱筒，亦難堪忍，後數年見之，儒冠自若也。因戲和清老詩云：『索索萑自雨，月寒遥夜闌。馬嘶車鐸鳴，羣動不遑安。有人夢超俗，去髮脱儒冠。平明視清鏡，政爾良獨難。』東坡常哦此詩以爲戲。」其三。

田承君云：東人王居卿在揚州日，孤□□適相會，居卿置酒曰：「疏影横斜水清淺，暗香浮動月黄昏。此林和靖梅花詩，然而爲詠杏花與桃花皆可用也。」東坡曰：「可則可，恐杏花與桃花不敢承當！」一坐爲之大笑。廿四。

曾讜，孝序之子，元符中上書論元符之政，偏入邪論，爲中等。後爲二蔡客，上書詆元祐，美崇寧政事，爲正論，上等。後因陛對作聖語令進擢，又背京從卞，言章及之，遂貶丹陽閑居。常送新茶與蔡天啓，天啓於簡後批一詩云：「欲言正焙香全少，便道沙溪味却佳。半正半邪誰可會，似君書疏正交加。」此三條補入「銘刻」條下。其五。

《晉世家》云：叔虞武王之子，姜太公之外孫，今晉祠是也。此條補入「黄魯直小閲」條下。其六。

山谷云：「東坡墨戲，水活石潤，與余草書三昧所謂『閉門合轍』。」題東坡水石。此條補入「山谷咏水仙」條下。其七。

江南道中壁上有人題云：「蛇蝎性靈生便毒，蕙蘭根異死猶香。」不知何人詩，亦妙語也。此條補入「熊執易補闕」條下。其八。

脱文四則：

「扶風喬木夏陰合，斜谷鈴聲秋夜深。人到愁來無處會，不關情處總傷心。」亦妙語也。卷二「黄魯直讀《太真外傳》詩云」下。

滕達道長於五言，省試詩云：卷二「結客詩云」上。

東坡云：余少飲輒醉，卧則鼻鼾如雷，傍舍爲厭，而已不知也。一日因醉卧，有魚頭鬼身者自海中來，告予廣利王來請端明。余被褐草屨黄冠而去，亦不知身步入水中，但聞風雷聲，暴如觸石，意亦知在深水處。有頃，忽然明白，真所謂水精宫殿相照耀也。其下則有驪目夜光，文犀尺璧，南金火齊，炫日不可仰視，而琥珀珊瑚又不知多少也。廣利少間佩冠劍而出，從以二青衣。余對以海上逐客，重煩邀命，廣利且歡且笑。頃南溟夫人亦造焉，東華真人亦造焉，自知不在人世。少間，出素鮫綃丈餘，命余題詩，余乃賦曰：卷八「天地雖虛廓」上。

銘義稱美不稱惡，鄭玄云：銘者名也。卷八「銘刻」條「銘者自名也」下。

校珩璜新論跋

此書宋時原有二名，一曰《孔氏雜説》，一曰《珩璜新論》，《四庫總目提要》已述之矣。《説郛》、《説海》所録皆節本，惟明《寶顏堂祕笈》及近刻之《墨海金壺》、《珠叢別録》乃爲完帙，然皆不免訛脱。余於甲子仲春，假劉翰怡藏金耿菴手抄本，校於《墨海金壺》本上，補奪文五事，改定之字乃及數百。據耿菴所跋，謂轉録於邵瓜疇，故爲可珍。嗣又得明抄《清江三孔集》，中載《雜説》一卷，余取此《寶顏堂祕笈》本校之，其佳勝又往往多出金抄之外。頃藻玉堂送閲一帙，乃吴兔牀、陳仲魚二人據畢氏本及吴稷堂藏本合校，凡正定四百五十餘字，其異字又多出金鈔、明鈔兩本之外者，意其所出之源或較古也。《寶顏堂祕笈》世皆斥爲惡本，然如此書卷末列侯太夫人以下七條，《墨海》本及吴兔牀鈔本咸脱失，而《祕笈》本獨全，則亦未可厚非矣。異時當取三次所校，彙合異同，詳爲寫定，俾宋人説部多一善本，庶余丹鉛之功不爲虚擲歟！甲戌十二月初九日，藏園老人手識。

校泠齋夜話跋

丁氏持静齋藏義門手批本，書友自粤携入都，從之假得，臨於《稗海》本上。惜此本及何批《津逮》本均有舛誤，安得舊本一勘耶！甲寅閏月初五日，沅叔記。

授經同年藏日本五山板，九行十八字，白口，左右雙闌，通各卷爲號。字體疏古，直從天水出。惜前五卷乃抄補，然亦極舊，疑數百年前人手筆。假校一過，卷九補開井法一條，餘所得異字逸文殆不可勝計。余昔迻寫何校，苦無善本可勘，今竟獲海外奇祕，讀畢爲之忻慰無已。沅叔手記，時甲寅十二月十七日也。

按：校記以五山本爲主，大字書之，其《稗海》本異文及何氏批注均雙行臚列於下，遇何批及校改字，則云「何批云何」、「校作某」以别之。

正德本石林燕語跋※

葉氏此書宋元舊刊已不可見，今之傳世者，惟此正德時楊武所刊號爲最古。據武跋云，得李憲長叔淵抄本，字頗脱誤，託方伯王德華讐正梓行。叔淵即沁水李瀚，曾刊《中州集》、《元遺山集》、《容齋五筆》諸書，其人固多藏古籍，風雅好事者，其所傳録，必猶近古也。

書分十卷，刊本半葉九行，行十七字，上空一格。大黑口，左右雙闌。前録石林自序，標題下題「子楝、桯、模編」，知猶原本未經改易者。卷末有正德元年正月上元奉勅督理軍政監察御史楊武後序。舊爲天南遯叟藏書，序缺首葉，各卷缺八葉，皆以寫本補完，叟題識於序後，言此猶明刻本，與商維濬《稗史》本較，約略相同，内有缺葉，即以《稗海》本補之云。余因知各卷抄葉定爲王氏手蹟矣。書衣標題亦叟所書。鈐有「王韜印」、「紫詮」、「甫里弢園王氏藏書」、「弢園王氏真賞」、「王韜祕籍」、「王韜藏書」、「淞北鯫生」、「曾經王韜藏過」、「天壤第二王郎」各印記。癸丑游吴門，見此書於顧氏怡園，鶴逸即舉以見贈，故卷首亦有「顧鶴逸」小朱文印。辛巳八月二十日，沅叔記。

謹録卷末王氏手識於後：

此猶是明正德刻本，惟非初印，字跡時有模糊。聞溧陽葉氏本爲最善，當依之校定，重刊以行。光緒丙戌夏五中澣，吴郡王韜識，時年五十有九。

吾鄉葉調生處士曾有校正本，惜兵燹後其書不傳，行當覓之於故家。光緒癸巳花朝，天南遯叟識，時年六十有八。

明刊殘本石林燕語跋※

余癸丑歲得王紫詮藏本於吳門，既篋而藏之矣。然以卅本漫漶，不便披觀，私用歉然。已而薄游廠市，於文德堂覩此殘册，楮墨清朗，神采煥發，因以廉值得之，與前書合裝爲一匣。且其書舊爲明代葉文莊故物，有翁、查諸人收藏印記，又經唐鷦安題識，評其聲價，視弢園本固已遠勝，不特以初印爲珍也。然則雖微有缺佚，又何傷乎！辛巳寒露節記於藏園。

此正德元年刊本，存卷一、二，卷五至八，凡六卷。初印精湛，無壞板，無缺葉。檢弢園寫補各葉勘之，其文字奪譌，行格參錯，已有不同，知王氏照《稗海》本補入，未足爲據也。書以原版爲貴，信哉！卷前有唐鷦安跋語，録如左方：

《石林燕語》十卷，佚三、四兩卷，葉文莊菉竹堂中故籍，卷首圖記德榮甫名奕苞，爲文莊孫行。是書紙墨皆古，於宋諱無一闕筆，記本朝事皆不跳行，當是元時刊本。板心特寬，與《吳郡志》同，則猶仍舊刻原式也。又十卷呂丞相條「不可不」下原刻「御名」兩字，今又添一「眘」字，其爲繙刻時妄添可知。若其所據之本則孝宗時刻也。庚午四月初旬，曾廉叔大令自金陵寄贈，書以誌良友之惠。新豐鄉人記。

又十卷王哲丞條「久在學校，素矜脊交」，「脊」字亦作「御名」二字，而大字直寫，亦繙刻之證也。又是條衍「崇寧中」三字。又六卷唐誥勅條末衍「故事雜學」四字。又，天箒上將軍條第七行衍「本朝踵唐，宗正卿皆以皇族爲之」十三字。九卷狄武襄條「神宗」平格，不跳行。

明鈔春渚紀聞跋

此天一閣舊藏，余昔年得之上海坊市者。棉紙，藍格，鈔本，半葉九行，行二十字，目録後有「臨安府太廟前尹家書籍舖刊行」二行，此即毛斧季所謂宋刻尹氏本也。

按：此書各家目録無宋刻本，惟皕宋樓藏有明嘉靖丙戌鈔本，爲述古堂遺物，中有校筆，題「崇禎庚寅從宋本校一過」，下署「潛在」二字。陸氏亦知其人，實則爲毛子晉別號也。然其書無可踪迹矣。明代刻本首爲《寶顏堂祕笈》，次爲《津逮祕書》，《祕笈》本只六卷，以汲古閣本核之，其卷一至卷六之「野駝飲水形」條爲汲古之卷一至五，其卷六後半記墨各條乃汲古卷八中之文，餘則均付闕如。蓋姚叔祥得其本於沈虎臣架上，付陳眉公刻之，亦知其脱遺，斧季固謂叔祥所得止半部也。後毛子晉得鈔本十卷，刊入《津逮祕書》，惟卷九内尚有缺葉一番。久之，斧季復得宋刻尹氏本，乃影寫卷九所缺之葉，并目録補入家刻本中。惟其時書版已歸奏叔，且質之他人，雖幸鈔全，而原書未能補刊，故至今通行《津逮》本闕葉依然如舊。前歲於友人許覯斧季手校原書，因取《津逮》本移録一通，凡「南皮遺瓦研」之後半，「烏銅提研」之前半，及「蓮葉研」、「風字研」二條，幸得據以增入。其他卷内脱佚至一二行者更藉此補訂完密，爲之欣快無已。嗣收得此寫本，檢斧季原校逐卷參考，咸脗合無遺，乃知斧季所見信爲宋槧，而天一閣此本亦從宋槧而出，益可徵信矣。學者試取抱經《拾補》證之，或可供研索之資乎！至近世《浦城遺書》、《學津討源》於此書皆經覆版，其脱葉亦已補完。然《浦城》本得自都門之傳鈔，《學津》本出於邵氏之轉校，不若余目見斧季之筆，手披天一之藏，更爲獨得驪珠也。

《津逮秘書》本脱文補如左：

卷一「李右轄」條，「曾紱帥郡官」下脱「祈雨之次」四字。

卷二「龍神需舍利經文」條，「而篙櫓不進」下，脱「即與季父焚香，江有龍神廟思」無「因上謁龍祠」五字十二字。

卷六「饋藥染翰」條，「隨紙付人至」下，脱「日暮筆倦或案」六字。

卷九「吴老煆硯」條，「真仙戲幻」下脱「鍛瓦成金，呂老受之，鑄金作瓦，置之籬壁以睨」十八字。

卷九「南皮遺瓦研」條，「而參夫文」下脱「房四寶之列，蓋物之顯晦也有時，而事之興廢也常迭。遺材良而質美者，雖亘千古兮不隨衆物而堙滅」四十字。

又，「端石蓮葉研」全條，脱八十七字：「余過嘉禾土悟静處士。坐間有客，懷出蓮葉研，端石也，青紫色，有二碧眼，活潤可愛。形製復甚精妙，正如芳蓮脱葉狀，其薄如五六重紙，大如掌，摩之索索有聲，而寶光可鑑也。其人甚惜，不可得，特記其精製。喻硯工終不能爲也。」

又，「風字晉硯」全條，脱八十二字：「風字硯，石色正青紫相參，無眼，甚薄，硯心磨已窪下，背緣皴剥，殆非近代物。與墨爲入，光瀲如漆。王天誘見之，以爲晉研，後易銅鑪於章序臣。序臣携至行朝，爲一嗜貴人力取去。其人所蓄數百枚，而此研爲之冠也。」

又，「烏銅提研」前半條，脱「烏銅提硯，余於錢唐得之，製作非近世所爲，柄容墨漿可半升許，亦爲章序臣易去，闕子東見之而」三十八字。

臨勞季言校春渚紀聞跋※

此書余舊藏天一閣寫本，目録後有「臨安府太廟前尹家書籍鋪刊行」一行，曾取以校

《津逮祕書》本，並撰跋一首，以誌其原委焉。又别見有毛斧季手校本，其正訛補佚之處與天一閣本正同，亦於前跋中詳述之矣。兹從德化李木齋師遺書中假得校宋本一帙，校人未署姓名，亦無印記，然余觀卷中朱筆細楷，及墨筆補鈔目録八葉，審其字迹，定爲勞季言所校。前後影摹錢遵王、孫從添藏印，尤精雅可愛。余因取前校本覆核一過，又補得數十字，皆出於斧季校本、天一閣抄本之外。蓋勞氏於此書，摹仿字體，鉤勒行葉，鉅細不遺，即誤字亦照録於行間，其朱墨精謹，嚴守家法如此，而余則兩度丹鉛，仍多疏漏，視之良自愧矣。

余昔年閲《皕宋樓藏書志》，藏有明影本一部，卷末有「嘉靖丙戌菊月望日謄録」一行，又有「潛在崇禎庚寅從宋本校一過一行」，當時頗以不得見其書爲憾。今觀此本，卷末正有此二行，是季言所據，即述古堂之原本，不知何時自丹鉛精舍散出，遂爲皕宋樓所收耳。然則余雖未見宋本，而獲此勞氏精校之本，盡存宋刊面目，得以補余之罅漏，亦足以自慰矣。斧季原跋世所罕覯，余既録之校本後，兹附存於左，俾學者得以共見之。辛巳六月，藏園老人誌於宿雲簷。

《春渚紀聞》姚叔祥止半部，先君購得鈔本十卷，欣然付梓。後復得宋刻尹氏本，命德兒校之，九卷中鈔本脱一葉，家刻仍之，蓋前輩鈔書，板心書名數目俱不寫，往往致有此失。急影寫所缺，并目録八紙，裝入家刻，以存宋本之典型如此。嗟乎！據叔祥跋語，方其得之也，句抹字竄，朱墨狼籍，質訂不啻再三，而先君子所得鈔本又益其半。就其半而校之，則或益一葉，或益五行，固爲大快，而九卷之缺文直至宋刻而始全。只此一書，幾經辛苦若是，則凡留心校勘者，其可不廣搜祕笈，精詳考訂哉！惜其板歸叔兄，今質他所，不得即爲補刊，與天下好學者共之，爲深惜耳。汲古閣後人毛扆。

影宋本却掃編跋※

此錢氏述古堂藏書也。竹紙，烏絲闌，半葉九行，行十八字，楷字工雅有士氣，每卷末闌外有「錢遵王述古堂藏書」小字一行，蓋即遵王家寫本。余别藏鈔本《吊伐録》，卷末亦注此八字。下卷末有「門生迪功郎桂陽軍司法參軍徐杰校正」一行，卷中語涉朝廷皆空格，其爲影宋寫本無疑。前有徐度自記六行，後有跋十二行，題「嘉泰壬戌立秋日金華郡康書於桂水郡齋」，未著姓氏，不知誰何也。書衣籤題纍纍，曰「錢氏述古堂影宋精鈔本」，曰「錢遵王家影宋本」，曰「虞山蔣氏敬一堂珍祕」，曰「士禮居黄氏審定」，曰「陳仲魚舊藏」，曰「祕本不借」，大書跌蕩，似是張芙川手筆。余曾見芙川藏本，多如此也。卷中藏印有「錢大昕觀」、「大昕」、「蕘圃」、「仲遵」、「曾藏張蓉鏡家」、「阮鍾琪印」、「伯生」諸家印記。

式皆同。按：是書余曾校三次，一爲天一閣鈔本，一爲穴硯齋鈔本，又臨黄蕘圃校宋本，其格如名臣之字用大字，其名則旁注小字。後見吴興張氏適園新翻宋刻，自錢唐丁氏藏臨安尹家書籍鋪本摹出者，與前校本悉合，可知自來流傳者皆此本也。近代通行者爲《津逮祕書》、《學津討源》二刻，然兩本皆無徐度自序。張氏新翻宋本有序矣，而嘉泰之跋獨付闕如。此述古堂鈔本，其行格雖與尹家書籍鋪本同，然多徐杰校正一行，而無尹家書籍鋪牌子，余頗疑述古所鈔乃别一宋刻。蓋彼爲臨安本，此則桂陽本也。余偶取數則勘之，其文字殊有差異，知徐氏所稱校正者，殆非虚語也。是書鈔本頗爲稀見，賴尹氏本出可以糾正奪訛，而余乃於無意中更獲此異本，爲前人所未見，不尤可貴耶！異時當研朱重校，庶可定兩本之孰爲最勝也。癸未十一月既望，沅叔書於企驎軒。

嘉靖本容齋五筆跋※

《容齋隨筆》前後凡七十四卷，宋時有嘉定、紹定兩刻本，明代有會通館活字本、弘治李瀚本、崇禎馬元調本。今宋本祇存《隨筆》、《續筆》及《四筆》殘卷，會通館及李氏本亦世所稀見，今之傳布者獨馬氏本耳。余昔年在南中得明刊大字本，爲抱經樓盧氏舊藏，各家藏目均未見著録。原書半葉九行，每行十八字，白口，左右雙闌，大字疏朗悦目。前後無序跋，未審何時及誰氏所刻，以字體雕工風氣定之，當爲嘉靖時刻本，與馬氏本版式行格絶相類，惟標題作《一筆》、《二筆》爲獨異耳。余頗疑馬氏乃直就此嘉靖本翻刻，其序謂得李瀚本者，或據以校勘耶？原闕《一筆》卷九之十二，余屬寫官取馬本依仿其行格補成，遂爲完璧。至其文字之得失，俟暇時檢宋刻及李本互勘之。

明鈔墨莊漫録跋※

昔歲於内城帶經堂書坊見明鈔《墨莊漫録》十卷，爲正德以前寫本，經唐六如借俞子容藏本手勘者。每卷後均有伯虎題記，卷尾有陸師道記，索直至六百金，嗣爲陶蘭泉所得，聞今亦屬於秋浦周君叔弢矣。

此本舊爲袁寒雲所得，聞出於廠市論古齋，嗣與他書同歸余齋。棉紙、藍格，九行十八字，即自唐六如本傳録者。余取《稗海》本校之，卷尾脱張孝基自跋一首，其文字補正極多，兹舉其著者分録於後。然此本亦殊有脱失，如卷一東坡詞「忽聞江上弄哀箏」下脱下闋七句。其他次第先後、條文分合，殊有不同，而單詞漏句賴以匡糾者，所在而有。是兹帙雖屬傳寫，要如虎賁之於中郎，固宜登之上座矣。

卷一「武帝建安」條「十八級」下脱文二十一字：「關中侯爵十七級，皆金印紫綬。又置關内外侯十六級。」

又「東閣觀梅」條後「見别本」下脱文二十字：「孫文集乃有此詩，而集首有梁王僧孺所作序，乃云。」

卷二「杜子美秦州詩」條「蓋白題」下脱文四十二字：「胡名，對珠汗似無意，後見李長民元叔，云在京師圍城中，戎騎入城，有胡人風吹氈墮地，後騎告曰：落下白題。」

卷三「頃有一士人」條「館職裹行」下脱文十二字：「此蓋緣御史有裹行職銜故也。」

卷五「徽州眉子石」條下脱全條七十字：「杜子美詩：『江閣要賓許馬迎，午時起坐自天明。』晉王脩字敬仁，《語林》曰：『敬仁有異才，時賢皆重之。王右軍在郡，迎敬仁，叔仁輒同車，每惡其遲。後以馬迎之敬仁，雖復風雨亦不以車也。』」

卷六「一日不書」條「字字用意」下脱文十八字：「殊有功，爲天下法書第一，古所謂一筆書，謂意。」

卷九「四明同僚」條「彭氏則亦」下脱文一百十六字：「亡矣。乃爲祭酹而祝之曰：『此刹館之客屬至鼎來，不知其幾何人，胡不訴之，乃獨告於我乎？然我貧無力，曷以副汝之請，當遍告諸有位者，庶有成焉。』時崔訟成美爲簽判，乃率同僚出金，且令廣德邑宰檀佾庭季辦集之，爲作佛事，葬於城西横山之陽，仍書其事刊石納壙中。檀與彭蓋鄉人，故亦樂爲之。」

「熙寧十年」條「神僧吐霧應精求」下脱文四十二字：「時臺省館閣悉和之，崔伯易云『陽亢彌春帝爲愁，比丘龍起睠神州。慈雲遍覆諸天潤，惠澤相和萬國流』云云。」

「臣昔與希真遊」上脱文二百七十五字：「枸杞，神藥也。脩真之士服食多昇仙，歲久根如犬形，夜能鳴吠。《羅浮山記》云：『山上有枸杞樹，大三四圍，高二丈餘，時有赤犬見於其下，夜聞其吠。』今所至有之，但鮮得枝幹大者。予外氏家唐州，第宅之盛甲於漢上，宅東有園，在東南城之一隅。城上下枸杞甚茂，枝幹有如盃盂者，春時嫩條如指，甘美無復苦味。一日，因欲地骨皮入藥，予與表弟季任命僕劚之，初深三二尺，根已如椽，又深鋤之，其下形如一犬，頭足悉具，惟一足差細，其嫩皮厚寸許。伯舅順圖見之，嘆惋曰：『惜乎靈物爲二子所發，使其歲月益深，必益能狺狺而吠矣』。治其皮，得數斤，諸君争取之而盡。後余因觀曲轅先生崔公度伯陽所進枸杞詩序云：『臣昔聞隱君子言，枸杞數百歲根類生物，得而食之，□顔長年。後閲仙書，數有驗者。嘗與道士宇文。』」

又，本條末脱文二十七字：「西河女子杖八十老人者，老人是其子，因不脩真，以致衰老，怒而杖之。」

卷十「韓子蒼戲作冷語」條「思道云」下脱文十八字：「御柳陰森蔽煙空，尚記玉宇來清風。月傍九霄。」

唐陸二跋録後：

俞子容先生家藏書，晉昌唐寅借校，一一删過。其間魯魚亥豕甚多，百不能補其一二，然裨益見聞亦不爲少。至若欲人熟讀連州碑，所未解也。

嘉靖乙巳借俞守約《墨莊漫録》看一過。此書訛舛甚多，雖更六如勘過，差謬不少，偶有所見，輒爲更定一二。衡山取觀，頗以依據證余謬妄，余乃茫然自失，因知不破萬卷不可輕用丹鉛也。附書以志吾愧，且以謝守約云。陸師道志。

殘本程氏續考古編跋※

程大昌《考古編》今世所行者十卷，有李氏《函海》、張氏《學津》本。《郘亭書目》注云續五卷，然《四庫提要》未之及，各家書目亦不見著録，疑其佚已久矣。近見明抄本，存卷六至十，半葉十行，行二十四字，藍格，綿紙，鈐「會稽鈕氏世學樓圖籍」朱文印。各條下間注所出書名、卷數，其書名有《會要》、《紀要》、《舉要》、《類要》、《策》、《長編》、《御覽》、《集賢記注》、《意林》等。遇宋帝諱字下注廟諱、御名，是亦源出於宋刊矣。其訂正羣籍與前書後四卷同恉。卷七有唐賦役四篇，末有跋云：「庚戌二月十七日閱唐史書，此乃唐世財賦大節目，史語已自駁異，故詳著之。其叙該盡，亦讀史者所宜知也。」此雖殘帙，然爲生平所未見，要自可珍，因屬寫官鈔録副本，存之篋中。異時倘訪得前帙，當付梨棗，以附前編，俾與正續《演繁露》並行云。藏園手記。

鈔本續考古編跋

程氏《續考古編》前歲於徐梧生監丞遺書中得明鈔一册，存卷六至十，既已録副藏之矣。今春薄游南中，過海虞瞿氏書齋，得見舊鈔全帙，爲何義門藏書，驚爲創獲。爰浼鳳起世兄代覓寫官，爲補録前五卷，鈔録既竟，鳳起並合全書手勘一通，訂正文字訛奪不尠。郵致北來，於是數百年斷種祕籍，至此復留一善本於天壤間，何其幸耶！

按：程氏《前編》乃辨論經義異同，而旁及傳記謬誤。《後編》則考訂諸史爲多。卷二至五論官制職掌典制，特爲詳核，卷六多言地理，卷七則述户役政刑，卷八則述經籍源委。通觀兩書，乃知程氏之意，前者主於訂經，後者主於考史，所謂合之斯兩美也。今聞皖中諸賢方蒐采鄉邦遺著，勒成鉅編，若程氏此書之考辨精詳有功羣籍者，忍令其長此堙滅耶！藏之名山，傳之其人，上之不負古人焠掌厲精之勤，下之亦以自慰雪纂露鈔之苦，余蓋日夜引領而企之矣。癸酉九月二十有二日，藏園老人識。

明鈔本老學庵筆記跋

《老學庵筆記》十卷，明鈔本，藍格，棉紙，半葉十行，每行二十字，次行低一格，語涉宋帝、後空一格。卷末墨書一行云：「計一百四十三葉，己亥冬十一月鈔訖。」下鈐「連陽山人」朱文印。又墨書二行，云「丙子秋八月寓於都門興聖寺，偶閒步至琉璃廠，買此書，因記。偶然子」。下鈐「偶然一小韋」朱文印。收藏有「潘乃蘷印」、「張稽仁印」、「周氏女學」、「莫」、一字朱文。「雲卿」、「廷韓父」、「魏文岳印」、「文岳私印」、「臣岳」、「會英」、「峰五圖書」、「潘奐宸印」、「潘氏共伯白父澹逸齋老桸居」、白文大長方。「張伊卿藏書記」各印。審其印篆，大率多明代人也。

按：是書世行本自《稗海》及《津逮》外，别無舊刊，即舊鈔本亦殊希覯。天一閣舊有明鈔本，然閣書於癸丑散出時，余亟求之，不可得也。同年鄧止闇藏有穴硯齋本，曾假得一校《稗海》，誤舛略得釐正。此外又見何義門批校本，亦多録於《稗海》本上，視穴硯齋本佳處略同，何氏所據亦一舊鈔也。

頃來滬濱，於金誦清肆中收得明人藍格寫本，審其款式，實從宋刊出，因取《津逮》本校之，訂正者凡三百六十餘字。如：卷一「陳福公」條，「見公於都堂閤子」，毛本「子」誤「公」，屬下句，則「都堂閤」爲何語耶？卷二「魯直戎州樂府」條，「瀘、戎間呼笛爲獨」，毛本「呼」訛「謂」，「獨」訛「曲」；「《字說》盛行時」條，「此出《字說》霄字，云『凡氣升比雨而消焉』」，毛本「比雨」誤「此而」。卷三「蜀孟氏」條「圖其狀於聖壽寺門樓之東夾壁間，謂之《瑞百合圖》」，毛本「夾」訛「頰」，「百合」訛「花」。卷四「百官人殿門」條小注「那去聲，若云糯」。毛本訛作「那音糯」；「常壞」條「雖走史鈴下」，毛本訛「下」爲「下令」。卷五「祖母楚國夫人」條「道人遂徑去，曰九十歲」，毛本訛作「道人自言九十歲，遂徑去」。卷八「沈存中辨雞舌香」條「《齊民要術》用雞舌香，注云：『俗人以其似丁子，故謂之丁子香』」，毛本「注云」以下十五字全脱。卷九「行在百官」條「今律所云：『非祝事悉禁』是也」，毛本「非祝」訛作「祀」。卷十「保壽禪師」條、小注「墨君和見《唐書》及《五代史》，其事甚詳」。毛本「其事甚詳」一句訛作大字。此明鈔之勝於毛本者，其餘顯然舛謬不更數也。至次第不同者，如「學士院移文」一條明鈔在卷七「秦會之跋《後山集》」後，毛本則在卷八「國初尚《文選》後」；「張邦昌既死」一條，明鈔在卷八「韓魏公罷政」條前，毛本則在「興元褒城縣毛本訛「城固縣」。」之前；「秦丞相晚歲權尤重」一條，明鈔在卷八「蜀人見人物之可誇者」條後，毛本則在「李莊簡在藤州」條後。此當由傳寫紊亂，宜以明鈔爲正也。此本以字迹風氣推之，當爲正德以前所寫，又有莫雲卿藏印爲證，更遠在穴硯齋百年以前，故卷中佳勝亦視彼爲多，其爲珍祕可知矣。己巳九月二十六日，游東山清水寺、高臺寺歸，泚筆記之。藏園居士書。

校宋本賓退録跋※

南宋臨安陳宅經籍鋪刊本《賓退録》十卷，半葉十行，行十八字，白口，左右雙闌，板心魚尾上記字數，下題書名幾。前序行楷大字，半葉五行，行七字。後序行款同本書。書中語涉朝廷空格，宋諱徵、朗、匡、貞、恒、桓、慎、敦皆爲字不成。軒轅亦缺筆。收藏鈐有「張氏子昭」、墨印。「古杭光霽周緒子一書」、「光霽家藏」、「子一」、「緒」、「光霽」、「快閣主人」、「文石讀書臺」、「文石」各印。後序末有「元統二年八月日重裝於樂志齋。吴下張雯」墨迹二行。周緒亦元人，俟考。張雯即子昭，《草窗韻語》有其跋語，爲至正十年，則在此後十五年矣。

是書行世者有《學海類編》本、乾隆存如堂仿宋本、對雨樓新刊本。後二本皆翻宋刻。然存如本不空格，行數不免參差，字句亦有奪誤。對雨本據璜川吴氏影抄陳宅經籍鋪本入木，訛字頗鮮，然字體悉已改易，宋諱概不缺筆，記葉數改爲長號頭，書名列在魚尾上，尤爲非體。蓋未見宋刊，冥摹臆决，宜其失之遠也。今取存如堂本以校宋本，其脱誤處及字體之不同者則逕改定之，避忌空缺之字若「胡虜」、「鞑靼」等皆悉填補，以存其真，從事六日而畢。惟卷十尾缺六葉，致失去睦親坊陳宅經籍鋪印一行爲可惜耳。

考臨安陳氏、尹氏諸經籍鋪刊本傳於後者多爲唐宋人小集，惟《茅亭客話》、《春渚紀聞》及此書相傳有影寫本，而宋刊則各家均未著録。今此書忽出於廠市，洵驚人祕笈，因以重值爲蔣君孟蘋收之，俾與《草窗韻語》并儲，以復五百年前樂志齋之舊觀。而余特留此校本，藏之篋笥，用慰半月以來搜訪之勞，不可謂非厚幸矣。余别藏有明寫本，照正德四年鞏昌府刊本録出，有孫岷自跋語，次第偶有不同，意所出或别是一本。暇當取以覆勘，庶幾續有匡正乎！辛酉四月初七日江安傅增湘書於藏園食字齋。

明小字本鶴林玉露跋※

按羅景綸此書《直齋書録》不載，《宋史·藝文志》亦無之，明焦氏《經籍志》乃著於録，故舊刻本不常見。《天禄後目》元本子部載有此書，然原書余曾見之，爲涵芬樓收得，實即明謝天瑞本也。以余生平所見，當以此小字本爲最早，曾見兩本，皆無序跋，不審爲何時所刊，據孫月峯南臺本序，言舊有遼陽刻板，意此即遼陽本耶？以刻工風氣證之，要在嘉靖以前，《郘亭書目》謂明小字本最善者，即此本也。原書板式不大，半葉十一行，行二十一字，四周單闌，惟版心上下方皆墨釘，題《玉露》卷幾，而無「鶴林」二字。以萬曆南臺本略事對勘，訛字較少，知所據必爲善本矣。近日見周君叔弢藏一本，版式行格咸同，而字體大異，版心標題已增「鶴林」二字，有舊人識於書衣，謂是建州坊本，實則就此本翻刻也。此本收藏有「禦兒南城吕氏家藏印」、「難尋幾世好書人」、「貝墉」、「澗香居士」、「款冬書屋」、「千墨菴藏」各印。以歷來名家收藏證之，可知此本之難覯，在二百年前已珍異視之矣。原本偶有缺葉，文字殘蝕亦多，余屬廠中老鄭精細描摹，重加裝訂，居然完好可誦，庶期無負吕、貝二氏寶愛護持之雅意云爾。戊寅正月二十八日，藏園老人識。

明南臺本鶴林玉露跋※

《鶴林玉露》一書宋元間不著於録，至明代乃行於世，最早者爲嘉靖前小字本，余既已跋而藏之矣。次則謝天瑞本，流傳亦罕。惟此萬曆七年本流播較廣，每半葉十行，行二十二字，末卷有莆田林大黼識語，言院齋舊藏刻板，臺長慕林張公捐俸重爲校梓，故世稱之爲南臺本。此本前有孫鑛序，後有趙琦美跋，則在萬曆三十八年經趙氏重校補版以行者，且附補遺一十條，言得見宋活字本，遂録其佚文增刊於後。琦美又謂《説郛》載《玉露》三十卷，分甲、乙、丙三集，家藏元本六卷，正《説郛》所謂甲集，而脱其後四卷。嗣於吴門徐氏得見此書抄本，三十卷具存云云。

以余考之，趙氏之説殊未足據。今世所行十六卷本固非完書，然自焦氏《經籍志》後各家所載並同，惟余家藏明鈔本《説郛》載此書，下注云「甲、乙、丙集十八卷」。嗣又見日本古活字本，正分天、地、人三集，每集六卷，正合十八卷之數，且每集前均有大經小序。余以此本補遺條核之，皆在天集内，而地集中爲明刻所遺者尚有《陳子衿傳》等五條，人集有《大悲閣記》等十五條。據此而觀，則趙氏所見宋活字本必爲日本古活字本無疑也。至三十卷之數，《説郛》本乃無之，或以其三集而誤記耳。

又按，《天禄後目》載謝天瑞本，記其書凡四百三十五條，今以南臺本核之，得四百四十八條，較謝本多十三條，未審謝刻有所併省，抑文字遺奪也。謝本余爲涵芬樓購之，倘未罹兵厄，異時尚可取閲，一析此疑滯也。

茲取日本刻地、人二集佚文鈔附卷末，並録大經三跋登之卷首，俾六百餘年前之遺著得以復其舊觀云。至此書余别據鈔本校勘，録於《稗海》本，别有跋志，此不更贅述焉。戊寅正月杪，藏園記。

元刻困學紀聞書後※

《困學紀聞》一書，世傳元本至多，《天禄琳琅》前、後目及各家書目均載之，惟《皕宋樓藏書志》紀其行款，爲十行十八字，余家所儲及厰市寓目皆是刻也。卷尾有「孫厚孫、甯孫校正」、「慶元路儒學學正胡禾監刊」兩行，然字體板滯，刻工粗率，要是正統時翻本，第號稱元刻而已。惟《天禄目》所收第二部，言此書板較大，刻手印工較前部皆高一籌，私疑此或真元刻矣。嗣得錢竹汀評校閻刻本，瞿木夫更據元板勘定一過，凡閻氏所記元板作某，瞿氏以元板覆之，其違異者十恒八九，緣是蓄疑愈甚，而苦無以證明。

近者，臨清徐梧生遺書散出，余以重值獲得舊刻本，半葉十一行，每行二十四字，板心寬展，高至九寸，闊五寸七分，字仿鷗波體，繕寫工妙，模印精良，與《天禄目》所記絶相類。持示海内鑑藏諸公，皆詫爲未見，蓋元泰定二年慶元路刻本也。更舉以覆瞿校本，則瞿氏所稱元板者，即世所傳黑口粗邊之明翻本，而真元板固未得見，則其與閻校違異也固宜。兹將元板與瞿校異者略舉如後。

卷二《鄭語》條注「秭規先澤」，此作「先滜」；「雖有周親」下注「不如周家之多仁人」，此作「少仁人」；「堯舜之世」下「高弟皆爲一科」此作「高苐」；「若農夫服田力穡」，此「農」字下無「夫」字；「宋武帝留葛燈籠麻繩拂於陰室」，此作「蠅拂」；「因建極而雜糅邪正」，此作「正邪」。

卷五「臣以陳善閉邪爲敬」，此作「閑邪」；「皆以節有早晚也」，此「節」字下有「氣」字；「方慤解《王制》」條連上之説下合爲一條，此提行别起。

卷六「將以蓋殺君之惡」，此作「弑君」。

卷七「申棖」下末行「申棠」，此作「申堂」；「子路以其私秩粟爲極飯」，此作「漿飯」；「愚以風爲諷」，此「愚」字下有「謂」字。

卷十「漢《七略》所録」條，「漢」字頂格，此低二格。

卷十三「帝好爲手詔詩章以錫侍臣」，此作「賜侍臣」。

卷十七：張文潛論文詩，「理文當即止」，此作「理絀」。

卷十八「張太常博士」，此作「學士」；「更無柳絮隨風舞」，此作「風起」；「糞土出菌芝」，此作「糞壤」；「鄭得言偘」，此作「德言」。

卷十九「晉寧郡王」，此作「普寧」。

卷二十「河圖挺佐一輔」，此「佐」字下無「一」字；「簞瓢粗足以山雌」，此作「亦山雌」；「高弟不得聞」，此作「高第」；「儒之教以萬世爲貞」，此作「萬法」。

至外此之供人尋繹者，正恐未易悉數也。昔聞乾、嘉前輩多以讀《紀聞》爲課程，謂其書簡而愈精，其功約而愈博，不出數寸，不踰百日，而得學問之總匯，古今之元鑑。顧陋刻充肆，古槧難求，六百年來，慶元路原本已稀如星鳳，博覽如錢潛研，且未之覯，遑論餘子。余幸獲此帙，不敢深自祕惜，特用石板印行，視原式不差累黍，文字異同，足資考訂。世有孯深寧之學者，或有取於斯乎！歲在丙寅六月初十日。

全謝山手校困學紀聞跋

深寧《紀聞》在明代尚不甚顯，閻百詩始爲評注，何義門補之。祁門馬氏以閻本開雕，間采何説，桐鄉汪氏又以何本刊行。全謝山取閻、何二家合訂之，冗者删簡，而未盡者則申其説，其未及考索者補之，而駁正其紕繆者，是爲三箋本。此全氏手蹟，校在馬刻本上，即三箋之初稿也。有「四明敬遺軒盧氏家藏書籍」一印。余得之嘉興忻虞卿家，其後又獲得錢竹汀先生手校本，可並儲之，爲篋中雙璧也。藏園手識。

錢竹汀校本困學紀聞跋※

此竹汀先生據元本校於馬氏叢書樓本。所據元本半葉十行，行十八字，二十卷後有

「孫厚孫、甯孫校正」、「慶元路儒學學正胡禾監刊」三行，實即明初黑口本也。先生自記戊申十月，乃乾隆五十三年。又有癸丑六月瞿木夫及錢飲石題字。卷中隨文考辨，語多精碻。翁鳳西作注時似未見此本。案錢警石《曝書雜記》，桐鄉張錫齡録各家評注，有海昌應氏所藏錢竹汀詹事注本，當即從此迻鈔。乾隆老輩多以讀《紀聞》爲程課，謂其書簡而愈精，其功約而愈博，不出數寸，不踰百日，而得學問之總匯，古今之元鑑。自翁氏注出，學者習其便易，不復旁證諸家，如潛研緒論固宜特爲表著也。

鈐有「錢大昕印」、「竹汀」、「臣大昕」、「辛楣」、「竹汀復校」、「綸閣舍人」、「瀛州學士」、「東宫亞相」、「南海衡文」、「錢大昭印」、「察臣孝廉」、「錢東壁印」、「飲石」、「許乃普印」、「滇生」、「吳興姚伯子覲元鑑藏書畫圖籍之印」諸印。

校本硯北雜志跋※

元陸友撰，友字友仁，一字宅之，平江人，生於市廛，獨能攻苦學問，見聞博洽，善歌詩，工篆隸。柯九思、虞集薦於朝，未及用而歸。所著《硯北雜志》外有《硯史》、《墨史》、《印史》諸書，今所存者惟《墨史》及此書耳。

書凡一卷，所録多瑣聞軼事，間有考訂，亦頗詳碻，記述書籍、字畫、金石尤詳，鑑别特爲精審，蓋亦耽玩風雅之流，與周公謹之《雲煙過眼》爲近，文字亦雅飭可觀。舊無刊本，至明萬曆時項氏宛委堂始以付梓，然流布甚稀，近世藏家惟丁、陸二氏有之。其後陳眉公又刻入《寶顔堂祕笈》中，而校讐未善，譌奪滋多，不爲世重。世傳有何柘湖校本，最善，舊藏錢遵王家，《讀書敏求記》載之，言項氏本即從此出。然錢書散逸已久，《四庫》據寶顔本著録，《提要》已言柘湖校本未得見，蓋即傳録之本亦罕覯矣。

余昔年於廠市得此帙，其版式似明代叢刻者，全卷經孔洪谷部郎以朱墨點校，言假桂未谷藏鈔本，卷末有乾隆庚午孫雨録舊跋數行，乃知原本即柘湖所校者也。取寶顔本對校，訂訛補脱爲字殆逾百許。其尤異者，上卷校補脱文十條，以兩本詳細比勘，其《逸少十七帖》四條實爲兩本所無，真此書之佚文矣。

考柘湖爲華亭何孔目良俊，别號柘湖居士，家有清森閣，藏書四萬卷，多有異本，此書經其校訂，故與俗本大殊。今原本雖久失傳，而留此録副，得以補正遺闕，不可謂非厚幸矣。夫古書舊校固已足珍，况丹鉛出自名人，其溯源又根於祖本，前人所想望而不可得者，余乃無意獲此奇祕，其爲欣抃當復何如！

余得此書已二十年，久庋篋中，未嘗檢視，故人朱幼平曾假去一觀，綴有小跋，今日披函，忽覩遺跡，不禁如菴春露之感。兹録孫、孔二家識語，并以幼平跋附之，庶後來者有所取證焉。壬午九月二十日，藏園手識。

此書原簽記「陸宅之輯，谷陽繕寫，栢湖手校」，谷陽未詳其人，而筆法殊妙，栢湖則何栢湖也。卷首有項藥師圖記，歷數名家收貯，而後乃入辟疆園，亦不偶矣。丁酉長夏校及附志，武陵外史。乾隆庚午冬十二月二十有八日丁酉，尚友居士孫雨録。

乾隆戊戌五月，借桂馥本校。　鈔本頁十行，行字二十，廿六日乙酉記，誧孟。

陸友仁，元至正時人，與倪雲林爲友，其子名定之，字仲安。前跋謂定之輯，恐誤。友仁字曰靜遠。《雲林集》有寄靜遠詩，并有賦仲安字詩，可以見其兩世交情之摯，而陸氏父子之名重當時亦良有以也。丙寅嘉平望日閲畢識此，翼庵。

按：幼平辨定之之誤，然原跋實作宅之，殆觀之未審耳。頃見得月簃刻本，正從栢湖校本出，所校佚文四則亦經補入，則此書行世者當以得月簃本爲最善矣。沅叔又誌。

道聽録跋※

此書見《千頃堂書目》子部小説類，書凡五卷，《千頃堂目》作四卷。明沅南李春熙輯。此舊寫本，然每卷前均題「男謙重梓」，是當時固已刊行矣。前有萬曆癸酉蓨城王嘉言序，次自序，後有澧州龔天申、劉崇文、龍陽王伊跋。自跋云「有事無詩詞者不録」，蓋亦詩話之屬。每事咸綴以四字標題，亦猶《雲溪友議》、《鑑戒録》之例。然所采詩詞聯語等初無旨趣可言，如述字謎物謎、《論語》冠者童子之解、解大紳御前應對諸則，皆市井小兒嘲詠之語，乃特詫爲奇妙。至王西樓詠睡鞋詞、少婦騎驢詩尤爲穢褻，何至浪費筆墨以自污！大抵久居鄉曲，學識既卑，聞見復寡，故偶得一事輒沾沾自喜如是。占來嗜學之士，研經考史，窮老盡氣以成一書，及螢乾蠹老，寸楮不傳者何可勝數！若春熙此編，鄙陋無取，而獨留貽至今，斯亦理之不可測者矣。

收藏鈐有宋蘭揮、吴謝堂、馬二槎、陳仲魚諸印。其人皆藏書有名，而簿録及此，亦云異矣。己卯九月，沅叔。

明本天都載跋※

《天都載》六卷，明新都馬大壯仲履撰，以讀書天都館中，故題此爲名耳。萬曆刊本，八行二十字，前有盱江王一言、瑯琊焦竑、江寧顧起元、黄應登、曹以植諸人序，又自序一首。每卷前均列參校姓名，明代士夫習於標榜，凡著一書，其序跋參校恒多引名流以自重也。

仲履自序著書之旨，以闡忠貞、昭勸戒、資考證爲主，而異蹟奇踪、九流百技非所習聞者亦附之。今觀各卷，惟辨前代史蹟，述明時章制，偶資考證，其他紀人事靈徵、物類怪異者十居八九，甚至述神鬼感應、世俗果報與夫夢應幻異之談，事涉鄙屑，爲大雅所不道，亦《支譚》、《異苑》之屬，而自謂欲仿景盧《五筆》，亦多見其不知量矣。

末卷記靈巖寺鐵袈裟事，謂爲佛示神異，不可究詰。此寺余曾往游，所云铁袈裟者，乃鑄鐘未成之頑鐵，委棄荒莽中，山僧藉此以誑游客，而耳食者又從而聳異之，良足發噱。據此推之，則此書之探奇采異蓋可知矣。己卯八月七日，藏園識。

炳燭齋隨筆跋※

《炳燭齋隨筆》一卷，明顧大韶撰。大韶字仲恭，常熟人，太僕卿大章之弟也。兄弟孿生，大章起甲科，致通顯，罹閹禍，以忠烈著聞；大韶老於諸生，浮湛里巷，然以好學深思見稱名輩。少治《詩》義，專門名家，鍾惺定爲本朝第一。長益肆力學問，六經諸史、百家内典之書，靡不賅覽，而於《詩經》、三《禮》尤所沉研鑽極。晚歲焚棄其稿，自定爲二十三篇，今世所行《仲恭文集》初刻是也。卒後錢牧齋爲之傳，推許備至，所撰《竹籛傳》、《後蝨賦》爲采入傳中，其詞旨詼詭，多藉以摩切當世，蓋衰晚病廢，憤慨不平而作也。

此書爲博涉羣書時隨筆考辨所記，説經者居其半。如論《詩》，言《伐木》之詩乃答上篇《棠棣》之意，言《鴛鴦于飛》二章乃一反一正，皆據小序以糾朱注之非。論《周禮》最多，如《地官》之「原隰」、「贏物」，《小司徒》之上、中、下地，鄉師、鄉老、州長之名秩，《春官·大宗伯》之天産地産，《春官》之世婦、《夏官·馬質》之旬内外，《司爟》之出火、内火，《冬官》之量豆、甑案，以及《匠人營國》，皆援據《經》、《傳》，考古徵今，以訂注、疏之失，持説精確不易。卷末論《莊子》至五十則，疑爲讀《莊》札記附録者。大詔推崇《莊子》，嘗謂道家之書莫妙於《莊子》，又謂佛教未行之先，《莊子》早爲前驅；佛教既行之後，《莊子》相爲表裏。以篤嗜之深，推闡時得新解。第其他疵纇甚多，如言「讀五經而不講理學，不通三教，是貧兒數寶之學」，謂孟子「不脱文人氣習，只是齒牙鬆快」，謂横渠之《西銘》「其意甚莽，其詞甚鹵，可以覆瓿」。其詞詭激，似揚李卓吾之餘波者。又如辨俗語之爲王八，辨少艾之爲男風，謂淫祀五郎神之冒稱五通，謂鬼畜鬼獄，引及康王泥馬、冥司拷鬼之事，皆可已而不已，未免自穢其書。至於以天主教爲即古之祆祠，引《西溪叢語》爲證，此由明季歐化初東，情事睽隔，又不足責矣。

按：錢氏傳中云：「大韶晚歲欲將《十三經》諸子墜言滯義，標舉數則，勒成一書，竊比於程大昌《演繁露》、王伯厚《困學紀聞》之列。」即指此書。今觀篇中論列，瑕瑜不免互見，視程、王二氏不如遠甚，以學無師承，而嗜奇騖博，故氣矜詞駮，終不脱明人習氣也。

丁丑九月二十一日藏園老人識於石齋。

藏園羣書題記卷第八　子部三

雜家類・雜考

宋刊本東觀餘論跋※

此宋刊本，合《法帖刊誤》上、下卷通爲一百四十六葉，不分卷。每半葉十行，行二十字，白口，左右雙闌，板心頗窄，上魚尾下記「東觀」二字或「東」字，下魚尾下記葉數，最下記刊工姓名，有魏暈、葉遷、葉雪、張回、張文、林厚、花耳、余闌、一奴、賓、盛、旬等人。又目録十三葉，半葉九行，行二十字。卷中敬字闕筆，惟目録第二葉不闕，當是補版。全書存宋刊七十三葉，經錢牧齋手校，第七十四葉以後鈔配，然上鈐季滄葦印，則鈔配亦在清初以前矣。宋刊上鈐有「真賞」、「華夏」、「簡易齋」、「季振宜印」、「滄葦」、「季振宜藏書」、「番陽王旦甫印」、「丹鉛精舍」、「勞𢇁卿」、「勞權」、「勞襛」諸印。卷末有勞權手跋，録如左：

黄長睿父《東觀餘論》，紹興丁卯其子訒刊於建安漕司，嘉定間攻媿樓氏復以川本參校，即今所傳本也。此書曩得於蘇州，作一卷，不分上下，初爲錫山華氏故物，有「真賞」、「華夏」二印。前帙宋刊，曾經以樓本勘校，係蒙叟手迹，審定爲初刻之本，今無訒跋，殆脱去之。訒跋所云十卷者，蓋指《東觀文集》中卷第而言之，而兩卷者則攻媿校定本也。此本固不如攻媿重校之精審，顧亦有勝處，及可兩存者。惜缺後袠，影寫補仝，乃絳雲燼餘殘帙，首尾已有滄葦印記，其補鈔畐在歸季之前。檢《延令宋板書目》所藏有二，其一不著卷數者即此本，但不注完缺耳。鈔葉爲俗子以汲古閣刻本塗改，因以雌黄黯之。異日倘遇宋槧樓本，更當補勘。向聞知不足齋曾有藏本，見《抱經堂文集》跋中，惟學士謂攻媿訂正付訒開雕，似不審黄、樓兩跋歲月之有後先，致屬筆偶誤爾。咸豐丁巳九月二十一日立冬，仁和勞權巽卿書於丹鉛精舍。

按：《東觀餘論》據各家記載，宋時有紹興丁卯其子訒建安漕司本、川本、嘉定樓攻媿據川本參校刊本，唯樓本明時嘉禾項氏萬卷堂取以覆刻，其大略可知，餘均不可考。此本以雕工審之，當是浙中授梓，而又非樓本，則宋時浙中此書即有兩刻矣。昔嘗取汲古閣本校之，改正頗多，庚午二月，偶閲《儀顧堂題跋》，言項氏本校照曠閣本異處至多。因取此本校《學津討原》本，改訂凡二百十九字。其卷下《跋李邯鄲撰御書閣記後》、《跋吴正獻公草書後》、《跋崇寧所書真誥册後》、《跋真誥書秦漢間事後》四則互相錯雜，幸得宋本以糾正之。然宋本亦時有脱誤，不及樓本之善也。

此書壬子歲得之友人魯君純伯，純伯得之塘棲某氏，蓋勞氏之戚也。卷中所鈐勞禮印，即羿卿之女，勞氏世藏已五十餘年矣。書潛偶識。

附宋刊《東觀餘論》校勘記 校汲古閣毛氏刊《津逮祕書》本及張氏照曠閣刊《學津討原》本。

卷上，首葉次行，「左朝奉郎行祕書省祕書郎黄伯思撰」，毛本脱黄氏銜名，學津本不脱。

第一《帝王書》：「稱其爲篤學」，毛本、《學津》本俱脱「爲」字。

第三《晉宋齊人書》：「自非通古，那甚至爾」，毛本、《學津》本俱脱「自」字。

第四《梁陳唐人書》：褚河南一條連上文陳逵條，毛本、《學津》本俱分爲二條。

第五《雜帖》：宋儋一條連上文，毛本、《學津》本俱分作二條。

卷下標題後黄氏銜名，毛本、《學津》本均脱。

第六《王會稽書》上：「諸酸感至此加」，毛本脱「諸」字，《學津》本亦脱，且「此」作「比」。

第七《王會稽書》中：「足下尚停數日及失得失年長足下小大佳也」，毛本作「得失承平未佳足下大小佳也」。《學津》本作「得告承長平未佳足下小大佳也」。

第八《王會稽書》下：「干嘔淡悶」，毛本作「淡悶干嘔」，《學津》本同。

第九《王大令書》上：《異苑》一條宋本無，錢牧齋手録於上。毛本、《學津》本俱有之。元度一條，宋本連下，毛本、《學津》本别起。

王玏跋、許翰跋連下，《學津》本分二段。

右《法帖刊誤》上、下卷宋本異處。

《米元章跋祕閣續法帖》，毛本、《學津》本俱脱「續」字。「謝安陸雲之輩」，毛本、《學津》本脱「之」字。

第八《宰相無恙時》，毛本、《學津》本作「宰相安和」。

第九《玄度時何哉》，毛本、《學津》本作「時往來」。

跋後紹興癸亥黄訒識語中「先君學士」提行，毛本、《學津》本俱直下。

《記與劉無言論書》，前空一行。「其中於率更而有八分書一碑」，毛本、《學津》本「中」作「終」，無「有」字。「春朝散微雨」，毛本、《學津》本俱脱「散」字。且《學津》本此條段落紊亂，賴宋本正之。

《記石經與今文不同》：「譬諸宫牆」，毛本、《學津》本「牆」作「牆」。

《銅戈辨》：「咸陽」空三格。「無以鑄兵，遂以鑄三鍾」，宋本脱「兵遂以鑄」四字。

《鶡雀賦辨》:「此近世人語」,毛本、《學津》本無「世」字。

《古器辨》:「長保二親」,宋本作小字,毛本、《學津》本俱大字。

《論飛白法》:「亦壯之非古也」,毛本、《學津》本脱「亦壯之」三字。

《論書八篇示蘇顯道》:「而闕古人之□」,《學津》本注「闕一字,恐是淵字」。「許椽書」,毛本、《學津》本俱脱「許」字。「了自善思」,毛本、《學津》本俱脱「善」字。

《論書六條》:「不堪正羞澀」,毛本、《學津》本俱作「不堪位置,舉止羞澀」。「比來□□陽」,毛本、《學津》本注「空一字,疑『襄』字。」錢牧齋增「米淮」二字,眉上題「『米淮』或疑作『襄』。後有《跋逸少破羌帖》,亦作『淮陽』,當考。」

《商山觚圓觚説》:「與圭勿曰相爲用」,按「曶」古「笏」字,誤分爲二。小注「自『與』至『用』,川本去此七字,姑存以俟知者」。《學津》本「圓」作「圜」。

《周方鼎説》:單子方鼎下,毛本、《學津》本有「則謂之從彝,王伯方鼎」九字。

《周罍周洗説》:「主上」上空二格,毛本、《學津》本不空。

《跋干禄字碑後》:錢牧齋於此手書「卷下」二字。

《跋逸少破羌帖後》:「世務嬰懷」,毛本、《學津》本「嬰」作「經」。

《跋崇寧所書真誥册後》:「符又不工」,毛本、《字津》本「工」作「巧」。

以上據宋刊本校，以下據影宋寫本。

《跋世説第三卷後》：「奉迎三聖御容」，毛本、《學津》本「三聖」上不空格。

《跋蜀道圖後模本》：「此之畫也」，毛本無「之」、「也」二字。《學津》本作「此此畫」。

《跋祕閣第三弓灋帖後》：「弓」字毛本均作「卷」，《學津》本與宋本同。「因彙次御府圖」，毛本、《學津》本「御府」作「祕閣」。

《跋黄庭經後》：「渡江飄淪」，毛本、《學津》本俱作「始濟浙江，遇風飄淪」。

《跋織錦回文圖後》：「於五行多類」，毛本有「弗」字。《學津》本作「於五行爲弗類」。

宋本演蕃露跋※

此書藏劉君惠之家，余丙子秋南游，道出上海，就其家見之。版式闊大，高約八寸，字體方整，鐫工精雅，在宋本中可推爲上駟，惜祇存十卷。其書半葉十一行，每行二十字，間有二十一字。白口，左右雙闌，版心魚尾下記「蕃露」幾，下記葉數，最下記刊工姓名。可辨者有吴鉉、龐知悳二人，或記張、吴二姓。收藏有「蔣揚孫考藏記」、「平陽汪氏藏書印」、「大琛」、「民部尚書郎」、「汪士鐘印」、「顧千里經眼記」諸印，其卷首「宋本」朱文橢圓印亦汪氏所鈐也。

按：程氏此書宋時始刻於泉州泮宮，所謂泉南本也。再刻於家塾，即其子覃與續編合刻，板留京口者也。此本鐫工渾厚，與閩中風氣不類，或即家塾本歟？

是書明代有二刻本，一爲嘉靖三十年裔孫煦所刻也，一爲萬曆四十五年建武鄧渼所刻也。此二本余皆先後得而藏之，曾經手勘。嘉靖本視宋刻爲近，萬曆本則奪失弘多，余别有題識，此不具詳。至《學津討原》本，則從鄧氏本出，沿訛襲謬，更不足言矣。余昔年校此書時，未得見此宋刻，然所據二鈔本皆依宋刻校定者。一本毛斧季手校，爲涵芬樓所藏，余以鄧渼本移録之，惜祇存前八卷。一本何心友所校，余以《學津》本移録之。其原本爲明鈔，有茶夢散人姚舜咨藏印，僅存十卷，其下則後人依明刻補之。此爲其源出宋刻之證，然據此推知宋刻之殘缺自明代中葉已然矣。

宋刻之佳勝自不待言。取《學津》本校之，舉其最著者，如卷四多《旌節》、《梅雨》、《佛骨》三條；卷十多《筭》、《時臺》、《臺榭》、《吴牛喘月》、《韋絃》、《養和》等六條，凡二千餘言。其他字句小有差計者尚不可計。最難索解者，《嘉慶李》、《天禄辟邪》兩條，宋刻在卷十，而《學津》本乃羼入卷十五、卷十六中，蓋其誤乃自鄧氏本始也。

近見張君菊生此書跋尾，謂卷九之《箭貫耳》、卷十之《金吾》、《百丈》、《先馬》三條皆於《學津》本卷十四、十五内複出，頗疑「爲後人所竄亂，而非程氏原書」。以余考之，恐宋本即屬如此。今宋本自卷十以後雖不可見，然嘉靖本固存也。按其次第及文字，前十卷與宋刻悉符，是其出於宋刻可知。取複出各條審之，其文字前後詳略殊不盡同。或叙一事實，而於後引者加詳；或考一名物，而知前所徵者未確，遂分别存諸卷中。至授梓時，未能薈萃以歸於一是，故參差歧出，致啓後人之疑竇，非無故也。即舉《金吾》一條言之，卷十祇引揚子雲《金吾箴》而粗加詮釋數語耳。卷十四則兼引《漢志》、《古今注》及今制不同，多至百五十字。可知原本如是，非後人竄改明矣。且各卷題目複見者正多，如《玉食》見於卷一，又見卷十六；《護駕》、《六帖》見於卷二，又見卷十六；《屋楹數》見於卷十，又見卷十四：皆同一題而前後詳略不同，或論辨迥異。疑其雕板時稿非手定，後人不復訂正，遂過而存之也。

惟宋木最異於今本者一事，爲前人所未發。卷一首題爲《祕書省書繁露後》，後有淳熙乙未跋，言《太平御覽》引《春秋繁露》各條。此乃作者撰述此書之第一條，以辨正今本《繁露》之非真。因與本書之名相關，故取以冠首。後人摘出，别列於序後，以爲是書之跋，而更取第二條《牛車》爲首。此大非程氏之本旨，然自嘉靖刊本已然，萬曆以後遂沿而不改，若非親見宋刻，又烏能知之耶！前人校此書者有毛斧季、何仲子、顧千里三人，皆目覩宋刻，而不發此覆。斯又不可解矣。

又，頃檢涉園陶氏新刻《儒學警悟》，其卷十一至十六正全采此書十一至十六卷。然其前正録《書繫露》一條，與此下標題同式，可知其決非跋語別出矣。又，今宋刻存卷爲卷一至十，《儒學警悟》所取爲卷十一至十六。俞氏所見自爲宋刻，則合而觀之，宋刻全書面目宛然具存。然以俞氏本考之，則《金吾》、《箭貫耳》二條正複見於卷十四，《百丈》、《先馬》二條正複見於卷十六。其《嘉慶李》、《天禄辟邪》二條亦然。是宋刻原本重複，失於釐正，不得謂爲後來竄亂而然。此可爲是書得一確證，無所庸其疑慮者矣。

至宋刻流轉之迹，余見聞所及，頗有足紀。此書鈐有「蔣揚孫考藏記」一印，揚孫即蔣文肅公廷錫之別號也，世居海虞，家富藏書。康熙初，公以下第滯京師，流落殆不能歸，因出行篋中宋板書三百餘册，將藉措資斧。時吉水李宗伯振裕方貴顯，聞而取之，索直不得，竟攘爲己有。文肅坐是幾不能還鄉。未幾，宗伯奄逝，子孫不肖，獻其書於巡撫，以干媚求進。時撫江右者爲白潢，方奉勑纂修《通志》，因禮聘查編修夏仲爲總纂。即初白也。志凡二百卷，題爲《西江通志》，同修者有陸太史奎勳。書成而夏仲以其弟閏木之獄連累入請室，《通志》遂未敢進呈。其書詳贍有法，前後諸志皆不及。以流傳極罕，人士多不之見。余曾收得一部，旋歸於北京圖書館，今亦不易尋求矣。夏仲從巡撫許見其書，因就中殘編小帙爲所不愛重者，乞得數十册以歸。此《演蕃露》十卷即殘本之一也。嗣後夏仲舉此書以贈之馬寒中。余昔年得見何仲子校本，始知仲子所校宋本乃從寒中得之。其先後豪奪巧取之情狀，亦皆仲子記諸卷尾者也。嗟夫！以百餘葉之殘編蠹簡，不及百年，流轉五姓，門族之盛衰，人情之變幻，皆託此戔戔者留其遺迹，以供後人感歎之資，斯亦足異矣。

據仲子所記，夏仲所得者尚有《新唐書糾繆》、《唐書直筆》、蔡幼學《育德堂奏議》、《育德堂外制》諸書。《育德堂奏議》及《外制》余前歲曾一見之。《奏議》自寒中售諸李秉誠，李舊有殘卷，合之竟爲完書。其書近年歸於魯人張提督懷芝家，聞今方懸價求售。《外制》則不知所往矣。兵興以來，文物凋喪，殆難以意計。偶披此書，因追憶舊事，不辭瑣屑，詳識於篇，非徒侈述異聞，資人談助，亦冀他時文治聿興，俾陳農、苗發之徒，據此爲訪求之張本云爾。己卯六月初九日，藏園老人識於抱蜀廬。

明嘉靖本演繁露跋※

此爲明嘉靖辛亥裔孫煦刻本，半葉十一行，每行二十一字，白口，雙闌。前有嘉靖己酉湖廣布政使司參議陳塏序，後有嘉靖辛亥煦跋，蓋合續編六卷同刻者也。據煦跋言，舊本歲久湮沒，抄録又皆訛舛，因校梓以廣其傳，是明之中葉，宋刻已不可見。此刻雖出於抄本，而雕工雅飭，行格精整，頗爲悦目。

今以殘宋本前十卷勘正，各卷次第悉符，文字殊罕奪譌，其後來萬曆本及《學津》本所脱各條，如卷四之《旌節》、《梅雨》、《佛骨》，卷十之《揖》、此條脱後半。《笄》、《時臺》、《臺榭》、《吳牛喘月》、《韋絃》、《養和》凡十條此本咸宛然具存，是其源出於宋刻可斷言也。惟宋本卷十有《天禄辟邪》、《嘉慶李》二條，此本獨不載。詳稽其故，則《天禄》條見於卷十六，《嘉慶李》條見於卷十五，文字悉同，顯然複出，故刊落之。其他如《箭貫耳》、《金吾》、《百丈》、《先馬》四條雖亦先後重見，而詞旨詳略迥異，故悉仍之。其去取皆極矜慎，非漫然從事，亦可謂善本矣。

是刻流傳極罕，近世收藏家如虞山瞿氏、錢唐丁氏、長沙葉氏所著録者皆萬曆鄧渼刻本，皕宋樓陸氏、抱經樓盧氏則皆鈔本，惟繆藝風前輩所藏獨題嘉靖校刻，與此本正同，其爲珍奇希有之品亦可見矣。惟宋本卷一首條爲《祕書省書繁露後》，下以《牛車》次之，今此本乃取此條刊諸自序後，而以《牛車》冠首，斯爲鉅繆。葢覘標題辨《繁露》真僞誤認爲此書之附跋，然檢首卷刊目，其《牛車》前獨留空白一行，則移出之迹猶存，一披卷而瑕隙宛然，讀者静觀之，亦可知其故矣。卷中鈐有「周亮工印」、「□衡齋藏書」、「新安戴氏家藏」三印，並附誌之。己卯六月十一日，沅叔記於藏園之池北書堂。

明萬曆鄧渼刻演繁露跋※

嘉靖辛亥程煦刻此書，後跋謂「舊本湮没，鈔録訛舛，故校梓以傳」，蓋宋時京口、泉州兩刻明代已不可得。逮及萬曆丁巳，相距不過六十餘年，而程刻亦復稀見，於是建武鄧渼又重刻之。渼言得其本於謝耳伯，恨世不甚傳，因刻置文遠堂，以貽同好。然展轉傳鈔，沿訛襲謬，而脱誤滋甚，視嘉靖本乃大不如。如卷四之《旌節》、《梅雨》、《佛骨》三則，卷十之《笄》、《時臺》、《臺榭》、《吳牛喘月》、《韋弦》、《養和》六則，卷十六之《嶓冢》、《立杖馬》、《銅柱》、《兩漢闕》、《玉食》五則，《續編》卷一之《永厚陵方中》、《臺諫官許與不許言事》二則，卷二之《唐世疆境》一則，凡十數則，嘉靖本赫然具在，而鄧氏重刻乃全失之。至近世照曠閣本，又依鄧本以覆刊，而漏失差訛乃益失其真，洵有刻如不刻之歎矣。顧鄧刻雖未爲善本，而此書流布乃端賴此一線之延，嘉靖本既不可見，則得此亦聊以慰情，故近代收藏家如瞿氏鐵琴銅劍樓、丁氏善本書室皆以此本著録，知此陋本亦幾稀如星鳳矣。

余獲此於南中，爲獨山莫氏舊藏，有「莫友芝圖書記」、「莫彝孫印」、「莫繩孫印」，書根標題識爲郘亭先生手蹟。此外鈐印纍纍，有「濟陽經訓堂查氏圖書」、「查日華」、「日華私印」、「體才樝子穆父祕笈印」、「子穆流覽所及」、「查子穆閱過」、「古猷州查子穆藏書印」、

「涇川查氏紫藤華館藏書之印」、「五峰朱氏收藏」、「南湖袁氏之書」、「西山手校」、「穀芳手校」、「小萬卷書樓」、「松森居士家藏」諸印，蓋前人咸以祕笈視之，物罕見珍，其信然耶。

卷中舊有朱筆校字，亦隨意勘正，初無舊本可據。余乙丑閏秋南游，假得毛斧季校宋本於涵芬樓，因於西湖山中移校一過，卷八以後，又以家藏鈔本補校之，其續編六卷翌年又得秦氏石研齋本勘正，全書遂得訖功，耗數載之功勤，遂成此完善之定本。兹取校時二跋，附綴於後，俾後人閱吾書者知訪求舊本之不易，庶懃懃世守於勿替云爾。己卯六月伏暑，藏園老人書。

明刊野客叢書跋※

明嘉靖刊本，題「宋長洲王楙著，明吴江吴師錫校」，半葉十行，行二十字。前有慶元改元楙自序，又有跋語二行，題嘉泰二年，云慶元以來凡三年矣，繼觀他書，間有闇合，不免爲之竄易。後有郭紹彭撰《王先生壙銘》，又録陳造唐卿跋於後。末附嘉靖四十一年十世孫穀祥跋，言「家藏宋鈔本不全，偶於寮友處見全帙，亦鈔本，借歸命史録之。壬戌夏付工繕寫鋟梓，辱太史文公徵明、儀部陸君師道、鄉進士袁君尊尼先後讐校，又借黄門顧君存仁、太學金君思所藏鈔本，以資勘訂」云云。刊行先集，詳慎如此，殊足嘉也。目後有

「長洲吴曜書，黄周賢等刻」小字二行，以後各卷末均有之，但刻工人名有異耳。此書雕工極爲精雅，尤難者全書均吴曜一手所書，字體極爲秀勁。余嘗見棉紙初印本，精麗明湛，不減宋刊，惜余本爲竹紙所印，殊爲減色耳。

末帙有《野老記聞》，爲楙父所撰，列爲附録，《四庫提要》譏其於義殊乖，不得以《伐檀集》附《山谷集》爲比，持論極正。余以謂録父書而不著其名字，致湮没至今，其事尤謬也。考穀祥字禄之，嘉靖乙丑進士，官吏部主事，著有《西室集》，其真行法趙吴興，妙寫生，渲染有法度，爲士林所重，中年絶不肯落筆。蓋書畫皆號名家，而詩體沖澹，轉爲所掩，亦可嘆矣。卷首鈐有「詩龕書畫印」，知曾爲梧門小西涯插架也。癸未二月一日藏園老人識於石齋。

跋明如韋館本履齋示兒編※

宋盧陵孫奕撰，《郡齋讀書志附志》録爲前後二十四卷 今存二十三卷，蓋由其鄉人胡楷重訂，又失去蘇大章諸人題記也。此明滎陽潘膺祉校刊本，九行十八字，前有開禧紀元自序，又李維楨題辭，其後尚有膺祉跋，此本失之。按錢氏《讀書敏求記》言，潘刻差殊甚多，然鮑渌飲重刊時，已言其不易得，則傳本之罕覯可知。潘氏付刻時，所據爲焦太史家抄本。李本寧題辭言，焦氏初意欲與《寓簡》、《珩璜新論》、《洞天清禄集》、《畫鑑》、《石譜》、《品茶録》、《酒經》彙刻之，名爲《宋雋》，其後友人祇刻畫、石、茶、酒四種，而遺此書，潘氏乃獨取授梓，其卓識洵高出流輩矣。季昭此書，於經説、字説、及詩文譌舛考證翔核，實事求是，豈茶酒遺興之作所可比倫耶！潘氏刻書尚有《墨評》、《硯箋》二種，《墨評》爲清宫所藏，《硯箋》則余有之，其末皆題「如韋館藏版」一行，與此書正同，其人蓋媚古嗜學之流，梨棗所傳，或尚不止是也。抑觀本寧之識此書，有言曰：「後生承學，不崇六經而好處士横議；不行正史，而拾稗官野譚；不考古文，而沿流俗噩札；不務大雅，而喜弔詭偏見；所謂小兒强作解事語，比比皆然。」余誦此言，而觀於今世學術之變遷，其係於人心風俗者良深且鉅，嗚呼！可不懼哉。

又考是書宋時有劉氏學禮堂刻本，藏汪氏藝芸書舍。嗣千里爲鮑氏覆刻時，祇據姚舜咨鈔本校訂，洎鮑氏身後，乃得見宋本，故千里又覆校之，條録百餘則，附諸卷後。昔年余曾於廠市覯千里手勘宋本原帙，因臨寫於鮑刻上，其異文仍有出覆校之外者，暇日當別爲文記之，此不復贅焉。甲戌六月初六日，藏園老人識。

初刻日知録跋※

舊聞顧氏《日知録》有初刻本卷帙少者，求之二十年不可得，第於黄氏本前見其小序而已。頃於繆藝風前輩遺書中獲覯此本，爲卷八，爲條一百一十有六，視今本特五之一耳。前有自序十二行，字仿顏體，當爲張力臣筆。目之前更有小引四行，文字皆與黄本所載不異。以黄本對勘之，各條文字後刻者多所增益，一題下有增入四五段者。標目後來亦多改訂。如「黎許二國」，原作「國風」；「魯之春秋」，原無「魯之」二字；「王正月」，原作「十月」；「卿不書族」，原無「卿」字；「前代諱」，原作「宋初尚避唐諱」；「豫借」，原作「青苗錢」。此外難以枚舉。後附《譎觚十事》。全書斷句皆加墨圈。鈐有「抱經樓」白文印，蓋四明盧青崖舊藏，乙卯、丙辰間散出上海坊市，藝風得之於陳氏古書流通處者也。別有「陸宇燝印」，竢考。書潛偶志。

頃閲《抱經樓題跋》，亦藏有是本，云爲符山堂刻。又云第八卷九州條下二則今刻全本《日知録》不載，殆因閻百詩有駮正之語，故亭林削去之。今按之此本，洵然，具徵先生之不護前失也。書潛又志。

寫本菰中隨筆跋※

《菰中隨筆》三卷，題「東吴顧炎武寧人父著」，後附《詩律蒙告》一卷及《亭林著書目》，黄蕘圃家鈔本。前有同學王潢等二十人爲亭林徵書啓。書衣爲蕘翁手題，後有跋六行。

别有曲阜孔憲庚跋，孔憲彝跋，葉名灃、何慶涵題字。副葉粘有何慶涵小柬，蓋蝯叟之子，曾假此本録副也。

按：《菰中隨筆》有玉虹樓刻本，近時《亭林遺書》中復刊之，然核其文字，迥然不同，且衹得一卷，當别爲一書。據《四庫存目》標明三卷，此本正與之合，蓋先生讀書所得，隨手摘記，所以備遺忘，供采擇，文字叢脞，初無義例，平生劄録必不止一册，四庫館臣所見當即此本，而玉虹樓所刻亦非贋品也。故人吴松鄰曾爲考訂始末，附志篇末，並屬余刊傳之。他時當校録一通，授之梓人，附諸《雙鑑樓叢書》之後，以償此宿諾。兹將諸人跋語録之左方，其徵書啓、著書目臚列其後，庶治顧氏學者得以參證焉。

右《菰中隨筆》三卷，《詩律蒙告》一卷，《亭林著書目》一卷，俱未梓行者。余於學餘書肆中見之，擬買而未許也。爰假歸倩鈔胥録此副本，略取舊鈔本校對一過。至舊鈔本之訛謬，尚多承襲而未及改正，俟暇日讀之，稍加參訂焉。乾隆甲寅三月下澣，郡後學黄丕烈識。

右《菰中隨筆》三卷，顧亭林山人著，與玉虹樓所刊本不同。丁巳長夏，見於吴門書肆，亟以重價購歸，藏諸行篋，以徵余有志顧學之雅。近日海内文人，惟道州何子貞太史爲顧祠領袖，惜養疴田園，不復有東山再起志願。漢陽葉潤臣閣讀聞尚供職鳳池,他日得入都門,當取此册共相校正,付剞劂氏,與玉虹樓刊本並傳於世,嘉惠後學,余於葉君有厚望焉。咸豐丁巳立秋日,顧廬學人曲阜孔憲庚志於滄浪亭寓齋。

册中訛舛之字甚多,録時祈細校正,以備參考。

是歲冬至後三日,因事之泲南,聞子貞太史爲雨舲大中丞延主濼源書院,亟往訪謁,而子貞又赴浙江省問弟疾,明春二月方旋。見哲嗣慶涵,儒雅恂恂,克綿世業。談及此册,乞録副本,因識數語而假之。丁巳冬至後八日辛卯,經之再記。

經之弟自吴門購得此本,携至京師衍聖公邸,因得校讀一過,較玉虹樓刻本大有不同,可以互相考訂,不妨授之梓人,與玉虹本並傳海内也。經之即之秦中,悤悤書此以識之。咸豐戊午秋九月,曲阜孔憲彝。

咸豐戊午秋七月,漢陽葉名澧借觀録副。

咸豐丁巳冬至後十日,道州何慶涵借録一過,時在濟南濼源書院。

徵書啓録後:

東吴顧寧人炎武馳聲文苑垂三十年。其高祖刑科給事中諱濟累疏直言,載在武、世二廟《實録》。曾祖南京兵部右侍郎諱章志歷任藩、臬、京兆,及掌南兵,疏更船政,蘇軍衛二百年之困。本生祖左春坊右贊善諱紹芳、嗣祖文學諱紹芾、兄孝廉諱緗，並以詩文爲海内所宗。嗣母王氏，未嫁守節，奉旨旌表。及聞國變，不食而死，天下稱爲貞烈。寧人年十四爲諸生，屢試不遇，繇貢士兩薦授樞曹，不就。自嘆士人窮年株守一經，不復知國典朝章官方民隱，以致試之行事而敗績失據。於是盡棄所習帖括，讀書山中八九年，取天下府、州、縣志書及一代奏疏、文集徧閲之，凡一萬二千餘卷。復取《二十一史》並《實録》一一考證，擇其宜於今者，手録數十帙，名曰《天下郡國利病書》。遂遊覽天下山川風土，以質之當世之大人先生。昔司馬子長徧游四方，乃成《史記》，而范文正自秀才時以天下爲己任，若寧人者，其殆兼之。今且北學於中國，而同方之士知寧人者敬爲先之以言，冀當世之大人先生觀寧人之文，以察其志，而助之以聞見，以成其書，匪直一家之言異同，天下生民之福其必由之矣。同學王潢、陸圻、吴任臣、王錫闡、顧有孝、顧夢麟、黄師正、王猷定、歸莊、潘檉章、楊彝、楊瑀、方文、張愨、吴炎、湯濩、萬壽祺、丁雄飛、毛騤、陳濟生啓。

亭林著書目録：

《古音表》三卷、《易音》三卷、《詩本音》十卷、《唐韻正》二十卷、《音論》三卷。以上統名《音學五書》。五書刻於淮上，後爲張力臣鬻於安溪李公。《日知録》三十二卷、《補遺》四卷、潘稼堂先生携至閩中，同汪晦菴先生刻。《左傳杜解補正》三卷、爵憲張又南先生捐貲刻。《九經誤字》一卷、《石經考》一卷、《金石文字記》六卷、《吳才老韻補正》二卷、《昌平山水記》二卷、《文集》六卷、《詩集》五卷、以上六種潘稼堂先生捐貲刻。《二十一史年表》十卷、《天下郡國利病書》一百卷、《歷代宅京記》二十卷、《十九陵圖志》六卷、《萬歲山考》一卷、《肇域記》一百卷、《岱嶽記》八卷、《北平古今記》十卷、《建康古今記》十卷、《營平二州史事》六卷、《茀録》十五卷、《詩律蒙告》一卷、《救文格論》一卷、《下學指南》一卷、《當務書》六卷、《菰中隨筆》三卷、《官田始末考》一卷、《京東考古録》一卷、《山東考古録》一卷、《熹廟諒闇記》一卷、《聖廟記事》一卷、《譎觚十事》一卷、《顧氏譜略》二卷。已上二種潘稼堂刻。

繕寫書目：已刊者不贅。

《先給事思軒公諫垣疏》一卷、《先司馬觀海公船政疏》一卷、《先贊善學海公寶菴集》十二卷、《誥敕祭文神道碑録誄行狀》五卷。

歲丙子，不肖衍生於舊簏中檢得此本，讀之泫然，因追想當年，多所不符。丁亥冬，於宛陵旅舍出而録之，蓋不肖從先子遊於北土已歷數年，趨庭之暇，常見手稿名目。壬戌之春，先子卒於曲沃，其稿爲徐健翁、諱乾學。立翁諱元文。兩公取至都中，不克常見，乃從諸友處捃摭一二。後潘稼翁諱耒。謝任家居，往謀刻之，慨許數種。復於其家繕寫別本以歸，全稿俱留東海，當續寫以俟將來，冀當世之大人先生俯賜剞劂一二，則幸甚！不肖男衍生謹跋。

按：右目所舉外尚有《唐宋韻補異同》、《海道經》、《經世篇》十二卷。《明季實録》、《營平二州地名記》、《聖安紀事》、《求古録》、《亭林餘集》、《亭林佚詩》，通爲四十七種。檢彙刻及專刻外，凡未經刊行者爲《二十一史年表》、《十九陵圖志》、《肇域志》、《岱嶽記》、《北平古今記》、《建康古今記》、《營平二州史事》、《蕣録》、《下學指南》、《當務書》、《官田始末考》、《熹廟諒闇記》、《唐宋韻補異同》、《海道經》、《經世篇》各書，而此《菰中隨筆》及《詩律蒙告》亦其一也。安得有大力者，奮發宏願，廣徵同志，遍蒐遺槁，付諸梨棗，滙成鉅編，如曾湘鄉之刻《船山遺書》，斯亦不世之鴻業，其闡揚學術，沾溉儒林，爲功於後人豈不偉哉！

雜家類・雜記

校唐國史補跋※

李肇此書皆紀唐代雜事，上自朝章國故，下及閭里瑣屑諧謔，凡上、中、下三卷，共三百八事。自《津逮祕書》本以前未見古刊。絳雲樓有宋刊本，見《有學集》題跋，孫從添《上善堂書目》有葉石君手鈔本，近世各家藏目中均未見其書，諒亦無可追尋矣。

憶庚申歲，在津沽於王茂齋書估許得見《國史補》一帙，照宋版摹寫，工麗可翫，鈐有毛氏汲古閣印。愛不忍釋，因以善價得之。暇時偶檢《津逮祕書》本對勘，字體頗有不同，而詞句乃少所更定。惟卷下「內外諸使名」一條，「團練司使」下增「補有時而置者，則大禮使、禮儀使、禮會使、删定使、三」凡二十字，按之抄本，正脱失一行。蓋本條所叙諸使名，歷述在朝有太清宫等使，外任則有節度等使，後述臨時特置諸使。若脱去此行，是大禮、删定、三司、會盟、册立諸使皆屬之外任，於官制寧不刺謬耶。雖祇此寥寥二十字，而關係之巨乃如此。夜光一粒，勝於魚目十斗，彼單詞隻字，無關閎旨，縱塗乙盈篇，又奚足貴耶！

今夕檢書於池北書堂，偶披覽及此，忽忽已十有三年。此書後歸之蔣氏密韻樓，近聞儲藏半已散佚，不知流落誰家矣。幸留此校本，異時當寫入羣書點勘中，以公諸當世焉。壬申九月二十六日，藏園居士書於長春室。

頃閲《太平廣記》中引此書者，通一百三十八則，各條以藍筆校改於行間。《廣記》引書於文字往往删潤，未必盡足據依，然足以供參證者正多，未可盡廢也。別有四條爲今本所無，列目如下：山東士大夫類例、一百八十四。源乾曜、二百一。唐同泰、二百三十八。胡延慶。

二百三十八。壬申十月，藏園記。

校大唐新語跋

《唐書·藝文志》載《大唐新語》三卷，江都主簿劉肅撰，今所傳者乃十三卷，而結銜又在江州，當是目録傳寫文字奪譌使然，其爲肅撰固無庸致疑也。惟此書經馮夢禎等重刻，題爲《唐世説》，《稗海》本又改爲《大唐世説新語》，其爲繆妄，《四庫提要》已深譏之矣。按馮氏本今亦稀覯，惟《稗海》本通行於世，余以唐人説部存世無多，久欲從事校勘，而苦無佳本可據。日前閲椒微師藏目，適有明鈔，因從北京大學書庫假出。原書棉紙，藍格，半葉十一行，行二十四字，存卷一至六，審其紙墨，頗類天一閣所寫。取《稗海》本校之，開卷標題正與《唐志》合，知傳録者在馮氏刻本之前，故尚存舊式。各卷門類次第初無殊異，而文字訂正乃得四百十二字，榛莽爲之一清，平生冀望得以少償。第明鈔祇此半帙，徧檢新舊藏家目録，咸無是書舊本，留此餘望，未知何日得償耳。辛巳開歲第二日，藏園老人記。

校北夢瑣言跋※

《北夢瑣言》二十卷，宋孫光憲著，自序言生自岷峨，則固吾蜀人，本書題曰「富春」，蓋舉郡望也。舊刊本自明商濬《稗海》外未有他刻。據孫道明跋，其所傳録出於武林忻悦學家陝刊舊本，意宋代祇此一刻，今陝本已不可得見矣。文淵閣著録爲盧氏雅雨堂本，後有葉石君跋，謂原書得自吴方山家，而吴本又缺第二十卷。然余檢閲商氏《稗海》，雖各條標題咸缺，未爲足本，而其第二十卷固宛然具存，是亦未可盡廢也。余前時在南中得明時萬曆刊本，其書十行二十字，每條皆有題目，要爲罕覯，審其行格，與岳元聲刊《媿郯録》相同，或此書亦岳氏所刊耶！

日前偶嬰小亟，翰文齋以新收海豐吴仲懌侍郎遺書數種相眎，其書多得自嘉興唐鷦安家，而唐氏又得於吴氏拜經樓，中有《北夢瑣言》一帙，繕録工雅，有紅藥山房、拜經樓、海寧楊氏諸印，卷首有「宋本」、「乙」二印，審是槎客所鈐。以此推之，其傳録出於宋本殆可信也。病中無俚，因取萬曆本手勘一通，正訛補闕殆數百事。其最爲差舛者，萬曆本第二十卷凡十一條，其文與他本無一字相同。蓋通行本多原缺末卷，萬曆刻本乃陰割卷十之半，移置於此以補之，離析改竄，頓失其真，明人謬妄之習往往如此，殊不足怪。及檢雅雨堂本，其第二十卷各條文字與鈔本脗合，然校其每條標目，則迥然各異。遂逐條爲之正定，以復舊觀。

余因反覆沈思其致誤之由，殊不可得。嗣取鈔刻各本刻意推研，乃知盧氏所得葉石君本據以入木，石君跋語固明明謂吴方山本原缺第二十卷也。盧氏刻時，於其缺者必取

《稗海》本以補之，又緣《稗海》本原無題目，於是以意爲之標舉，俾成完帙，豈料其與原本固格格然枘鑿之不相入耶！夫明人昧於闕疑之義，騁其私瞻，以欺罔後學，其愚妄自不足言。雅雨號稱通人，而拾遺補闕不爲著明，毋亦蹈私造典籍之嫌耶！數百年沿訛踵謬之書，一旦神明焕然，頓還舊觀，其忻幸爲何如也。

余始得萬曆本，重其版刻爲諸家目録所未載，恒深自矜祕，而孰知其有竄亂卷第之弊。繼見盧刊依葉校訂正，文字視商氏爲善，正嘉其掃葉之功，而孰知其有妄補標題之弊。昔人謂不盡觀天下書慎勿妄下雌黄，余更爲之進一解曰：「讀書不得舊本，慎勿輕言校勘。」此書設非親見影宋舊鈔，手加勘定，則兩本之弊將終古未由證明，是知古人露鈔雪纂之勤，其貽功於後學至閎且遠也。顧竊有疑者，槎客藏書率加手識，刊入《拜經樓題跋》中，此帙印識纍纍，而未曾入録，致其佳勝無人爲之表曝，毋亦目見泰山而失之眉睫耶！

癸酉十月八日，藏園老人病起漫識。

舊鈔本賈氏談録跋※

宋張洎撰《賈氏談録》，據《郡齋讀書志》云，所談三十餘事，《直齋書録解題》云二十六條，《四庫》著録。然今世所傳者，曾慥《類説》祇十七事，陶宗儀《説郛》祇九事，《四庫》著録本又益以《永樂大典》各韻蒐輯，凡得二十六事，視張氏原著仍有缺佚也。

余昔年在杭州得舊寫本，後附胡珽、勞格校記，散置篋笥，已逾十載。頃始檢出，取守山閣刊本對勘，則全書凡三十一事，完然無缺，與泊自序所稱偶成編綴，凡三十一條者正合。其中「盛事録」、「鄭氏家甈」、「劉趙訴惑」、「曲江變異」、「龍岡遺址」、「祖師留題」、「瓦硯」，凡七條，爲《四庫》本所未有。即以見存諸條核之，如「李贊皇」條，其末尚有德裕夢訴於令狐綯事，凡七十二字；「文中子」、「李鄴侯」二條，鈔本皆百餘言，而《四庫》僅存寥寥數語；平泉莊一條，《四庫》本文字前後倒置，正文、小注又復淆亂；而「李汧公百衲琴」條祇著「制度甚古，其音清越無比」二語，不知其下尚有龍池題記、道士吳大象題詩五十八字。且就二十六條中詳考之，「平泉莊」及「僖、昭時士族避冦南山」，此一條離析爲二，實祇存二十四條，今以「盛事録」等七條加入，適符三十一條之數，是鈔本之佳實遠出《四庫》之上。他時有重印閣書，當以此本授之，俾復張氏舊觀。第勞、胡校記之後別無題識，未審其源所自出，爲足惜耳！戊辰九月朔，書潛偶記。

明鈔本涑水紀聞跋※

《涑水紀聞》二卷，明寫本，藍格，半葉九行，每行二十六字。

按：此書傳世凡三本：一本十卷，與《書録解題》所記合，今未之見；一本十六卷，《武英殿聚珍版書》、《學海類編》、《學津討原》所收及涵芬樓新校本是也；一本二卷，爲舊寫本，李木齋師所藏潘茮坡本是也。此本爲天一閣舊藏，在寫本中爲最古，其字體亦在明正、嘉以前。今以聚珍版對勘，卷五自「父子爲相」一條起，至卷六「秦國長公主」一條止，凡三十八條爲天一閣本所無，其餘次第既多不同，詳略亦復人異。其聚珍版所注疑有脱誤，天一閣本皆可補正。涵芬樓校本引《名臣言行録》以證今本之誤，及聚珍版引《東都事略》以補訂逸漏各條，天一閣本咸一一與之合，可知其根源甚舊，不至如後來傳抄之沿訛襲繆也。兹撮其大要爲涵芬樓校本所不及者，條列於後，至字句舛失，則不勝臚舉矣。

卷四「真宗即位」條，「乞與羣臣議」下有「定時習禮者又憚改作其議」十一字。涵芬樓本引《言行録》補。

卷五「始平公自鄆徙并」條，「將轉爲謗矣」下有「此陛下所宜深察也且」九字。

卷七「景德初，契丹犯河北」條，「素畏其名」下有「莫敢近門者」五字。「魏府伏兵」下有「於城南狄相公廟中，遂南攻清德軍。欽若聞之，遣將率精兵追之，契丹伏兵」三十字。

「真宗時王欽若」條，「爲太子太保，真宗」二字鈔本無。下有「欽若既謁上，明日入贊堂見太子，位在三少之上，是時上已」三十三字。

「太宗時大臣得罪者」條，「廉潔之操蔑聞」下有「喻利居多，敗名無恥，如營故相之第，終嫠婦之辭，對朕食言，爲臣自昧」三十七字。

卷八「子淵曰温成立忌日」條「執政乃追引前歲」以下其文迥異，兹録如左：「前歲芻父牧當任蜀官，芻上章乞代父入蜀知廣安軍。執政謂之曰：『故事，史館檢討不爲外官，足下能捨去貼職，則可往矣。』芻始謂出外當改攸理，及聞執政言，出於意外，愕然，則不願外補也。執政皆笑。至是，執政追擿前事非之曰：『代父入蜀，不當擇職田善處求廣安軍，又聞不得貼職而後止，進退失據。』奏落芻職，監潭州酒禮官，議者亦稍稍而息。」

「嘉祐元年夏詔」條，「親郊乃得之」下有「舊遇親郊奏一人，今再遇親郊乃得之」十五字。

卷九「大理寺丞楊忱」條末，「氣凌公卿」下有「而利交市井，蓄養汙賤而遠棄妻孥，故有是命」十八字。

「种世衡」條，「大衆不能舉，世衡」下有「乃令縣幹翦髮如手搏者，驅數對於馬前，云欲詣廟中」二十一字。與《言行録》所引同。

「東染院使种世衡」條末，「趣使之官」下有「其後朝廷籍其父名擢古珍謂皆爲將帥，官至諸司使」二十一字。

「嘉祐七年拓跋諒祚」條，「逆者」下有「至欲先宗道行馬，及就坐，又欲居東。宗道固爭之，逆者」二十一字。

「嘉祐七年三月乙卯」條，「是時樞密使」下有「張昇屢以老乞致仕，朝論以抃次補，應爲樞密使」十九字。

卷十二「保州雲翼兵士」條，「知汝州」下有「天章閣待制張昷之落職，知虢州副使，刑部郎中直史館張沔降充工部郎中」三十字。

「琦所論十三條」條，「修永洛城不惟通」下有「拔兵，亦要彈壓彼處一帶蕃部，緣涇原、秦鳳」十七字。

「趙元昊娶於野利氏」條下別有一條，各本所無，茲録如左：

邢佐臣云：拓拔亮之母本拽利之妻，曩霄通焉，有娠矣。拽利謀殺曩霄，不克，曩霄殺之，滅其族。妻削髮爲尼而生諒祚。及寧令弑曩霄，國人誅寧令而立諒祚。始數歲，其母專制國事，兄子没藏猧龍爲相。母私幸胡人部納皆移恣横，屢請誅之，母不聽。嘉祐元年九月，部納皆移作亂，殺國母。没藏猧龍引兵入宫誅之，其父與左廂軍馬副使遣使就殺之。

卷十二「康定元年六月」條，「京西體量安撫使」下有「侍御史知雜事張奎爲京東體量安撫使」十六字。

卷十四「先是种諤上言」條，此上有文一段，今録如左：

元豐四年秋，朝廷大舉討夏國，命内臣李憲措置秦鳳、熙河，節制環慶、涇原、昭應、河東、麟延路軍馬，昭宣使眉州防禦使王中正措置河東路，節制麟延、昭應、環慶等路軍馬。九月丙午，中正將河東兵六萬，民夫荷糧者亦六萬餘人發麟州，才數里，至白草平即奏已入虜境，屯留九日不進，遣士卒往來就芻糧於麟州。十月乙卯，始自白草平引兵而行，三十里至鵝枝谷。丙辰，至四皓峯。丁巳，以陰霧復留一日，是日行不過四十餘里。丙寅，渡無定河，循水而南，地多濕，人畜往往陷不得出。晚至横山下神惟澤，遇鄜延副使都總管种諤，兩營相距數里。下接「先是种諤上言」云云。

「過隰謂公岳等」下有「曰：二君勿憂，保無它。既而公岳等」十三字。聚珍版注云：「公岳句有脱誤」。

「永洛既失守」條末段「自謂自祖先聚珍版作「祖宗」。之世」文字迥異，今録如左：

謂自祖先之世於今十八年，臣事中國，恩禮無所虧，貢聘無所怠，何期天子一朝見怒，舉兵來伐，令膏血生民，勦戮師旅，傷和氣，致凶年，覆土之由，發不旋踵，朝廷豈不恤哉？蓋邊臣幸功，上聽致惑，使祖宗之盟既沮，君臣之分不交，載省厥由，悵然何已！濟乃遂探主意，得移旨諭。伏惟經略以長才結上知，以沈謀幹西事，故生民之利病，宗社之安危，皆得别白而言之。至於魯國之憂不在顓臾，而隋室之變生於玄感，此皆明公已得於胸中，不待言而後喻也。方今解天下之倒懸，必假英才鉅德，經略何不進讜言，排邪議，使朝廷與夏國歡和如初，生民重覩太平，甯有意也。儻如此，則非唯敝國蒙幸，天下之大惠也。意鯁詞直，塵瀆安撫經略麾下。

校影宋本龍川略志别志跋※

鄉人李香嚴廉訪舊藏宋刊本《龍川略志》、《别志》，號爲孤本祕笈。廉訪身後，篋藏盡散，是書爲吳門顧鶴逸所得。辛亥以還，余數數往來吳中，因識鶴逸於怡園，獲覯是書，昨歲更影寫一本相寄，將以入吾《蜀賢遺書》中。按宋本《略志》六卷，《别志》四卷，各冠以序。《略志》序於元符二年孟夏二十九日，《别志》則其年孟秋之二十二日也。半葉十一行，每行二十二、三字不等，黑口，左右雙闌，板心下方記人名。刊工可辨者有楊儀、吳祐、何澄、仝一、陸祐、朱信諸名。各卷無標目，《略志》序云凡四十事，今《百川學海》本標目祇三十九，然宋本論青苗下，鹽法鑄錢乃别爲一則，是仍四十事也。《别志》序云四十七事，今《稗海》本爲五十一事，然「丁謂逐李迪」條下，與王沂公傾丁謂事爲一；「章獻皇后崩」條下，與發章懿喪爲一；「元昊既叛」條下，與下元昊久叛潟兵屢屈爲一；「元祐中蔡確坐弟碩事」二條下，至彰州之禍云云，《稗海》本誤分爲二，是仍四十七事也。《提要》因卷數事目今本與《晁志》所載不合，遂疑商刻有離析卷帙、誤竄脩文之謬，不知《百川》、《稗海》兩志分刻，固未嘗紊也。近人夏君敬觀校刊此書，又疑今之《略志》爲宋人删節《龍川志》及《别志》兩書爲之，而今之《别志》則掇於《略志》所遺，不出宋人之手云云，益復枝蔓百出。其實宋本《略志》六卷、《别志》四卷，所列事目與序文適合，證之《晁志》，初無差異，斷然爲公武所見之本。後人不得見宋刻，又誤於《百川》本之析六卷爲十卷，《稗海》本之併四卷爲二卷，又失去序文，於是糾紛益起，不可爬梳矣。至其卷第之異，則今本卷一、二及卷十爲宋本第一卷，今本卷三、四爲宋本第二卷，今本卷五爲宋本第三卷，今本卷六爲宋本第四卷，今本卷七爲宋本第五卷，今本卷八、九爲宋本第六卷。《别志》次第不紊，惟析上、下卷爲四卷耳。

若其文字之脱逸，殆不可勝數，兹舉其大者：《略志》卷三，論摧河朔鹽利害，末行「竟聽議」下，脱「者摧之，至元祐而罷，今又復摧矣」十三字。卷四「議賣官麴」條，「同幹酒事」

下，脱「者不下三人，三八二十四人乃能辦此課利，今議罷搉酒」二十二字。卷六「皇后外家推恩」條，「入宫故事」下，脱「章獻、章懿、章惠三家近親李用」十二字；「西夏請和」條，「趙高姻家」下，脱「故爲此議。一日宰相既入尚書省，予與子功韓師朴劉」二十一字。卷七，「議修河決」條，「所以且用安持。某曰」下，脱「水官一頭項利害不小，奈何以小人主之？《易》曰：『開國承家，小人勿用』，未聞小人有可用之地也。此後是非終不能決。會宣仁晏駕，九年正月，都水監乞塞河梁村口，縷張包決口，開清豐口以東雞爪河。八日，某祈穀宿齋，朝廷即指揮吴安持與北京留守許將相度施行。是時，微仲爲山陵使，范堯夫爲中書相。堯夫舊不直東流議，予告之，曰：『當與微仲議定，乃令西去。』即與二相議，再降朝旨，令都水監與本路安、提轉同議，即一面施行，有異議疾速聞奏。既而許將乞候過漲水，河果東即閉西口，果西即閉東口，東西雙行，即徐觀其變。趙偁乞開闞村河門及澶州故道。二十六日，崇政殿進呈，堯夫曰：『許將之言事理稍便，或令與吴安持同議，一面施行。』某曰：『大河之勢，本東高西下，去年北京留守蒲宗孟以都城危急，奏乞於西岸增築馬頭一百步，約水向東。朝廷指揮水官與安撫、提轉司保明，如委得北流東流，上流别無疏虞，然後施行。遂乞減馬頭一百步。然是秋漲水爲馬頭所激，轉射東岸，漂蕩德清軍第一埽，爲害最大。及漲」三百四十七字。卷十，「鄭仙姑」條，「然處女也。予」下，脱「曰：

『室家人理之常』」七字。

《别志》卷上，「柴后」條「河陽守」下，脱「見其神色不少變」七字；張永德條，「輒以獻。藝祖」下，脱「深德之，而不知其故也。其後太宗當娶符氏，后謀於藝祖曰：『符氏大家，而吾家方貧，無以爲聘，奈何？』藝祖」四十字；周顯德末年條，「既見」下，脱「太祖質曰：『先帝養太尉如子，今身未冷，奈何如此？』」十九字；「契丹既受盟而歸」條，「每有自多之色」下，脱「雖上亦以自得也」七字；「則與天瑞無異也」下，脱「上久之乃可。然王旦方爲相，上心憚之，曰：『王旦得無不可乎？』欽若曰：『得以聖意喻旦，宜無不可。』乘間爲旦言，黽俛而從。然」四十六字；「上由此意決」下，衍「詩旦」二字，脱「遂召王旦飲酒於内中，歡甚，賜以樽酒，曰：『此酒極佳，歸與妻孥共之！』既歸，發之乃珠子也。由是天書、封禪等事日不復異議」四十七字；「内侍雷允恭既有力於謂」條，「吾不於汝惜差遣」下，脱「顧汝少而寵幸，不歷外任，今官品已高，近下差遣難以與汝，若近上名目」二十八字；「李文定與吕文靖同作相」條，「吕公爲沂公言曰」下，脱「『孝先不復用，公能容之否？』許公許諾。宣獻曰」十七字。《别志》卷下「劉從愿妻」條，「出入内庭」下，脱「或云得幸於上，外人無不知者」十二字；「英宗皇帝」條，「或言」下，脱「治平中京師置福田左右院，養丐者千人，或由此故也」二十字；小注「帝疾甚」下，脱「時有不遜語」五字；「慈聖意不釋」下，脱

「曰：『皇親輩皆笑太后欲於舊渦尋兔兒』」十五字；「獨琦不動」下，脱「曰：『太后不要胡思亂量』」九字；「治平中韓魏公建議」條，「光終不敢信」下，脱「非獨光不敢」五字；「曹瑋之守秦州」條，「招來蕃族」下，脱「獻寨中地，置弓箭手，古渭孤絶之患則除。蕃族」十八字。

其餘單詞隻字，增訂改易者，《略志》以《百川》本校正，通得一千二百七十二字；《別志》以《稗海》本校正，通得六百五十五字。而宋本脱文漏句亦偶一、二見，更賴《百川》、《稗海》兩本以正之。嗟乎！此帙戔戔不盈百葉，經後人一再傳刻，而卷帙紊亂，文字漏訛，使學者莫尋其端緒，至因陋儒之妄改，翻疑及《晁志》記録之誤差，設非余親見得宋本，將無以閒執悠悠之口。然則古今著作，剥落於隸史削工之手者，可勝計哉！可勝歎哉！

宋本甲申雜記聞見近録跋※

此王定國《清虚雜著》三編之二，存《甲申雜記》一卷，《聞見近録》一卷。宋刊本，半葉十行，每行十九字，白口，雙闌，版心題「雜記」、「聞見録」，上有字數，下有刊工姓名。可辨者有况天祐、余志遠、興宗三人。構字注「御名」，慎字亦缺末筆。刻工况天祐又刻《文苑英華》，則是書當爲南渡中葉吉州刊本。《甲申雜記》卷首鈐「文淵閣」朱文大印，又有「寶勤堂書畫印」、「方功惠藏書之印」、「巴陵方氏收得古刻善本」、「巴陵方氏玉笥山房」、「巴陵方氏珍藏祕笈」、「宗室文愨公家世藏」諸印。

案：乾隆間鮑渌飲得宋刻《甲申雜記》、《聞見近録》於吴興書賈，合竹垞所鈔《隨手雜録》及補闕刻入《知不足齋叢書》，即此本也。從舊册改綫裝，已多刓缺，書體疏斜，驟觀之有若活字本者。《直齋書録解題》傳記類載《聞見近録》，小説類載《隨手雜録》，蓋本各自爲書。渌飲就所記事實年代，移《近録》於前。考張邦基跋，仍當首《甲申雜記》，《四庫提要》叙次不誤，此本文淵閣印亦在《甲申雜記》卷耑。按《文淵閣書目》宙字號有「《聞見續録》一部，一册，闕」，荒字號有「《三槐王氏雜録》一部，一册，闕」，陳氏《解題》：「《聞見近録》宗正丞三槐王鞏定國撰。」似即此書，明人紀載往往訛謬，不足異也。此書自明文淵閣清查閣書時已注闕字，則流傳於外閱歲已久。寶勤堂無可考，嗣歸巴陵方氏。光緒己亥，恩施樊雲門得之，以贈盛伯羲祭酒。壬子，鬱華閣書散出，仁和吴伯宛購得，爲繆藝風老人七十壽。藝風殁後，其長君子受復以貽余。其投贈淵源如此。余庚申歲暮藏園祭書詩有：「《清虚雜著》誰爲酬，樊盛吴繆相贈投」之句，正謂是也。余以《學海類編》本對勘，《甲申雜記》改定三十字，其甚者如開卷標題「雜記」即誤作「雜録」。劉晦叔條「遂復構成其議」，「構」誤作「贊」字。《聞見近録》改定一百五字，「仁宗寢疾」條「韓富由是構隙」，「構」誤作「有」字。「揚州后土廟」條

「宋丞相構亭花側」,「構」誤作「建」字。蓋此三字宋本咸注「御名」,而鈔本沿誤,至歧出如此。其《甲申雜記》中「紹聖初余謫榮州」一條凡一百七十二字,《學海》本竟失載,而反取補闕中「進士張夢龍」一條宋本所無者附入之,殊不可解。流俗不見宋本而妄意增删,致失本真,殊足歎也。聊著其失於此,俾後來者知所鑑焉。庚午閏月十九日,藏園記。

陳仲遵校本河南邵氏聞見録跋※

舊鈔本,八行十八字,次行低一格。卷一至五陳仲遵據綵磬室藏宋本校,卷六至二十據磬室鈔補本校。卷中有「宋本」、「壿印」、「西畇草堂」、「西畇草堂考藏」、「潁川書畫記」、「仲遵手校」、「蕙汀」、「西畇藏書」、「西畇」、「山光塔影樓」,皆陳氏印也。别有「樂意軒吴氏藏書」朱文方印,則爲吴志忠也。

按:此本舊爲沈同叔前輩所藏,余於乙卯三月借得,取汲古閣本細校一過,其佳勝處,舉余所覩記,若明沈夷垒本、沈辨之本、近代黄蕘翁校本、周季貺繆藝風藏本皆不及也,校畢即鄭重歸之,然縈於夢寐者無時或釋也。其後同叔殁,楹書星散,時時流落坊肆間,余頻物色此書,竟渺不可見。今歲八月,有老媪持此詣文德坊中求售,人皆掉臂不屑一盼,余亟屬韓估以善價收之。迴憶一瓻雅故,匆匆已十五、六年矣,展轉遲回,竟入吾篋,讀已見書，如逢故人，矧又爲故人之遺籍乎？同叔閎識孤懷，高視一世，嫻於朝章國故，雅善清談。鼎革後，屏居燕京，鬱鬱寡歡，視朋輩少所許可。藏書甚富，不輕以假人，顧獨於余若有夙契，經歲往還，名鈔祕校，常相欣賞，頻年傳校之書殆百餘卷。宋元古槧，或斥以易米，余爲作緣者有宋拓《鍾鼎款識》、宋大字本《中庸集注》、宋本《內簡尺牘》，紙墨精好，世所希覯。余篋中有校宋本《元氏長慶集》，則公所輟贈者也。昔伯喈之於王粲，牧翁之於遵王，咸欲盡舉祕藏以相付託，疇昔燕談，輒聞斯語。顧余孱薄，無以副之，摩挲故紙，追憶昔游，不禁撫卷而長喟矣！

又按：汲古本脱誤最甚，以仲遵本校之，卷一「忠正軍工審琦」條下脱「太祖幸金明池置酒」一條，百一字；卷五「韓魏公罷政」條尾後脱五十四字，其下脱「紹聖元符間章惇用事」一條，四百八十二字；卷十六「薛俅爲梓州路提刑」條其文字不同者凡八十六字，其下又脱姚嗣宗、李藻、張仲賓、孫道中四條五百三十二字。此外脱行漏句及原版墨釘，尚不可勝數，皆賴陳本補完。宋本每葉二十四行，每行二十三字，原本自磬室以後不見著録，淪失殆不可追。别傳有元人鈔本，即西畇跋中所云在錢聽默家者，後歸嚴久能。據《悔菴學文》中言，有天歷元年清溪楊英藴璞跋，其友羅道生所録。旋歸黄蕘圃。然據西畇所述，固不及磬室本之善也。嗟夫！宋本不可得，幸留此勘本，以糾正數百年來之舛失，孤本祕笈，寧非宇宙之瓌寶乎！

陳墫跋及陳氏所録明沈與文跋附後：

右《聞見録》，磬室所藏殘宋本也。五卷以後皆磬室手鈔補完，寶光陸離，真奇物也。山陰友人持此見示，爰取新鈔手校一過，留五日而還之。索直甚昂，不及售得，惜哉！嘉慶乙亥正月二十九日夜，坐小樓聽雨書此。西畇漫士。此跋在卷五後。

此後十五卷從磬室補鈔宋本校，復從黄蕘翁借其所藏錢聽默校元人鈔本覆勘一過，未能及磬室本之善。黄本有明嘉靖時野竹居士跋，亦補録於後。邵氏尚有《聞見後録》三十卷，惜無從得見宋刻本矣。嘉慶乙亥杏月三日，時霖雨乍霽，西畇漫士識。

野竹居士跋録後：

嘉靖十三年夏日，對宋本校勘一過。前本與中間一册在予家，四十年始得輳完，可見奇書則不能遇也。保之！保之！野竹居士謹記。

明鈔本邵氏聞見録跋※

明鈔本，藍格，棉紙，半葉十行，行二十字。前有紹興二年邵伯温序。有「嘉靖己未進士夷垒沈瀚私印」朱文印，與新獲明鈔《合璧事類》所鈐印同。

按：此帙舊爲秀水莊氏所藏，後歸之仁和王氏，乙卯歲余假得一校，方知其佳。昨冬歸自日本，王氏書適散出坊市，迫近歲除，聚珍堂書友劉姓持以相示，久別已十六年，一旦相逢，頗難恝置，因與沈同叔本並儲。兩美相合，不啻珠玉交輝矣。

按：此本視錢磬室本佳妙大略相同，然亦有足互爲補益者。如前跋所舉卷一「太祖金明池置酒」一條、卷五「紹聖元符章惇用事」一條、卷十六姚嗣宗等四條，此本皆脱失，與汲古本同，洵不如錢本之善。然亦有此本溢出詞句，而錢本轉不載者。如卷四「韓魏公疏」「以釋虜疑」下有「萬一聽服」四字，卷七「李文定公爲學子時」條「及門下客同賦」下有「仲塗覽文定」五字，卷十一「元豐四年官制書成」條「又有旨范」下有「純仁李常除太常少卿。珪、確奏曰：純仁已病，止用李常。後」二十二字，「王荆公吳夫人買妾」條「潁公夫人」下有「與温公夫人」五字，卷十七「長安張衍」條「因其姪繹」下有「問衍，衍曰：以某之言白公，命也。發及八分，早退爲上，不然災至矣。子厚」二十七字，卷十八「康節少日游學」條「中散兄弟」下有「慎言不疑，慎行無悔，慎術子重，劉大夫師旦子絢張」二十字，卷二十「熙寧中有一道人」條「以錢置爾之」下有「手則知之，置爾之」七字，「伯温上世」條「大書詩一章，長於太平世」下有「老於太平世」一句，於文義事實皆爲完備，足補錢本之缺。其它一、二字之訂正，出錢本外者，又難以更僕數。是兩本固有相得益彰之美矣。昔《涵芬樓祕笈》校印此書時，曾乞假善本，以資讐訂。余念文章天下公物，不自祕惜，慨然舉二本付之。然擇持未爲精審，其罅漏亦正多也。庚午冬，藏園居士識。

明刊程史跋※

此成化中刊本，半葉十行，行二十字，大黑口，四周雙闌。前有岳珂序，次行題「雲間陳文東批點」，每卷標明若干則，卷中語涉朝廷皆空格，是從售本出者。字體筆畫圓湛，似以寫本付刻，與嘉、隆後方板之體不同。據他家藏目著録，此本前有成化十一年建安江泝序，言「舊版刻於嘉興，脱落既多，奉按廣東，姑蘇劉公欽謨忽出善本，經陳璧文東先生批點，遂登諸梓」云云。錢唐丁氏藏本尚有嘉靖乙酉錢京序，潘旦、祝鑾二跋，其後並附有《孝娥井銘》及《祀記》，當爲嘉靖時重刻所增，成化本固無之也。此本失去江氏序，其陳氏批語刊於眉上，間有小字列爲旁注，刻本之中特爲罕見。

此書曾見宋刊大字本，九行十七字，惜闕二卷，爲蔣孟蘋得之。又見有天啓時岳元聲刊本，版式精整，後歸之涵芬樓。至相傳有元刊本，在胡心耘家，余未得寓目，爰附志於此，以候訪尋焉。癸未驚蟄節，藏園識。

明岳元聲刊本愧郯録跋※

此書亦岳珂所撰，凡十五卷，《桯史》記當時遺聞故事，此則專誌宋代典制，《提要》稱其記問博洽，考據典贍，有裨史志，爲中原文獻之遺，洵爲確論。此爲萬曆本，半葉十行，行二十字，語涉朝廷空格，前後無序跋，惟卷首次行署「十六世孫岳元聲、和聲、駿聲訂」，以行格板式較之，與天啓本《桯史》正同。余尚見有《玉楮集》，亦元聲所刻，行款與此無異，蓋三書皆同時付梓者也。

考岳氏後裔，自倦翁後即占籍嘉興，元聲字之初，萬曆癸未進士，官工部郎中，時以論首輔奪情落職，後起官，擢至兵部侍郎，有《潛初子集》。和聲字爾律，萬曆壬辰進士，歷官至右僉都御史，巡撫順天，天啓時起補延綏巡撫，著有《後驂鸞録》及《餐薇子集》三十卷。兄弟皆顯貴，然元聲立朝侃侃，里居亦以正直稱，和聲晚撫延綏，頗爲時論所薄，吴次尾《兩朝剥復録》曾論及之。因頻刻家集，故考其仕歷附著之焉。癸未二月初一日，藏園老人識。

明本水東日記跋※

明代士夫好撰述，騖聲氣，故雜記野乘之屬傳播於後者，殆無慮數百家。然今覽其書，大者或病其空疏，細者多傷於猥巧。至其稗販成編，蕪雜猥穢者，更無論矣。《四庫全書》著録小説雜事類，明代之書惟取葉文莊、陸文量、沈景倩三家。《輟耕録》宜歸入元代，《何氏語林》體裁不同，餘耿天臺、王弇州所著皆小帙，不足論。文莊家世藏書，練習朝廷典制，故所紀載特爲宏富。卷中於圖籍碑刻舉述尤備，足以供考證之資。《提要》亦稱其留心掌故，考究最詳，引據諸書頗爲博洽，良非虛譽。

予中年嗜讀其書，惟苦無舊本可覩。嗣於南中收得明代所刻，爲卷三十有八，版式古雅，字迹疏勁，微兼隸體。且墨色濃淡不勻，字或斜出，頗疑是活字排版。第前後序跋俱無，羌無左證，未敢斷言，第以寫刻觀之，要是正、嘉以前風氣耳。卷末有明人題字一行，文曰「嘉靖甲寅仲秋既望，吳郡後學邑庠生王玉芝謹志」。鈐印七方，曰「王玉芝」，曰「國祥之印」，曰「臨頓里人」，曰「疊翠軒主人」，曰「臨野山人」，曰「自燕徙吳」，曰「東吳長洲臨頓里人太原王玉芝國祥圖書」。又有「吳宸之印」、「丹箴」、「吳釗之印」、「何元錫印」、「夢華館藏書印」、「別下齋藏書」諸家印記六方。由此可以推知此帙舊藏長洲王氏，歷經吳氏、何氏、蔣氏諸人之手，以迄於兹。王、吳二氏其家世別無可考見，至夢華館、別下齋則咸以藏書名家，朱記纍纍，數百年以來諸人珍重護持之意可以概見，而此本之希覯亦從可知矣。惟於雕鎸之時與地終無由悉也。

頃閲明吴文定公《匏翁家藏稿》，知叢書堂中藏有此書鈔本，公自爲之跋，言「《水東日記》三十八卷，故吏部侍郎葉文莊公所著也。議者以其間頗有臧否之論，其子孫固在，不當傳出。於是公之子始祕之，則已爲湖廣刻木，而都下家有之矣。顧其本模寫無法，提行過多，讀者厭之。近世紀載家幾絶，幸文莊爲此，足以考見時事，因録本稍便觀覽，不忍棄去，惟多譌字，雖加校正，不能免耳」云云。予據公所言，再取藏本披觀終卷，因見篇中語涉朝廷文皆别起，即述及前代帝后亦一律頂格，與公所譏模寫無法提行過多一一相合，乃知此本即匏翁所稱湖廣刻木者，亦即此書行世之第一刻本。《邵目》載有常熟徐氏刊本，爲卷亦三十有八，然以裔孫方蔚跋考之，則湖廣所刻即徐氏也。至萬曆時，六世孫重華再刊，增補一卷，爲四十卷。洎康熙庚申，七世孫方蔚重校復再刊之，近世通行者皆是本也。萬曆重華本丁氏善本書室有之，爲山陰祁理孫舊藏。此書自明正德以迄於清初，凡刊版三次，其源流可以考見者大氐如此。若其文字之異同，讐勘之疏密，非羅合數本而薈校之，殆不能定其何本爲最善耳。

余嘗謂明人撰述能獲當時繕録之帙爲佳。昔年曾收得《菽園雜記》殘本五卷，爲天一閣舊儲者，偶取守山閣本對勘，則訛文奪句刊正之字布滿行列，密若繁星，更有數十則爲雕板所不載，可知當時以藁本付刊，必因有所嫌忌，而後人從而刊落之者。倘是書能得正、嘉以來舊鈔，其補闕訂訛必當不尠。第予數十年來聞見所及更無有舊於兹刻者，叢書堂藏本雖匏翁訾其多譌，然披沙揀金，宜有佳勝，惜乎蕭條異代，渺不可尋。海内名家有知其踪緒者乎？予日夜引領而望之矣。癸酉五月十四日，藏園識。

鈔本林居漫録跋※

題「古吴松菊主人伍袁萃撰」，分四集，共二十六卷。一曰前集，六卷；二曰别集，九卷；三曰畸集，五卷；四曰多集，六卷。前有諸公姓氏十葉，蓋各卷述當世諸人，或僅舉其姓，或舉其字，或舉地名，此則詳具人名及鄉貫，以便後人有所稽考。前集有自序，題萬曆丁未。多集末有後序，題萬曆戊申。自謂意在維風義，存悼俗，故多矯枉過激之論，以杜牧《罪言》自比。

按：袁萃字聖起，吴縣人，萬曆庚辰進士，官至廣州海北道按察司副使，事迹附見《明史·徐貞明傳》。其書《四庫全書總目》載入《小説家類存目》内，惟僅有前集、畸集，蓋所見乃不完本也。袁萃著此書在退居以後，其言以指斥朝政、臧否人物爲多，辭旨偏激，意氣凌厲，多不得其平，猶是明人攻訐囂争之習，未可據爲實録。《明史》稱此書及《彈園雜志》多貶斥當世公卿大夫，而於李三才、于玉立尤甚。《四庫提要》亦譏其所載朝野故實往往引明初之事以證明季弊政，而辭氣過激，嫌於已甚，不免矯枉過甚，至臚載閭巷瑣事，尤失於龐雜云。

余按：《明史》及《提要》貶斥是書，其言至當，然皆出於後世評定之語，豈知此書在當時傳布，已物議紛起。賀燦然吏部以其詆諆前輩，淆亂是非，遂作《漫録評正》以駁之，袁萃復撰《駁漫録評正》，燦然又作《駁駁漫録評正》以報之。天《正揚》、《疑耀》，明季文人多好騁詞辨，然二人之著書特爲升菴《丹鉛總録》而發，不過考據文字得失，以争一時之勝，要無傷於大雅。若袁、賀之抑揚當世，齗齗不休，又不徒《非國語》、《非非國語》之可笑也。余詳觀袁萃此書，黨見殊深，識見亦未免卑陋，殊不足供由基之放矢，粲然之一駁再駁，要未免爲多事矣。

此本二十年前得於南中，上下册尾均有「光緒戊申仲春上浣八日蔡慶昌校」小字一行，是亦近人依刊本重録者。各卷訛字頗多，夏間友人鄧文如假去，與刻本對勘，其次第有紊亂者。文如隨筆爲之糾正，至可感也。癸未十一月，藏園識。

舊鈔本萬曆野獲編跋※

前夕游東安市場，於多文書坊見此鈔本，喜其筆迹尚舊，因以廉值收之。歸而披覽一過，知爲康熙時錢氏編輯之清本，經禮親王所藏，爰記其行款印章及題識於左。

本書三十卷，不附補遺，半葉九行，行十八字。前録錢氏《列朝詩集》小傳一首，次録朱竹垞《静志居詩話》一則，次沈氏自題，次沈氏萬曆四十七年再題小引，次康熙庚辰桐鄉錢枋所撰分類凡例，次總目，次各卷目。鈐有「禮邸珍玩」、「檀尊藏本」、「豊府藏書」、「寶熙長壽」、「豫通王九世孫」、「沈庵平生珍賞」、「沈庵校藏精鈔善本」各印。副葉粘有牧菴手跋一通，其時爲道光庚戌，未詳何人也。甲戌五月四日，沅叔識。

偶記跋※

明鄭仲夔撰。仲夔字龍如，江西信州人，著有《蘭畹齋清言》十卷，《耳新》十卷，《四庫存目》載之。《耳新》中述及魏忠賢事，則其人已在崇禎時矣。前有虞山王宇春、社友董思王二跋，皆爲《清言》而作。別有朱謀㙔序，言「仲夔嘗擬《世説》作《清言》，兹又撰《偶記》八卷，略如洪景盧《隨筆》，多識近世嘉言懿行，雜以古昔奇奥，典正精約，可諷可勸」，推崇備至。

今觀其書，雜述前代僻典珍聞，可資談助，然皆不著所出之書，與楊升菴、焦弱侯所著相類。所述近事，如康對山以三秦豪傑説劉瑾申救夢陽，丘瓊山愧其夫人、劉綎征虜戰死事狀、高麗交趾進士人名、建文從亡諸臣姓名、王新建初生異兆，咸有關掌故，爲他書所未及，要自足存。至於閑宴枝談，友朋諧謔，亦著之於編，自謂雋賞清言，詡爲一時標致，然既無故實之可徵，亦乏名理之足尚，此明人標榜之習，不足語於大雅之林也。

鈔本備忘小抄跋※

《備忘小抄》十卷，題「僞蜀文谷撰」，分孝友、忠誠以迄賞鑑、品藻，凡二十六類，記古人嘉言雋語，略仿劉氏《世説》而作，後集則明人所續，所采事蹟，斷自五代。舊寫本，八行二十字，有「温陵張氏藏書」、「古閩黄肖巖書籍印」、「鞠園藏書」朱文各印。其書採擷閎富，字迹亦古舊，要是三百年前舊人所爲，而賈人乃僞題文谷名，又增魏華父手録及錢唐袁通跋語，皆謬妄不足道。《郡齋讀書志》卷十四類書類載，文谷此書雜抄子史一千餘事，以備遺忘。《説郛》卷三十一亦有《備忘小抄》一種，所采祇十三條，第其文字乃典料類書之屬，非説部體也。然則此書題文谷所譔猶未足深信歟？前有舊跋一篇，謂所録書自史子之外，如《續世説》、《唐語林》、《大唐新語》等書，咸採擇無餘，足資文筆清談。其評騭差爲允當。大抵明人多好抄撮古書，以自矜譔述，若《説類》、《語林》何氏之屬，比比皆是，而古記祕聞，亦藉以存其梗槩。此書雖非文谷所輯，而甄采百家，網羅今古，足以得多聞之益，爲談諧之資，未可以其僞託而屏斥之也。歲在癸酉十二月十九日，祀坡公回，識於藏園長春室中，江安傅增湘書。

所采諸書，不注出典，此明人譔述通病，以是盈篇累軸，不足取信後人，深可歎也。沅叔附記。

跋舊鈔本五石瓠附風人詩話※

此貴池劉鑾所著，曾刻入《昭代叢書》，凡六十六則，所紀以明代遺聞爲多。於器物雅玩亦粗有考訂。刻本後有吴江吴棆跋，言其雜而寡要，乃爲彙次而芟汰之，蓋已非復舊觀矣。余丙子春於南中獲此寫本，通一百九十二則，以刻本校之，所溢出者至兩倍而贏，殆即吴氏所謂芟汰之餘也。余披觀一通，其紀災異各事不免涉於迂瑣，然談掌故、記時政、述黨社，多足裨助史乘，且詳記孫北海藏書畫碑帖目録，尤可資考證，吴氏概從删薙，未爲允愜。後人有志流傳者，宜就原本區分而類别之，慎勿輕加筆削，致失本真也。後附《風人詩話》一卷，凡二十則，所載明季遺事亦他書所未詳，尤宜附此以傳。

惟劉鑾事迹，據楊復吉考之，知其占籍貴池，字曰輿父，而其他則寂然無聞。余檢《貴池縣志》，乃知明徵君劉城之長子名廷鑾者，即其人也。廷字爲兄弟分派所同，故此書署款祇著其名，而鑾字又變體書之，以致迷離莫辨耳。按：縣志載鑾字德輿，一字輿父，號梅根，恩貢生，考授州同，未出仕，師事吳次尾，盡得傳，入邑志文苑傳。著有《梅根集》二卷，《春秋義疏》四十卷，《唐池上詩人》八卷，《詩顛》八卷，《建文遜國之際月表》二卷。又《尚書年歷》、《春秋日歷》、《明詩爾雅》、《貴池掌故》、《池州文選》、《九華散録》諸書若干卷，皆未見傳本。

近時劉聚卿輯刊《貴池先哲遺書》，網羅鄉獻，竭廿年之功，得三十種，凡二百餘卷。鑾父之《嶧桐集》與次尾之《樓山堂集》合刻以傳，稱爲二妙，而輿父撰述，自《梅根集》以下十一種，求其書不可得，祇列其目於待訪中。洎殺青甫竟，始獲《建文遜國之際月表》二卷，附刻於後。獨於《五石瓠》一書，不特省、府志不載其名，即劉氏彙輯邑人典籍亦未之及，知其湮晦不彰，固已久矣。

顧有不可解者，貴池劉氏久著士林，輿父著作尤爲閎富，三百年來，遺稿飄零，竟無人爲之掇拾，幸而片鱗殘甲，偶墜人間，又以題名小歧，傳播不廣，雖以楊軼甌之博洽，而旁徵廣索，其名字轉在若存若亡之間，余所以撫卷咨嗟，亟思廣爲傳播，庶延墜緒而發幽光，用以慰昔賢之志，兼以盡吾輩之責云耳。歲在庚辰五月，傅增湘書於瓊島北岸之鏡清齋。

雜家類·雜品

負暄野録跋※

此精楷寫本，烏絲闌，半葉八行，行十六字。前後均有「汲古主人」及毛晉、毛扆印，蓋汲古閣所繕録也。是書舊無刻本，諸家所藏皆出傳寫。至乾隆之季，鮑氏乃刊入《知不足齋叢書》中，卷末附大德三年茅端真跋，至正七年王東、樊大晃跋，又至正十三年跋、明代俞洪跋，皆與此本同。惟卷末有失名識語四行，鮑本無之。

余昔年見明隆慶元年寫本，爲葉恭焕所録，曾取校鮑本，頗有改訂之處。蓋鮑本以傳鈔付梓，自不免小有訛失。此帙楷法既工，又出於毛氏父子之手，其校録精謹，宜可崇信。行當破費竟日光陰，以從事丹鉛，庶可勒爲善本也。辛巳十二月，藏園。

李君實雜著跋※

君實著《恬致堂集》四十卷。其雜著别行者爲《六硯齋隨筆》四卷、《二筆》四卷、《三筆》四卷、《紫桃軒雜綴》三卷、《又綴》三卷、《禮白嶽記》一卷、《篷櫳夜話》一卷、《璽召録》

一卷、《薊旋録》一卷、《竹嬾畫賸》一卷、《續畫賸》一卷、《墨君題語》一卷，都爲二十五卷。君實工書畫，精鑑賞，《筆記》所載多名書古畫及文房雅玩之屬，《雜綴》則甄采見聞，考訂事物，亦雜記之類也。《白嶽記》爲游山之作，而紀行之詩附焉。《璽召録》爲北行日記，蓋天啓四年補尚寶司丞入都所作也。《薊旋録》則官太僕少卿時以薊鎮解銀之役藉以乘傳歸里，自是遂請告不出矣。《畫賸》録題畫小詩斷句。《墨君題語》則專載題畫竹之作，爲錢塘江元祚所輯，後半卷則其子李肇亨題竹詩文小品，爲秀水項聖謨所輯。

按：君實登萬曆壬辰進士第，除九江推官，中經遷謫，以憂歸。起南禮部主事，乞歸。再起北禮部主事，未赴。進尚寶司丞，擢太僕少卿，旋以病告。其人和静安雅，澹於榮利，居家二十餘年，優游田里，以書畫自娱，文章風采，照耀當時。家近春波橋，爲吴仲圭舊里，慕其遺風，故特好寫墨竹。錢牧齋言，當時風流儒雅，好古博物者，以祥符王損仲、雲間董玄宰爲最，君實書畫亞於玄宰，博物亞於損仲，而微兼二公之長，韻度頽然，可謂名士。《無聲詩史》稱君實著述甚富，工於詩，妙於書，精於畫，所著《雜綴》、《畫賸》諸篇，文雖小品，自足供藝林幽賞。其推重者備至。然以余觀之，君實以鑑賞名家，生平多見古來書畫劇蹟，備載於《六硯齋隨筆》中，故其書爲嗜古者所稱許。《雜綴》中多瑣聞俊語，殊有雅人深致。至如詩文小品，時有逸趣，然風格卑近，體製纖仄，常作俳辭，近於玩世，亦漸染鍾、譚餘習，不足語於大雅之林。顧當明季朝政紊亂，士論混淆，君實致身卿貳，獨能翛然遠引，免於禍機，固由情性之恬淡使然，亦其遭逢之獨幸。披覽遺編，殊使人慨慕於無窮矣！辛巳五月二十七日藏園識。

雜家類·雜纂

校明鈔本澄懷録跋

《澄懷録》二卷，宋末齊人周公謹輯。其書采取唐、宋以來文字，凡流連景光、栖遲山水，可以怡情適性之語，咸萃於編，亦後人《玉壺冰》、《悦心集》所由昉也。余夙嗜清游，邇來歲月優閑，恒招邀儔侶，携筇遍歷名山勝域，以自適其閒汎。嘗披覽此編，頗愜素懷，每出挾以自隨。惟此書苦無善本，展卷輒生荆棘，私用悵然。前歲偶於文友書肆獲得此帙，棉紙，墨格，半葉十行，行二十字，版心有「古涿百川高氏家藏書籍之記」十二字，卷尾有「皇明嘉靖丁未秋七月七夕日百川子校正」一行，副葉有林吉人手跋四行。卷中鈐有「晉安徐興公家藏書」、「晉安何氏珍存」、「鄭杰之印」、「珍藏寶坑」、「昌英珍祕」、「人杰」、「圖史富書生」、「注韓居」、「鹿原」、「林氏藏書」、「林佶之印」、「吉人」諸印。考王漁洋《居易録》載，涿州高儒，武弁也，家多藏書，有《百川書目》。《徵刻唐宋祕本書目》亦言高儒《百川書志》二十卷，志其家藏書，如晁公武之例。是高氏夙以藏書名，然其家鈔寫之書，則諸家簿録多不之及，流傳之罕可知矣。余幸獲此古鈔，重以名人手識，且歷經徐氏、何氏、鄭氏三家收藏，咸屬閩中茂族，尤足引爲矜重。自嘉靖迄今，已越三百八十年，此寥寥短帙幸而僅存，固宜與宋刻、元刊同其珍祕也。

昨歲周君叔弢得松江韓氏舊藏此書鈔本，屬余以此帙對勘。前日攜之入山，匆匆終卷，改正韓本奪訛一百五十餘字，補佚文一則，爲之歡喜過望。益知此帙不徒以稀見爲珍，更以善本足貴。異時當手寫付雕，流傳萬本，不獨令公謹遺書得一定本，且使雅游之士獲一良伴焉。乙亥三月既望，藏園老人識。

林吉人手跋附後：

考焦氏《經籍志》，内有《百川書志》二十卷，爲古涿高儒所藏。此册亦其家鈔本也，至今將二百餘年矣，可貴也。是日崑山徐氏以《傳是樓書目》屬校，因并及之。康熙甲戌秋七月十一日，棲隺樓記。

明本異林跋※

《異林》十六卷，明南州朱謀㙔鬱儀纂，前有子壻師廷鏌序。卷一大年、仙釋、早慧，卷二相表、才性、多男、族義，卷三貴盛、久任、使節、貞烈，卷四先知、通禽語、服食、異産，卷五殊長、殊短、殊力、奇疾、奇夢、再生、變化，卷六名勝、形氣，卷七第宅、丘墓，卷八土宜、山異、地異、水品，卷九水異、火部、金異，卷十珍怪，卷十一天變，卷十二木異、異草木，卷十三鳥獸，卷十四鱗介、物化、雜事，卷十五、十六夷俗。大抵取材於子史百家，録其奇聞怪事，世不經見者，如《括異志》、《酉陽雜俎》之類，而分别名品，各以類從，又各著其從出，較明人他著爲有法度。其所引書籍，嘉、萬以後人著述，如眉公《雜著》、朱氏《楮談》、謝在杭《五雜俎》、祝枝山《志怪》、郎氏《七脩類稿》、楊氏《丹鉛録》，皆在所采，未免傷於糅雜。夷俗兩卷所録亦不出《星槎勝覽》、《殊域周咨録》、《異域志》諸書。鬱儀博極羣書，其所纂述，要在務奇侈博，而不復精加抉擇，此其弊也。然生平著書甚富，而傳者寥寥，此帙幸而僅存，亦足爲多聞之助。故《四庫提要》亦稱其在明末説家中體例差善，余因爲論定而存之。甲戌八月，藏園記。

消夏閑記跋※

昔年游吴門，於冷攤得鈔本筆記一巨册，所録多吴中故事，於明季清初事尤詳，最近者至乾隆五十餘年爲止。於涉獵典籍，亦間有考訂，或古今故實，加以辨明，隨筆雜書，初無義例。以意推之，其人蓋吴中諸生，而姓氏不詳，書名亦未標舉。全卷皆一人所書，行草特爲清勁，頗似當時手稿，疑莫能明也。

數歲後，偶檢《涵芬樓祕笈》，第二集中有《消夏閑記摘鈔》一種，取以核對，正是此書，乃知其人爲顧公燮，字丹午，號澹湖。原書有公燮自序及菱湖閑人所撰顧氏小傳，又知公燮爲吴郡老諸生，少從學於陸桂森、張九葉之門，幼年入泮，輒試高等，中歲棄舉子業，蒐羅稗野，著書自娱，與人談吴中舊事，津津弗倦，於明季逸聞、忠烈節孝尤喜傳述。其自序亦謂「凡法言莊論，街談巷語，倘有所觸，無不兼收而博采。或史書未載，父老流傳，其軼事時見於他書者，見聞所及必誌之，以示不忘」。循此觀之，其作書之旨可見矣。今以兩本參考之，《摘鈔》分三卷，此本則不分卷第；至所載事實，摘鈔只得一百八十五則，而此本則溢出一百五十八則，是其摘録只存全書之半也。

至溢出各條，如考吴郡名人第宅，凡三十七事，爲鄉里掌故所關，豈可聽其闕遺！其資於史乘者，如《攝政王與陳洪範書》《永曆遺吳三桂書》。若長篇紀事，傳自録他人者，惟聾道人之《遇變紀略》《摘鈔》已采之。若王丞曾之《苦海斗還記》述李闖入都事，吳适之《南都變略》述清兵下江南事，顧時緡之《闡忠録》專紀吳中殉國諸人，他書皆未摭及，可補明季稗史之遺。至《哭廟異聞》與《紀載彙編》中之《辛丑紀聞》皆紀沈玥等十八人被戮事，而文字各有詳略，可以互爲參證。若王吳蕘之《異夢記》則涉於鬼神冥渺，存之以示懲戒而已。其餘時聞逸事，蒐採尤多，覽之可以知吏治之隆污，覘士習之升降，於才士雅流，常肆詆訶。蓋作者意在振發愚蒙，矯正風習，固不徒侈奇索異，供人談柄而已也。

涵芬樓本後有孫毓脩跋，言顧氏所著尚有《致窮奇書》，曾見鈔本，將以次傳録。其標名殊爲詭特，不知今尚存否？孫氏又以摘鈔印行而原書不可見爲憾，豈知完本固在余家耶！憶己未、庚申間，余數數南游，與孫氏往還甚譾，曾詣其家，觀所藏舊鈔名校諸書，獨於此書未嘗見詢，真所謂失之交臂矣。吳中人士倘有志刊傳，當録副相致，以彌此缺憾，毋令前人遺著自吾身而失墜。此區區微尚，願與海内共商之。癸未三月上巳後三日，藏園記。

霞城筆記跋※

《霞城筆記》十卷，題曲阜顔懋僑幼客纂，爲德化李椒微師舊藏，今歸北京大學圖書館，余假得披閲一過，小帙細楷，每册均鈐「懋僑」、「幼客」二印，當是原稿之清本也。前後無序跋，其授梓與否不可知。余以其稀覯也，授寫官録存副本，而别考其人之行實以誌之。

原書十卷，卷一《君德》，多録雍正朝諭旨，卷二《治略》，述康、雍以來政事大端，卷三《聖學》，述孔廟事實，卷四《奥區》，雜述地理之事，卷五《臨乘》，記浙江臨海邑中故事，卷六《天文》，兼述律吕、時令、星野、占驗及異俗，卷七《人物》，雜述古今人事物理，卷八《藝林》，評論詩文，旁及考證，卷九《逆命》，紀雍正朝文字獄事，咸引據官書，卷十《自序》，則爲其祖脩來先生之年譜，及其父肅之赴浙途中日記也。

按懋僑字癡仲，一字幼客，爲光敏之孫，肇維之子。肇維後改名肇雍，字肅之，官浙江台州臨海縣知縣，晚號紅亭老人。懋僑生有異禀，其弟懋价撰行狀，言邑人傳爲泗水楚家寺僧慧朗後身，以慧朗將化時與弟子訣，言將投舍曲阜顔考功家也。幼博學强識，此《霞城筆記》即隨父臨海任時所作，台守張君嘗招飲半江樓，酒酣出紙筆，索爲《天台賦》，援筆立成，即以此得名於時。後以恩貢生充萬善殿教習。貝勒允祁聖祖皇子，號寶嗇齋主人，謂人曰：「久聞詩人顔幼客，今乃得見耶！」召試瀛臺，天陰欲雪，上得句云：「雪香梅綻蘂」，即對曰：「雲響竹留聲。」又賦《望雲思雪詩》、《紀恩詩》、《奉和御製落葉詩》，悉稱旨。期滿授觀城縣教諭，鞠遜行紀其逸事，言關中屈復以詩名都下，後進罕得接見。一日，幼客排門直造內室，踞榻相對，屈不耐，詢之，曰：「我曲阜顔懋僑也，聞君能詩，特來相訪。」屈異其言，相與辨論，口若懸河，屈折服，遂與訂交。其瑰意畸行多類此。生平撰述甚富，有《江干》、《幼客》、《石鏡齋》、《蕉園》諸集，又《西華行卷》、《天文管窺》、《摭史》、《奈園録》、《秋莊小識》諸書行於世。辛巳六月二十四日，藏園老人識於昆明湖畔之宿雲簷。

藏園羣書題記卷第九　子部四

小説家類

校神異經跋※

余日前既取《太平御覽》以校《述異記》、《洞冥記》二書，《述異記》補佚文四十七條，《洞冥記》補佚文八條，其餘詞句亦大有詳略之差殊，因悟宋初所采各書皆卷子本，未經後來刻板展轉之訛奪，且《太平御覽》多因襲《脩文殿御覽》而成，引書來源最古，尤足據依。因思《神異經》向無舊刻，遂檢取《御覽》所引者凡得九十餘條，去其重引者，仍以程氏《漢魏叢書》本對勘。程本凡四十八條，爲《御覽》所未引者有二十四條，可校者得二十四條，正訛補脱，所得佳字極多。每條末時附張華原注，程本奪失不尠，尤賴以補助。其「東明山」一條《御覽》所引備列六方之宫，凡一百六十餘言，今本祇存「長男之宫」一事。其《御覽》所有而今本佚去者又有三十九條，幾增全書之半，所獲可謂豐矣。兹將各條録存於後，異日他書倘續有所得，當更以附之。

自乾、嘉諸儒篤嗜考訂之學，盡取古來類書及注家所引羣籍以轉校原書，或搜輯逸書，於是訛文佚典裒然成帙，供後學挹取之資。然所校者多經史之文，或地理之屬，而小説家言乃不屑措意，以其不關閎旨，無裨實用也。如此書及《洞冥記》、《十洲記》之屬，尤多荒渺無稽之言，祇供詞人漁獵之用，余顧不憚繁屑，窮日力以從事於此者，徒以頹齡已届，學殖久荒，鉤深索隱，既非精力之所堪，討史孳經，更苦窮年而莫竟，惟此郢書燕説，瀏覽所及，聊事考尋，藉以發意興而解煩憂，亦賢於博弈荒嬉，坐拋歲月而已。故明知爲大雅所譏，亦不遑恤也。後之覽者，其諒此區區之微旨乎？

余校《御覽》既竣，又檢《太平廣記》所引，凡得十八條，逐卷勘之，所引咸録全文，不似《御覽》之間加删節。惟其中有誤記者：一，「酷吏」條記來俊臣事，此書始見於《隋志》，何由下及唐代？二，「翁仲孺雨金」條乃《述異記》之文，核之一字不差。又，「墮婆登國」、「訶陵國」二條，其事蹟及文詞皆與本書不合，當是所記書名有誤耳。其餘十四條於詞句亦少有訂正。合二書計之，其未經校者祇十九條耳。耗兩日光陰，此書遂差可讀，亦暮年之一快也。壬午冬月二十五日，即新曆之元旦，藏園老人識。

校十洲記跋※

此書余曾以《古今逸史》所刊手校三度。戊午四月校，所據爲正統道藏本。壬戌七月校，所據爲顧氏《文房小説》本。戊辰二月校，所據爲明鈔《説集》本。篇章次第大抵都同，惟文字略有殊異耳。

頃檢書之暇，偶閲昔時所收明鈔《雲笈七籤》，乃鈕氏世學樓舊藏，其第二十五卷中全録此書，因發興重校。卷首標十洲三島一行，自祖洲起，至聚窟洲爲十洲，以下分崑崙、方丈、蓬丘爲三島。每條各有標題，既與諸本有異，而各條錯簡自明以來相沿不改者，如：「滄海島」條，「服之神仙」下應接「外别有圓海」以下爲文；今本錯入蓬丘條下。「蓬丘」條，「周迴五千里」下應接「北到鍾北阿門外」爲文；今本錯入崑崙條下。「崑崙」條，「東南入穴中乃」下應接「長生島中」爲文，今本錯入「滄海島」條下。今本皆舛誤，幸賴此本糾正之。其餘改訂至二百有五字，而删乙者尚所不計。合諸本觀之，當推此本爲最勝矣。

余意此書自宋以來次第久經淆亂，惟張氏編《雲笈七籤》時在天禧間，尚及見北宋以前卷子本，故其卷第文字異於世傳者正多，然微余之窮蒐博采，又孰能爲之發其覆耶！書此以志欣懌。壬申二月二十四日藏園記。

校別國洞冥記跋※

《漢武洞冥記》四卷，《四庫全書》小説類著録，舊題後漢郭憲撰。憲事蹟見《范書》。《提要》以「此書所載皆怪誕不經之談，未必真出憲手」，頗疑爲「六朝人依託爲之」。近日友人余君季豫據晁載之《續談助》中所采《洞冥記》有載之跋，云「後梁尚書蔡天寶與岳陽王啓，稱湘東昔造《洞冥記》一卷」，斷爲梁元帝撰，其援引精審，可無疑矣。

余喜其詞旨豐麗，捃華摘艷，可助文心，常事瀏覽，而苦其文字多有奪訛。曾取顧氏《文房小説》及明鈔《説郛》重加勘正，而所得佳勝殊少，私衷悵然。近以影宋本《太平御覽》參校《述異記》、《神異經》二書，各補佚文數十則，於詞句亦多所糾正，因乘冬宵之暇，更及此書。《御覽》分類掇取，所引不及原書之半，每則或摘録數語，並非全文。然以程刻校之，糾繆拾遺，固遠出《文房》、《説郛》二本之上。茲舉其犖犖大者言之。

如卷一「騰光臺」條，補經星臺文十五字，又補招仙臺文三十三字；「飛骸獸」條末補野人獻骨事五十八字。卷二「修彌國獻駮騾」條末補脱文一百五十九字；「巢衣鳥」條補脱文十四字；「吉雲神馬」條「高九尺」句下補脱文四十六字；「李充」條「三百歲」句下補一百二十六字。而全文爲今本所無者，又得「青豹」、「磅山柏」、「東方朔母」、「天皇」、「畢勒國小馬」、「修彌國天馬汗血」、「修彌國多神馬」、「龍玉」、「神明臺」、「北及玄坂」十條，凡六百三十二字，手録附於各卷之後。其餘單詞隻字，隨文增删乙改者，尚不可勝計。噫，可謂夥矣！

此外尚有四十二條爲《御覽》所不采，無可取證。異時或以《太平廣記》檢之，其異聞佚事載入其中者必當不少，庶足彌此闕憾乎！壬午十二月朔小寒節，藏園識。

影宋本述異記跋※

此書分上、下卷，題「梁記室參軍任昉撰」，半葉十一行，行二十字。前序無撰人，大字八行，序後有「臨安府太廟前經籍鋪尹家刊行」一行，後有「皇宋慶曆四祺中秋既望日序」，爲刻書時所撰。此本爲繆筱珊前輩據舊本影寫者，鈐有二印，録入《藝風堂藏書記》，旋又摹刊行世，今收入張氏《擇是居叢書》中。

余取程氏《漢魏叢書》本勘之，異字亦殊少見，惟卷上「洞庭釣洲」條末有「苦年楸」三字，於義頗難索解。以此本校之，乃「苦」字下正脱一葉，按本條「苦」下脱四行，其下尚有「梧桐宫」、「闔閭墓」、「吴王射亭」、「蒼頡墓」、「瀨鄉石堂」、「酸柿甜梅」、「孝竹」、「越橘柚園」、「王氏橘園」、「中山楸户」，凡十條，此葉既失，遂以「苦」字誤接「楸户」之文，若非宋本尚存，學者將就「苦年楸」而曲爲之説，寧非笑端！此足見舊本之可貴，而明人刻書之不足據乃至於是也。己卯九月十八日，藏園識，是日方自香山玩紅葉歸。

校述異記跋※

余昔年得影寫宋書棚本，爲繆藝風前輩之物，取以校程榮刻本，改訂之字無多，而上卷乃補脱文一葉，通二十二行。其文自「洞庭釣洲」條「苦菜」下增「梧桐宫」、「闔閭墓石銘」、「吴王射亭」、「蒼頡墓」、「瀨鄉石室」、「番禺酸柿」、「孝竹」、「橙橘園」、「王氏橘園」、「中山楸户」凡十條。程氏所據本適脱此葉，於是以前葉尾之「苦菜」與後葉首之「千年楸」誤連爲一，遂以「苦年楸」爲文，後人遂無從索解矣。

前月忽發丹鉛之興，檢《太平御覽》所引，逐條校之，今本所有者凡三十五條，其中惟「珊瑚市」、「東海精衛」、「樗都石室」、「翁仲孺家雨金」、「朱休之家犬歌」五條文字詳略頗有差殊，餘則尚無大異。别有四十七條爲今本所不載者，因録出以附於程本之後。且此溢出各條，《御覽》有前後兩引者，而其詞句亦復有異，殊不可解。按《御覽》修書在北宋初年，書棚刻本則在南渡以後，其間相距不過百餘年，豈修書時尚見完帙，而逮至刻書時，中經汴京之亂，傳本已有缺殘耶？抑宋初所見爲卷子本，迨其後據卷子編刊，不免重事芟汰耶？

要之典籍流傳，古來皆恃寫録以延其緒，至宋代刻梓盛行，易寫卷爲雕板，中更變革，同異遂生，文字之差訛，卷帙之增減，遂爲書林一大關鍵。此亦言校讐者不可不知，固不獨此小説家言爲足詫也。壬午冬月，藏園老人識於企驎軒。

明姚舜咨寫本續玄怪録跋※

《續怪録》四卷，唐李復言編，凡二十三事，蓋續牛僧孺《玄怪録》而作也。《晁志》云十卷，《陳志》云五卷，《述古堂書目》又作三卷，皆與此本不合。此本爲隆慶己巳夏六月朔皇山七十五老姚咨手鈔宋本，目録後有「臨安府太廟前尹家書籍鋪刊行」一行，與瞿氏恬裕齋藏宋刊同。瞿本余曾見之，鎸雕絶精雋，與他棚本不類。《瞿目》謂此四卷本爲尹家重編，庶幾近之。惟宋本作《幽怪録》今寫本仍作《玄怪録》豈姚氏所見又一本歟？抑寫時改從本字，不復避諱歟？自尹氏刻後，近刻殊罕覯。余於藝風堂遺書中獲一舊刻本，九行二十一字，題「書林松溪陳應翔刊」，似元、明坊本，凡《牛録》四卷，《李録》一卷。今以鈔本核之，則續録一卷正鈔本之第一、二卷，其三、四兩卷則陳刻遺矣。就此二卷校之，開卷楊敬貞一條，陳刻已刻改「恭政」，訂正異文約二百二十字。卷中頗多空白之處，據姚氏原跋言，宋本原有缺文，不敢繆補。具見前輩慎重闕疑之意。

舜咨一字潛坤，喜藏書，值善本多手自繕寫。其流傳於世可考見者，天一閣有《春秋五論》、《漫堂隨筆》，士禮居有《續談助》、《貴耳録》、《稽神録》，鐵琴銅劍樓有馬令《南唐書》、《志雅堂雜鈔》，皕宋樓有《廬陵九賢事實》，皆爲歷來藏家所珍弆。此帙爲舜咨七十五歲所鈔，筆迹古茂，有老樹著花之姿，絶可愛玩。葉心有「茶夢齋鈔」四字，每葉十行，每行二十四字，視宋本行款雖已改易，宋本九行十八字，與通行棚本異。然古來祕籍，又爲昔賢名筆，故爲考訂而詳記之。戊辰十一月初二日記。

吴志忠校闕史跋※

《闕史》上下卷，秀野草堂刻本，十一行二十一字，筆致雅麗，剞工精妙，顧氏《閭邱辯囿》之一種也。存者爲下帙，別有《牋紙譜》、《蜀錦譜》、《歲華紀麗譜》，皆費著撰；又《南海山水人物古蹟記》，元吴萊撰；《雁山十記》，元李孝光撰，凡六種。此《闕史》爲妙道人手校，所據乃葉石君鈔本，卷末有「崇禎丙子裝訖，因讀一過。孱守居士識於炳燭齋。十月初二日燈下」二行。而葉所從出者又爲馮已蒼本也。開卷高氏序即改正十字，卷中補訂殆數百事。有「志忠手校」朱文印。兹録葉氏林宗及石君原跋於後，而志忠識語亦附著焉。余考石君鈔本舊爲虞山孫慶增所藏，見陳繩夫新刊《上善堂書目》，題作三卷。然此書衹上下卷，「三」字當爲筆誤也。

《闕史》二卷，所記皆殘唐佚事、纖碎褻雜，小説家流爾。唐人習爲短記偏部，此其一焉。敘事頗自矜飾，其爲原書無疑。舊本假自友人馮大已蒼，傳寫之訛，不成句讀。馮屬舊鈔，昔人已失於校對，旋命童子倩摹印成帙，日覩手披，訂正十之一二，餘竢闕疑可也。崇禎丁丑七月二十八日夕，記於南壇書館。葉林宗。

《闕史》林宗所惠，時在家山搶攘之中，賴此遺悶。適有一友見余讀此書，曰孔子云史闕文，此書應爲所棄。余不覺粲然。是日兩姪遂以此言下酒，遂爲之微醉也。酉年未月初午日，洞庭山葉石君偶記於清遠堂之東廂。

葉鈔惟闕一頁，又脱一行，遜於此刻，餘並勝也。暇日當取知不足本再勘之。道光十七年十月十八日，妙道人識。

新刻徐比部燕山叢録跋

是書凡二十二卷，明海虞徐昌祚伯昌著，雲間李叔春順卿校。刻本世不多見，惟朱竹垞《日下舊聞》嘗引證及之。此鈔本，十行二十字，前有萬曆壬寅李叔春行書序，蓋從刻本録出也。分敦行、奇節、吏道、兵革、技術、仙釋、神鬼、妖邪、怪異、奇聞、果報、科試、天文、地理、古跡、器物、禽獸、草木、古墓、駮疑、山谷，凡二十一類，每類爲一卷。末卷附《長安里語》，此本乃不載，豈當時未及付刊耶？抑傳録時脱失之也？每類前各爲小引，文字頗爲雅潔。卷中所記，神鬼變怪及夢幻俗俚之説居其半，意其人聞見博洽，而性嗜幽玄，故於搜神録異之書爲近。然其中如地理、古跡、古墓、古谷諸類，纂述異聞，多足資考證，知其採録於當時方志者多，駮疑一類，亦頗具理解，要其博涉多聞，與《齊東野語》固大殊矣。惟書名題「燕山」，而所録乃遠及魯、豫，蓋久官京師，據燕都所聞見而取之，非專紀全燕之事，然其標題固未協也。

據李叔春序言，昌祚爲冏丞時，曾撰《冏志》，蒐獮方乘，漁獵野史，及諸聽覩，凡係冏寺屬内者，悉手録之。官刑曹時，又著《律例釋注》。今兩書皆未行世，而徒傳此録，與《齊諧》、《志怪》同稱，斯亦有識所同慨也歟！乙亥三月二十一日，藏園記。

廣見聞録跋

此書爲嘉善徐岳季方著，清乾隆十七年大德堂刊本。所記奇聞異事，多涉於鬼神幽怪之類，皆就生平目耳所及，而間引故書古記以參證之，亦《述異記》、《睽車志》之屬也。季方於羣書頗能博涉，文字雅飭，論事亦有斷制。楚黄張希良作序，稱其淹博，尚非過譽。惟其人事迹不可得詳，以卷中所述考之，大抵以諸生參幕職，故得徧游南北，而於湖湘間闔鎮諸人往還尤習。書凡四卷，記事通一百二十三則，其時當在順、康之間。案《四庫存目》亦載此書，云是大學士英廉採進者，書祇一卷。同時採入者尚有楊式傳之《果報聞見録》、徐慶之《信徵録》、陳尚古之《簪雲樓雜説》，皆英廉所進。以是證之，知所採者《説鈴》本也。及檢《説鈴》核對，此書一卷，只一百七則，又以知《説鈴》所收乃節本，而此本則原刻，故分卷既殊，文字復有多寡之别也。此帙鈐有北平黄氏萬卷樓印記，又有翰林院大官印，是此書亦經黄叔琳進入四庫館，惟館臣不取黄氏之完本，而轉採《説鈴》之節本，則殊不可解耳。癸未二月，藏園記。

類書類

明鈔本北堂書鈔跋※

《北堂書鈔》一百六十卷，明鈔本，棉紙，墨格，十一行，行十八字至二十一、二字不等，版心下方有「卧雲山房」四字。原缺第十至三十，又一百四十八至一百五十五，凡二十九卷，取明鈔藍格别本補完。收藏有「李氏任興藏書之印」，又「任興」朱文圓印。卷尾有寶康跋，蓋其家舊藏也。兹録如左：

此本與《平津館鑑藏記》所引同，而尤與《經義述聞》内所云鈔本《北堂書鈔》諸條合，洵善本也。擬以影宋《御覽》、元本《初學記》、《事類賦》等書並各書今時有善本者合校之，録成定本，誠盛舉矣。佗日有暇當爲之。孝劼記於淮署之佞漢齋，時乙未如月二十五日也。

此書余於壬子夏得之廠市，祇存數册。既而無意中又獲其半，所缺厪十之一耳。昨歲文禄堂送閲一册，眎之正是原書所佚，因以十金購之。然合三次所收尚有缺遺，適篋中儲有明寫殘帙，因析取增入，而是帙幸得復完。

孝劼爲雲貴總督崧蕃之子，盛伯羲祭酒之女夫，雅嗜圖籍，精於鑑别，多藏宋元舊本，書衣紙尾，手自籤題，意興清逸。此帙記於淮署者，蓋其父方任漕運總督，駐節清江浦也。惜其中年夭逝，辛亥歲暮，藏書斥賣一空，此書以錯雜羣籍中，淩亂離析，遂致零落不完。余喜其鈔筆樸舊，頗足正孔刻之失，私以敝帚自珍，時復刻意訪尋，遲之又久，卒令樂昌之鏡缺而復圓，付工裝成，良自忻慰。然溯孝劼題識之日，摩挲歎異，竊欲持此以追步平津，曾幾何時，而風流歇絶，卷軸飄零，牢落塵埋，幾以供覆瓿之具。設非幸遇賞音，得不與爨下焦桐同歸摧燬乎？嗚呼！自乙未迄今，三十有九年矣，滄海三見揚塵，龍漢屢經積劫，王侯第宅、文武衣冠，其積漸淪夷，以至於澌滅者，殆不可以僂指計。此區區簡册，流轉風塵，幸逃劫火者，又奚足悲耶！且今日以余護持之功，重登几案，而際此龍蛇起陸之秋，後此之飄茵墜溷，誰復可料耶？欣賞之餘，不禁感愴横臆矣。癸酉七月初九日，沅叔記於香山古刹。

按：此書據嚴鐵橋跋云：江浙間有五本，一蕘圃，一淵如，一月霄，一小米，一即鐵橋所藏，皆明寫本也。淵如本最烜赫，壬子曾見之京師，爲翁弢夫前輩收去。蕘圃本爲朱竹垞所藏，名《古唐類苑》，亦在内城鏡古堂段氏書坊見之。月霄本後歸陸氏皕宋樓，今流出海東矣。近時所傳者，海虞瞿氏一本，爲曹楝亭、張月霄遞藏。豐潤丁氏一本，爲藝海樓所鈔，改名《大唐類要》，余曾一覩，旋爲徐梧生得之。盱眙吳氏藏一本，爲汲古閣舊物，惜有缺佚。而余歷年所收又有此兩明鈔本。是今日之存者殆不下十本矣。近年南海孔氏據淵如本校勘刊行，余曾取家藏此本核之，則其文字異同亦頗有可供考證者，意當時孔氏僻在嶺南，未能彙集衆本，以致頗有失漏。余倘得暇日，當取刊本覆勘，或可收拾遺糾繆之功乎？余更藏有百衲本，乃藝風老人集新舊寫刻四五本成之，已别爲題識，茲不復贅述。甲戌春，沅叔又記。

百衲本北堂書鈔跋※

此書嘉慶時嚴鐵橋據影宋本校刊於金陵，未畢而罷。光緒戊子，姚彦侍以活字排印於蘇州，亦僅成百卷。繆藝風老人得嚴刻殘本十一卷，益以姚刊百卷，舊鈔《大唐類要》數卷，不足者就孫淵如藏鈔本傳録二十二卷補完，題爲《百衲書鈔》，而自記其源委於後，兹并附著之左方。《書鈔》自南海孔氏重刻，風行海内，較明代陳氏本自有霄壤之别。然見本不多，疏失時復錯出。就余所見者，常熟翁弢夫前輩家藏明鈔本，吴氏望三益齋藏汲古閣舊鈔本，臨清徐氏藏傳録明影宋本，余家亦藏有明卧雲山館鈔本，皆足以爲校訂之資。至嚴氏刊本，雖屬殘帙，然傳世極稀，絶可寶貴。暇時當合取諸本，就孔刻覆勘之，其匡糾之處必多也。

藝風老人跋録後：

唐虞永興撰《北堂書鈔》猶在隋時，故《隋志》著録作一百七十四卷，唐志作一百七十三卷，《中興書目》及《宋志》並百六十卷，與今本同。晁氏《讀書志》云一百七十三卷，與《唐志》合。又云家本百二十卷，則自相牴牾矣。又云八十部八百一類。今本起帝王部帝王類總載，迄地部石部，凡十九部八百五十二類，部非殘缺即併省，已非永興之舊第。自《修文殿御覽》失傳後，以此書爲最古。王伯厚云，二館舊缺書鈔，惟趙安仁家有之，真宗命内侍取之，手詔褒美。是北宋已極難得。至明萬曆間，常熟陳禹謨始以鈔本傳刻。臆改、臆删、臆補並以他書易之者指不勝屈，前人所謂刻書而書亡者此也。大約所據本顛倒錯亂，既不能校讐，又不能闕疑，致此潦草，非真喪心病狂也。嘉慶中，嚴鐵橋客冶城山館，淵如先生屬以校刻，江西糧道胡念農稷助以貲二百金。鐵橋竭八九月之功，校定卷百三十二起，百六十止。而荃孫所得嚴刻止卷一百三十九起，一百四十二止，又卷一百四十九起，一百五十五止，共十一卷，抑止刻此數耶，或此印本未全耶？然求之三四十年，亦未見有二本。車總編後有嚴手跋三行云：「嘉慶二十年十一月初六日校此卷起，至十七日校訖。每日黎明即起，至二鼓或三鼓就睡，窮十二日之力，始得清本一卷，嗚呼難矣！烏程嚴可均記。」其難校亦可想見。鐵橋所云五本，蕘圃一，淵如一，月霄一，小米一，鐵橋自留一。今蕘圃本歸罟里瞿氏，即竹垞所藏《大唐類要》。淵如本歸祥符周氏，餘三本不知所在。惟淵如所藏謂有雲章閣及紉佩齋收藏印，是元陶九成寫本，是王伯申、錢既勤、洪筠軒、王石華與鐵橋同校之本，是爲最佳。光緒初年，吾友姚彦侍、李橘農假得瞿氏本，悉心校讐，行款雅飭，惜止印百卷而彦侍病殁，橘農亦供職離蘇矣。後粤東孔氏據孫本校出刊行，較之陳本自相天壤，然訛脱閒亦有之，又未得見鐵橋刻本。吴興張君石銘得孫氏副本，綿紙明鈔，首有淵如先生長跋。所校粤本，孫有而粤本無者亦數十條，佳本在五本之外者。爰取姚印一百卷、嚴刻本十一卷、又舊鈔校《大唐類要》本數卷，不足，從孫本鈔成，訂爲一帙，亦可云百衲本《書鈔》矣。歲在丙辰三月，江陰繆荃孫跋。

校弘治本龍筋鳳髓判跋※

此書分上下卷，明刊本，十行十六字，白口，左右雙闌，中板式。前有弘治十七年甲子祝允明序，言得於先大外父武功徐君家，乃元人録本，付邑令歐陽東之刻之。後有都穆跋。竟體以朱筆點校所據乃舊鈔本也。鈔本十行二十三字。余以照曠閣本校勘，凡改正百八十五字，是書善本當以此爲甲觀矣。余戊辰歲曾得彭文勤校本，言從鮑氏知不足齋假録，似亦源於宋本，第其匡止補益之處遠不及此出於元人録本之善。兹併録查、彭諸跋於後，以備參證焉。

按：此書通行本其標舉題目下注某署幾條。鈔本則自卷上中書省，至卷下導官句盾，凡六十八條，次第記數。惟兵部二十下接國子監四十二，中闕二十二條。鈔本注云：「國子監前脱二百八十二行」。設非親見此本，讀者竟不知闕失如此之多也。至其文字脱佚賴以補正者，不可枚舉。兹撮其要，如：「給事中楊珍」條「門承積閥」下增注「積德曰閥」四字。「主爵員外郎梁琛」條「千秋不絶」下增注「漢祖誓曰：太山如礪，黄河如帶」十二字。「波斯崑崙等船到」條「萬舶争先」下增「烏滸狼⿰月荒，千艘競進」八字。上注云：「游賊滿山。」以下别是一條　此處脱誤甚多。「兵部奏默啜賊」條後增題目一行「武舉王靈威訴稱力能翹關舉鼎，弓馬格等」十七字。「大匠吴淳」條「靈臺休而漢盛」下增注「左傳曰：以欲從人則可，以人從欲鮮濟」十五字。「監修國史劉濟」條「便作謗書」句下增注「司馬遷犯罪，請就腐刑，以修《史記》。懷恨二帝，紀多觖。後漢欲法蔡邕，爲灌史。司徒王允曰：武帝不殺司馬遷，流謗言於今。遂殺邕」四十九字。「左衛狀稱駕幸西京」條「式展干城之效」句下空二十行，後增「仍自不遵禮教，慕楊若之兇暴；故縱荒醜，同灌夫之使酒。抑揚文石，須妙簡於賢才；咫尺青蒲，必詢求於俊哲。何期叔向之族，育此豺狼；劉表之家，必生豚犬。投鼠忌器，逆部亦可詮量；以鮑登俎，所司偶成檢擇。改過之狀，殊未可依；漸學之言，蓋非通論。且即解退，以俟英奇」一百四字。前條「仍自不遵禮教」上增注「不能用謂之撮囊。人之不孝，其猶視肉」十五字。「太史令哲淹」條「考大衍之始終」下增「心伏羲，夢周旦」一句。此皆犖犖大者，非偶爾奪逸可比也。又本書分卷，通行本卷上至「内侍元淹」止，卷下自「監修國史劉濟」條起。此所校鈔本，卷上至「著作郎楊安期」止，卷下自「左令吾衛將軍趙宜」條起。此其與彭文勤、照曠閣各本均不同者也。

查初白、彭芸楣跋如左：

《新唐書·藝文志》張文成《龍筋鳳髓判》十卷，宋晁氏《讀書志》所載判凡百首。今上卷止四十三條，下卷止三十五條，尚少二十二條，卷數、首數與兩志皆不合，疑非足本。宋本書真者不易得，亦可寶也。洪文敏謂其壯垛故事，不逮樂天甲乙判云。後辛丑中秋後一日，初白老人慎行識。

乾隆己亥，從鮑氏知不足齋借鈔。譌字甚夥，雖宋版不足貴也。書存京邸，不能一一是正，它年尚當重校。七夕後一日，武林使署識，芸楣。

翰文書坊送閱舊寫本，十行十六字，彭文勤知聖道齋藏書也。據跋知從宋本鈔出，校此本亦訂正數十字，未可以其譌舛而忽之。然文勤所校各條亦似以意改定，姑照録以俟異時考訂耳。戊辰正月二十二日，書潛漫志。

宋本白氏六帖事類集跋※

右《白氏六帖》三十卷，宋紹興刊本，半葉十三行，每行二十六七字，注雙行三十至三十五字，細黑口，左右雙闌，板心中記帖册一、二等字，下記刊工姓名，可辨者有施俊重刊、方師顔、劉仲、施蘊、蔣暉、李德、方成、陳忠、洪茂、陳高、朱因、胡正、陳珍、王時、徐顔、余正、丁珪、劉正、毛諫、余坦、王珍、梁濟、徐侃、洪先、洪新、李成、劉舉諸人。首有目録，題曰「《白氏六帖事類集》一部凡三十卷」。目録每卷前附子目，其門類以數記之，如卷一天第一起，至臘五十三止。首行書名下雙行記凡若干門，内若干門附。門類之字用陰文別之。避宋諱極嚴，至構字止。如卷三「堂構」、「層構」、「構館」，皆注「御名」。板心記册數凡六。卷一至四爲「帖册一」，卷五至八爲「帖册二」，卷九至十二爲「帖册三」，卷十三至十八爲「帖册四」，卷十九至二十四爲「帖册五」，卷二十五至三十爲「帖册六」。篇葉記數以一册數卷通計之。每卷末標題前空一行。字體方嚴，氣息醇厚，雅近歐體，審爲南渡初浙杭間開板者。收藏有「趙氏家塾藏書」、「古吳王氏」、「中南山人」、「竹塢」、「玉蘭堂」、「季振宜藏書」、「季振宜字詵兮號滄葦」、「季振宜印」、「滄葦」、「乾學」、「徐健菴」、「翼之珍藏」諸印記，知歷經明代吳中王氏、長洲文氏、清初泰州季氏、崑山徐氏諸名家庋藏，其傳授源流可考而知也。趙氏一印朱文古澹，頗疑是元人印。

按：晁氏《郡齋讀書志》、陳氏《書録解題》皆載《六帖》二十卷，惟陳氏引《唐志》「作《白氏經史事類》，一名《六帖》」。又據《醉吟先生墓誌》，言「著《事類集要》三十部，時人目爲《白氏六帖》」。是《六帖》之名乃當時所加，非白氏舊題也。今此本題爲《事類集》，與《唐志》及墓誌都合。且全書彙數卷爲一册，至册六而終，意當時標爲六帖或取此義。《四庫提要》乃引程氏《演繁露》唐人科試帖經之制得五得六爲通，以證其説，殊爲迂滯。當由作者未見此本，不免望文生訓，以傅會其名。然則此本之佳，正不必論其文字之精審，雕鐫之明麗，即觀其標名分册，可糾正流俗之失，斯已足貴矣。

《提要》言，《靖康緗素雜記》載《白帖》有元祐五年博平王安世序，此本不載，皕宋樓陸氏藏宋本亦無之，意其缺佚久矣。《提要》又據《苕溪漁隱叢話》，稱「《六帖》新書，出於東魯，兵燹之餘，南北隔絶，其本不傳於江左」。莫丈楚生因謂白氏之書南渡尚無傳本，此似未然。繹胡氏之言，似指《孔書》而發，蓋孔氏繼白而譔，故言新書，傳本聖裔，故言東魯也。至本書小注，《晁志》謂其曾祖父所爲，《提要》以今本注文簡略，意即出於晁氏，其説是也。乃存齋考王珪《華陽集》之《晁仲衍墓誌銘》，謂仲衍注《六帖》時，本與原書别行，如北宋經傳有單疏之類。其言殊謬。夫羣經單疏不録經文，祇括注之要旨於上，而以疏文詳列其下。設循斯例，此等類書祇采故實詞句，舍引用本書及上下文之外，有何要旨可標？且原書注文殊簡，所收單詞儁語大半祇注出書名，信如所言，盡羅列經史書名於一篇，更復成何體製！予按：墓誌所言仲衍以白傳所撰《事類集》「傳者寖舛，乃參考經史一以刊是之，仍據舊目補考摭新，別爲後集三十卷，曰《類事後集》」云云。詳審誌文「參考經史一以刊是之」，是取白書校正而疏明之，當即今日所傳之注本是也。下言「仍據舊目補考摭新，別爲後集」，曰「補」、曰「摭」，又明曰「後集」，是依白氏例而補其未備，別輯一編，如孔氏新書是也，第未及流布耳。陸氏併二事爲一談，謂晁氏有單注別行，且引儗經疏，以自矜創解，寧非笑端，而藝風老人又從而和之。倘取墓誌而詳加研尋，當自哂其說之不可通矣。

此書自與《孔帖》合併後，元明及今迄無刊本，由是白氏原書面目後人末由窺見，而宋本之存於世者更稀如星鳳。余考宋代此書約有三刻，最初者北宋刻，爲元祐時王安世序行之本，諸家皆無著録，疑斷種久矣。次爲紹興刻，即此本及陸本是也。又次爲南宋坊刻，即新雕添注出經之本，余曾一見之，舊爲周湇塘藏書，今歸適園張氏是也。此外見諸著録者，季氏《延令書目》、汪氏《藝芸精舍書目》皆載有宋刊，然《季目》題曰《類聚》，則非余藏本，陸氏書無滄葦印，則非陸藏本，是季氏別有一宋本。干蘭泉藏有宋本，見邵氏、莫氏目録，然與季、汪兩本皆不著行款，未詳爲何本，且存佚皆不可考。帶經堂陳氏有影宋本。惟《經籍訪古志》言京都伊良子某藏有殘宋本，蘇鄰老人刊入《留真譜》，其版式與此本相符，惜僅存六卷。然則白氏之書千百年以來祇留此三本鼎峙於天壤間，寧非書林之瓌寶乎！

余之得此書也，實在癸亥歲之八月，舊爲南皮張文襄家物。文襄藏書，前此數年，已連車輦入廠肆，余曾於聚珍書坊得公手批《癸巳類稿》及《夷務始末記》諸書。此書庋諸後樓，與鄂督文牘雜存敝簏中，故獨得晚出。癸亥仲秋，寶沈盦前輩持以見眎，屬爲審定。喜其罕祕，愛翫不忍去手，因斥去宋刊《通鑑目録》，以鉅金易得。翊歲宴樊山老人於藏園，語及新收祕笈，老人謂此乃昔年陳臬長安，以二百金得之，寄贈文襄。文襄喜甚，手書報謝。老人爰題記卷端，以志感喟，所謂「太傅碎金，曾過門生之眼，故人得寶，何傷楚客之弓」。正紀此事也。知好中如獨山莫楚生、項城袁抱存先後咸得寓目，各有題識，歡喜讚歎，詫爲希世奇珍。今墨瀋猶新，而三君咸奄逝已久，墓有宿草矣。開函展誦，爲之泫然。

余既獲此本，初第賞其精麗，尚未以爲瓌異也。追取《白孔六帖》校之，則明刻譌奪盈紙，改竄極多，設不見宋刻，將終古無人是正矣。兹姑舉其脱文言之，如：「日門」脱「實也」一條。「賁賓賁餞」下脱「賓，迎也。餞，送也」六字。又脱「三舍」條及注「魯陽揮戈，日反三舍」八字。「星慶瑞門」脱「有道則見」一條及注「無道則隱」四字。「雲門」脱「白雲起」一條及注「後漢蒯子訓到洛見公卿數處白雲起」十五字。「雪門」脱「樂乎」一條及注「《孟子》曰：齊宣王見孟子於雪宮，王曰：賢者亦有樂乎，子曰：爲人上者不與人同樂也」三十一字。「風門」脱「詩」一條及注「班婕妤詠扇詩：常恐秋節至，涼飆奪炎熱」十六字。

「霜門」脱「陰陽氣」一條及注「《大戴記》曰：霜，陰陽之本也。陰氣勝則凝而爲霜」十八字。「火門」脱「猛」一條及注「魏子曰：危殆之國治不益民，是猶薄冰當白日，聚毛過猛火」二十三字。其他訛舛漏落之處，單詞片語，指不勝屈，未能備録。蓋緣合刊之時，改併卷次，展轉移寫，奪落差失，事所難免也。

此書入敝篋中已逾十載，頗欲點勘終編，撰成校記，公諸同好。祗以耽嗜山游，舟車行役，未敢以祕册自隨，兼以旁騖他書，遂致丹鉛作輟不恒。頻年涉筆，只終數卷，亦欲覆諸木石，用廣流傳，議或垂成而罷。適來南中，世好張君芹伯見而愛好，以刊行自任，請先精影百部，餉之同人。竊喜正符夙願，慨以畀之。芹伯家世藏書，多得宋元祕本，周漪塘所藏之《六帖添注出經》即其先世所貽，雕鐫楮墨，精湛可觀。顧芹伯以其經坊賈增删，舛失滋多，遠不若兹本之善，寧舍己而耘人，亦可謂不阿所好，能鑑其真者矣。故余嘉其志，而詳考其源流得失之故，俾附著於簡末，以告來者焉。歲在癸酉五月既望，沅叔識於藏園之石齋。

倭名類聚鈔二十卷跋

日本人源順撰，日本元和活字本，半葉九行，行十五字。前有元和三年羅浮散人序，次番陽那波道圓撰凡例五則，次源順序。凡分部四十，分門二百六十八，上自天地，中至人物，下訖草木，咸引古籍以訓釋其名義，亦猶中土《玉篇》、《釋名》之屬。所引古書如《四聲字苑》、《陰陽書》、《養性志》、《文字集略》、《墨子五行記》、《宿耀經》、《續晉陽秋》、《季太尉步射法》、《唐鹵簿令》、《古今藝術圖》、《帝王世説》、《唐令》、《齊春秋》、《唐式要覽》、《唐儀制令》、《西河舊事》、《開元式》、《功程式》、《崔禹錫食經》、《孟詵食經》、《七卷食經》、《唐廄牧令》、《人唐延年經》、《食療經》，皆吾國所不傳者，録而存之，亦禮失求野之意乎！

《四裔年表》，日本天歷在五代漢、周間。天歷五年撰《和歌集》甫成，當後周廣順元年辛亥也。天元改元，當宋太宗太平興國三年。源順以天元三年請任伊賀伊勢守，當太平興國五年庚辰也。是書多引中國古籍，於校書極有用，予屬書賈自其國購來。檢源順自序，方知創自延長公主。延長建元，當後唐同光元年己未，誠中國《玉臺新詠》後一佳話矣。貴筑黄國瑾識。

明談愷刊本太平廣記跋※

《太平廣記》五百卷，目録十卷，太平興國三年李昉等撰輯成書，勅送史館，六年，奉旨雕板頒行。嗣言者以《廣記》非後學所急，收板藏太清樓，由是流傳遂鮮。《崇文總目》不録其書，夾漈鄭氏至謂《太平御覽》别出《廣記》，專記異事，是鄭氏亦未之寓目也。余遍觀明清以來收藏家目録，《御覽》尚傳有宋刻，《廣記》乃獨無之。惟陳仲魚傳有手校宋本，余昔年曾得假觀，并手臨一過，然宋本格式及爲何人藏書，均未之及，僅據其進書表知爲半葉十三行，意或爲影本，未可知也。洎至明嘉靖丙寅，乃有十山談愷刻本，據其自序，則亦出於傳鈔，而缺文誤字又多無從補正，蓋古書刊訂若斯之難也。自談氏版行後，而活字本繼之。至萬曆時，又有許自昌刻本。然活字、許氏兩本，其標題下均列談愷校刊、唐詩同校二行，是其源仍出於談氏，而非别有舊刊可據，又可斷言也。是自宋以來，《廣記》一書，以板本言之，更無有出談氏之先者矣。

惟嘉靖丙寅迄於今日，又已三百六十有九年，其原本存世已稀，而欲其卷帙周完，紙印明潔，更珍如星鳳。余閲肆二十餘年，歲在乙丑，文友主人魏經腴乃爲收得此帙，全書六十册，精整無疵，閲之心開目朗。蓋雖通行之善本，實爲罕覯之鉅編。其版半葉十二行，行二十二字，白口，單邊。前有李昉等進書表，後列官銜人名十二行，並送史館雕版年月，附以談愷刻書識語十六行。次引用書目五葉，據陳仲魚校本言，此五葉談氏所增入，宋本固無之也。次目録，題「明資善大夫都察院右都御談愷校刊」，「姚安府知府秦汴、德州知州强仕、石東山人唐詩同校」一行。至卷二百六十一至六十四，因原本脱失，此四卷竟付闕如。談氏跋云：「余聞藏書家有宋刻，蓋闕七卷。其三卷，余考之得十之七，已付之梓；其四卷僅十之二三。」今檢本書二百六十五至六十七，此三卷雖幸付雕，而脱文孔多，墨釘滿紙，無由補訂，斯亦審慎之至矣。余藏此帙，其缺失三卷業經前人補鈔附入，未審所據以補完者究從何出，第取許氏本勘之，則此三卷亦竟不闕，是其所補或即依許刻爲藍本也。卷首鈐有「明善堂覽書畫印記」、「安樂堂藏書記」兩印，知爲怡王府故物。朱邸珍玩，什襲儲藏，故傳之百餘年，觸手如新，尤足爲此書增重，滋可寶也。甲戌中秋夕，書於藏園之食字齋。

校宋本太平廣記跋

此書原本藏杭州吴氏，甲寅歲流出於滬市利川書屋，介諧價未成，後爲上海王君培孫所收。戊午歲，浼袁君觀瀾假閲，携之來都，手録於明萬曆許自昌本上。原書亦許刊，兔牀謂爲談刊者，祇見目録首葉沿襲之銜，而未見各卷增題許氏一行也。仲魚校後未著一語，兔牀題記亦不詳言宋板出自誰氏，其行款若何，卷帙有無闕佚。今就全書考之，如第三卷《漢武帝内傳》增删改訂至二百餘字，然往往有歷十數卷不見校正一字者，似宋板亦非完帙也。惟進書表曾鉤勒行格，知爲二十六行，行二十字，目録各卷偶有參差，子目標題次第略與今本違異，尚藉以窺測宋板面目耳。甲子季冬，排寫書籤，檢點及此，略爲記之。藏園居士志。

明許自昌刻本臨陳仲魚校宋本有吴兔牀手跋，録如左：

此明刻本《太平廣記》，爲譚愷開雕，較世行坊刻猶有古意。卷首有郁逢慶遇叔圖記。按遇叔嘉興人，性喜收藏書畫，崇正（禎）中嘗手輯名人法書，曰《書畫題跋記》，正、續各十二卷，可與汪氏《珊瑚網》、孫氏《庚子銷夏記》相頡頏，惜未有爲刊行者。此書間有闕番，皆郁氏原補，而陳仲魚孝廉復依宋板爲予手校一過，尤可爲插架之良本矣。嘉慶癸酉立春日，八十一叟吴騫志於西簃。

宋刊册府元龜殘本跋※

此爲宋刊本，與常熟瞿氏所藏第二種正同，其行款爲十四行二十四字，《瞿目》謂是祥符書成後最初刊本。余觀其字體勁健，鐫功樸厚，當是南渡後蜀中所刊，惜其時地未有顯證耳。存者卷四百四十二、卷四百四十四、卷四百四十五、卷四百八十二、卷四百八十三、卷七百八十七，凡六卷。

此書宋本見於著録者，瞿氏殘本十三卷外，皕宋樓陸氏所藏有四百七十一卷。今余所藏雖祇六卷，而四百以下五卷乃兩家所無，尤可寶也。昔年曾以明季閩刻對校，卷四百四十二改正一百字，卷四百四十四改正七十七字，卷四百四十五改正六十六字，卷四百八十二改正三百二十五字，卷四百八十三改正一百五十七字，卷七百八十七改正六十七字，通計六卷之中改正至六百九十二字，其補訂之功可謂閎矣。其中差異最甚者卷四百四十二「程靈洗爲蘭陵太守」條下據宋本補「徐敬成」一條，凡四十一字，「周文育」一條，凡六十一字。又「宇文述」、「崔弘昇」、「王辯」三條，宋本在「馮昱」後「薛世雄」之前。卷四百四十四「梁杜洪」條末「繇由行密據有江淮之間」十字，宋本在「龐師古」條之末。只此區區數卷而奪文異字竟如是之多，設合千卷而詳勘之，所獲寧可量哉！

余生平所見宋刊都一百三十卷，大抵皆内閣大庫所流出者也。其歸於北京圖書館者九十八卷，入南北藏書家者有三十三卷，而余所得六卷即在其内。合公私所藏與皕宋舊有者，去其重複，其存於今日者共得五百九十四卷，計全書十分有六矣。昔年涵芬樓曾有彙集宋本印行之議，僅影成底版，遇變輟工，煌煌鉅編，未得與《御覽》並行於世，良可嘅也。

此數册中，其四百八十三卷乃故人朱君幼平所藏，甲子歲余曾假得一校，題名卷尾。

適辛未九秋爲余六十初度，君遂舉以相贈，並言書名吉祥，藉表祝延之意。良朋雅誼，銘篆不忘。惟君下世已久，重展此册，不勝惘然。甲申一月二十二日，藏園。

殘宋本册府元龜跋※

十年以來余鋭意欲校《册府元龜》，搜求海内所存宋刊本，或取之官庫，或假之私家，下至南北坊肆，殘篇斷葉，靡不網羅，凡所經眼，輒肆丹鉛，積以歲時，都獲一百零八卷。頃重陽前日爲余生周甲之辰，朱君翼庵見過，手持所藏宋刊第四百八十三卷相貽。蓋翼庵此册舊爲張君庚樓所贈，余於甲子仲冬曾假歸移校於明季閩本者也。一瓻之惠，未忘於懷，連璧之珍，忽接於目，歡喜讚歎，不忍去手。憶昔時藝風老人七秩開慶，松鄰曾取宋本《甲申雜記》、《聞見近録》二書爲壽，余戊午歲除夕祭書詩所云：「甲申雜記誰所售，樊盛吳繆相貽投」者是也。異日記書林逸事，翼庵此舉與松鄰並傳，詎非一時佳話耶！

是本宋時刻於蜀中，半葉十四行，每行二十四字，白口，雙闌，字體樸厚，極有古風。余舊藏有五卷，此帙卷第正與相接。考海虞瞿氏藏此本亦厪五卷，余獲此殆駕而上之矣。全卷凡二十四葉，取李本校勘，改定一百五十七字。舉其要者言之，如：「邦計」總序，「頒其賄於受用之府」，「賄」不誤「貨」。「以供百物而待邦之用」，「供」不誤「貢」。「以周知入出百物」，「知」不誤「之」。「縣師掌邦國都鄙稍甸郊里之地域，而辨其家人民田萊之數」，「里」不誤旅、「萊」不誤「菜」。「廛人掌斂布欿布」，「欿」不誤「欿」。「斂市之不售」，「市」不誤「布」。「春人掌共采物，槁人掌共内外朝冗食」，二「共」字不誤「其」。「長安四市，四長丞」不脱下「四」字。「李輔國加京畿鑄錢使」，不脱「畿」字。「班在宣徽使之下」，不脱「使」字。「心秤平其輕重」，不脱「秤」字。此下選任、材略、褒寵三門刊正尤繁，不及縷舉。兹取翼庵手記録於左方，用志良友嘉惠云。辛未展重陽日，藏園記。

藏園主人六十初度，無以爲壽，因檢敝簏，得此册並元刊陳桱《續通鑑》兩卷，以將微意。主人藏弆極富，此不過九牛一毛耳，曾何足以邀主人之一顧。然古籍多壽，亦借祝修齡之意。此《册府元龜》語尤吉祥，倘亦主人所樂聞乎！辛未九秋，翼厂手識。

校本事物記原集類跋※

《事物記原》十卷，宋高承撰，明胡文焕校正本，蓋《格致叢書》之一種也。半葉十行，行二十字，前人據宋本以朱筆校訂，卷中凡「宋朝」皆作「皇朝」，「某門」「門」皆作「部」，可爲出於宋本之證。卷七州郡方域部「驛」條後脱「勑書樓」、「鼓角樓」、「酒務」、「税務」、「遞鋪」五條，凡二百八十二字，得宋本補完。其他增改至夥，不勝枚舉。此校本未著宋本行款及卷第，然考陸氏《儀顧堂文集》，皕宋樓藏有宋本，全書分二十卷，十一行二十一字，目後有木記數行，知爲慶元丁巳建安余氏所刊，校本所據，疑即是本也。惟陸氏以明成化八年李果重刊閻敬本校之，與此胡本乃有異處。如卷七庫務局織部「騏驥院」條，下脱「周官有十二閑，蓋國馬之所也」十二字，賴宋本補之，今胡本十二字不脱，是此刻雖晚，視閻本猶勝矣。此本前亦録正統戊辰閻敬序。鈐有「越府圖書之寶」朱文大印，又「潤德堂書」、「于六」二印。别有「毛晉」白文小章，恐是市估僞加。篇中校字亦不類子晉筆迹，第觀其竟體勘正極爲詳審，使後人得覩宋刊面目，亦百年前學人所爲，要自足珍耳。乙亥二月初九日，藏園記。

又，考張氏《愛日精廬藏書志》有此書，爲致爽閣校宋本。頃得上海蟫隱廬羅子經來書，言虞山歸氏藏有校本，正爲致爽閣物，傳爲毛華伯所校，有印記可證，屬其郵致一觀。第索價殊高，懼未必諧耳！沅叔附記。

頃蟫隱寄毛氏校本至，其原書亦李果重刻，與閻敬本行款同，第增入評點耳。卷首鈐「致爽閣」隸書朱記，收藏有「一元」、「茶邨」、「信古樓收藏記」、「叔鄭後人」朱文諸印。卷中校筆外，别無題識，衹第一卷前有「毛褒」、「華伯」小印二方。其增訂文字與陸氏所舉咸合，其所據校決爲建安余氏本無疑矣。藏園又識。

新編簪纓必用翰苑新書跋

是書前集十二卷，七十九門，後集七卷，續集八卷，別集二卷，題宋人撰。前有萬曆辛卯沔陽陳文燭序，言分宜袁相公鈔自祕閣，缺失首卷。武進徐給事中得華亭徐相公全本而周曰校購而刻之。總目後有「金陵書肆龍泉唐廷仁、對峯周曰校鐫」二行，板心下方有「仁壽堂刊」四字。前集卷一至十爲京外官職，後二卷爲事契、慶賀、通叙、頌德、薦辟、干請各門。每類首官制源流，次歷代事實，次皇朝事實，次羣書精語，次前賢詩詞，次四六警語。後集卷一、二、三爲箋表事實，分登極、尊號、慶壽、后主、太子及元旦、冬至、郊祀諸典禮，下暨官吏遷除、昇降賞賜。卷四、五爲表牋新式，則分類選録近代四六文字。卷六、七爲類姓，每姓下采摭事實，而以發舉詞科法科入學附焉。續集八卷皆表啓文字，依前、後集京、外官職門類，以至朝廷典禮、宦途酬酢，分載全篇，以備應用。別集二卷亦録四六全篇文字，分上劄、賀劄、通劄、與劄、謝劄、回劄、奏狀、申陳、乞進貢、致語、朱表、青詞疏、册文、祝文、禁乂諸類。

考萬曆刻本有《簪纓必用增補祕笈新書》，題謝疊山編，翰林李九我增補。其分類自三公以迄州縣曹掾，與此悉同。每門采事實、精語、詩詞亦同，但有《名公全啓》一門，此書則析其《全啓》別出，而增爲續集、別集也。第此本門類亦略有增加，如國史院下有玉牒所、日曆所等門，四轄下有京局、封椿庫、排岸等門，三衙下有合職、親衛等門是也。其餘尚多，不及臚舉。疑宋末坊賈託名射利之書，李本當爲殘帙付刊，此則較完備耳。其收采羣籍不及《萬花谷》、《合璧事類》之富，而官制源流叙述賅備，可爲考訂宋史之助。皇朝事實引宋人著述，時有佚書異文，於博聞考古亦頗有裨焉。至其采録全篇四六，雖鋪叙平冗，多沿襲當時卑靡之文體，然掇拾既廣，檢其本集多有逸篇，或其人文集久湮，而得此差足存其一二，亦爲編録宋文者所不能廢也。

明鈔名公新編翰苑啓雲錦跋

明寫本，藍格，十行，行二十二字，不著撰人姓名，標題下題前集二字。有後集，選詩文八十五題，皆魏、晉以前所作，今第存其目於篇首。前集分賦、詩、頌、些、歌、吟、謡、詞、傳、記、序、跋、説、書、制、誥、文、銘、贊，都十八類，所録南宋末人，有陳郁、譚春玉、胡伯雨、李兼善、鄭子平、危仁夫、陳平仲、謝子强、鄧文卿、魯幼卿、段昌武、劉蘭子、劉希張、鄭起潛、彭汝夏、林半千、楊攀龍、葉垣填、項珍、胡子平、周中、趙聖謙、王昭父、羅正叔、徐霖、程景明諸人，至六十餘家。然自後村、秋崖外，惟陳郁、彭叔夏、羅澗谷、文及翁諸家，略可考見事迹，其餘率爲世所不經見。卷中文字，涉於江右者爲多，疑豫章書肆射利所爲也。蕞録既無義法，詩、文亦鮮名搆，然晚宋江右文士，藉此存其姓名，勝於元代《啓劄天章》多矣。

元本漢唐事箋對策機要跋※

《漢唐事箋對策機要》前集十二卷，後集八卷，題「進士盱黎朱禮德嘉著」，元刊本，十一行二十字，注雙行同，黑口，四周雙闌，版心題策幾。前有至正元年盱江南窗謝升孫序，次目録，目後有牌子，文曰「至正丙戌日新堂刊」八字。其前、後集字以白文别之。卷六尾行、卷七首行標題改爲「新箋事要策場足用」。收藏有「晉府書畫之印」、「敬德堂書畫印」、「子子孫孫永保用」、「存心堂記」、「臨川開國公侯世家」、「昌國君後」、「樂氏思文」諸印。

按：此書見於《文淵閣書目》，季滄葦亦藏有元刊本，見《延令書目》，《四庫全書》未著録，嘉慶時阮文達始以進呈，原本收入《宛委别藏》。余領宫中館事時，曾檢閲及之，其行格與此本正同，蓋從元刊影鈔也。其書取漢唐事實關於治道者，分門論列，前集漢事，分一百類，後集唐事，分一十五類，綜其原委得失，加以論斷。阮氏稱其「穿穴三書，參稽六典，爲實是之學，無枝蔓之辭」；於漢制可補顔、李二注之缺略；於唐制但取《新書》，不用《舊書》，並舉論禮在鄭漁仲之上，論《太初曆》尤爲精當。推許可云甚至。然所擬提要，乃列之政書類，似未允協。余觀其書體例，與《近事會元》、《源流至論》相類，蓋取備場屋之用，自以入類書爲宜。故莫氏郘亭既循其舊列政書中，而於類書又别出之，良有以也。

又，阮氏謂朱禮事蹟無可考。大興傅以禮謂其一字仲嘉，江西新城人，元統三年解試進士，歷任崇仁、廬陵教諭，蓋自《新城縣志》檢得也。謝升孫南城人，行誼詳《建昌府志》。

又按：此書道光二年山陰李雲有覆刻，所據爲瑯嬛館影抄元本，余取以校此元刊，其行格一仍舊式，第字數微有參差，惟第八卷馬政後有「禦戎」一篇，凡三十五行，覆刊本乃不載。細審其文，見篇中有「虜情」等句，意者當進呈之日，恐觸嫌忌，乃毅然并全篇去之而不恤。覆刻者未覩元刊，僅憑影本，因而遵循不改，不知其差失至於如此也。夫書中遇「胡」、「虜」等字，乾隆時曾屢降明諭，不必避忌，而臣下謹畏，終欲刊落之，以泯其迹。嗚呼！此官吏謹畏之過，豈在上者所及料哉！

永樂大典跋※

《永樂大典》舊藏於翰林院敬一亭中。至辛丑以後，翰林院裁撤，其殘帙乃時時流入廠市，余所見者不下數十册，往往爲介於南北友好及圖書館中，所自藏者秖《水經注》四册、《南臺備要》一册而已。未幾，是五册者亦舉以讓人，而篋中俄空矣。前歲過史吉甫太史家，出所藏兩册相示，一爲《堪輿圖説》，一爲《詩話》，心竊羨之。已而吉甫卧病，醫藥無資，乃言願得五百五十金以《詩話》一册歸余，急諾其請，然睎昔年之值已一倍有半矣。「厚價收書不似貪」，其殆爲我詠乎！

是册凡三卷，卷第爲八百二十一至二十三，韻目爲「二支」，韻文爲「詩」字，標類則爲《詩話》六十三至六十五也。書帙高約一尺五寸，寬八寸許，書衣以粗黄絹連腦包過，書面粘二簽，直簽標書名、卷第，横簽標韻目、韻字、門類。本書畫朱絲闌，半葉八行，四周雙闌，書名以大字標題，下注韻目，次行標韻字，下注門類，以下本文，小字雙行寫，每行二十八字，每一書名以朱書别之，遇文字段落則空一格，句讀咸加朱圈。册後副葉列各官生銜名，首行「重録總校官臣高拱」，次「學士臣瞿景淳」，次「分校官修撰臣丁士美」，次「書寫辨事官臣張天祥」，次「圈點監生臣祝廷召」，次「臣曹惟章」凡六行。以下空白紙多被裁去，蓋高宗喜以舊紙作書，故悉行裁取，以備臨池之用，且時出以賜臣工，翁方綱曾荷頒賜，集中有詩紀之。

至各卷所收之書，卷八百二十一所引爲《敬齋古今黈》《甕牖閒評》、《芥隱筆記》、《謝上蔡語録》、《詩文發源》、《鶴林玉露》、失名書、因中缺一葉，失其書名。《古今事通》、《耆舊續聞》；卷八百二十二所引爲《維揚志》、《新安志》、《愛日齋叢鈔》、《考古質疑》；卷八百二十三所引爲《編類》、《唐書新語》、《姑蘇筆記》、《朝野遺事》、《宰相令復癡聾》、《諸儒鳴道集》、《廣川書跋》，都凡二十種，有傳本者得十三種。其《詩文發源》、《古今事通》、《維揚志》、《編類》、《朝野遺事》、《宰相令復癡聾》六種皆原書久佚，而《宰相令復癡聾》標名特爲奇詭，惜不知其出於何代何人耳。

按：傳本尚存各種，今檢原書核對，如《芥隱筆記》二十五則，《上蔡語録》一則，《鶴林玉露》十一則，《耆舊續聞》八則，《新安志》四則，《諸儒鳴道集》十則，《廣川書跋》三則與傳本初無異處。《唐書新語》即劉肅之《大唐新語》，所引七則校《稗海》本改訂二十餘字。《姑蘇筆記》爲元新喻人羅志仁所撰，祗《説郛》有之，今以所引七則勘之，則僅薛萬回一則相同，餘六則皆《説郛》所缺佚者也。至《敬齋古今黈》、《甕牖閒評》、《愛日齋叢鈔》、《考古質疑》四種，皆原書久佚，四庫館臣自《大典》中輯出，印入《聚珍版書》者，固宜悉相脗合矣。乃取聚珍本校之，惟《愛日齋叢鈔》四十六則在今本之第四卷中，初無歧異。其《古今黈》所引共二十九則，今本祗有《孟郊失志夜坐》、《聚星堂雪詩》、《納紙投名》三則，且末則尚奪二十九字，其餘二十六則悉未采入，近時有編拾遺者始收之。《甕牖閒評》所引凡四十則，今本所有者惟《黄太史西江月》一則，餘悉不載。《考古質疑》祗引三則，通四千餘言，而今本乃全失收，殊可怪詫。若謂當日館臣於兹册失檢耶？則其中固有已收之數則在；若謂已見兹册耶？顧何以收采者正無幾而漏失者轉闕多也。意者編輯官書，事出衆手，分纂者既徒完官課，總核者復未暇詳求，加以中旨督促，急於成書，展轉鈔編，任其遺落，又豈料吾輩今日據原本以發其覆哉！然《大典》輯出諸書蹈此弊者正多，無足怪也。夫以乾隆極盛之世，發秘閣之藏，集鴻生鉅儒於一堂，以搜亡補逸爲事，此乃千秋之盛業，文治之閎功，而竟疏略如是，亦良可歎矣！辛巳四月初四日，藏園老人識。

考永樂元年七月，上諭侍讀學士解縉等曰：「天下古今事物散載諸書，篇帙浩穰，不易檢閲。朕欲悉采各書所載事物類聚之，而統之以韻，庶幾考索之便，如探囊取物爾。嘗觀《韻府》、《回溪》二書，事雖有統，而採摘不廣，紀載太略。爾等其如朕意，凡書契以來經、史、子、集、百家之書，至於天文、地志、陰陽、醫卜、僧道、技藝之言，備輯爲一書，毋厭浩繁」云。觀此諭旨，則其書之旨趣浩博可知。至二年十一月，解縉等進所纂韻書，賜名《文獻大成》。既而上覽所進書尚多未備，更命重脩，敕姚廣孝、劉季箎、解縉總其事，命王景、王達、胡儼、楊溥、陳濟爲總裁，鄒緝等二十人爲副總裁，命禮部簡中外官及宿學老儒有文學者充纂修，簡國子監及在外縣能書生員繕寫，開館於文淵閣，命光禄寺給朝暮膳。其時公車徵召之士，自纂修以至繕寫幾三千人，緇流、羽士多預其列。至六年冬，全書告成，計二萬二千九百三十七卷，易名爲《永樂大典》，冠以御製文序，定爲萬二千册，廣孝奉詔再爲之序。此卷數據乾隆五十九年敕查覆奏摺中所列，與朱國楨《湧幢小品》所載合，較他書數目爲確。凡例目録六十卷，其書以《洪武四聲韻》分部，以一字爲綱，即取經、史、諸子百家之書類而列之，蓋因韻以統字，因字以繫事，然皆直取全文，無片語隻詞之删節。一切引用之書多取之文淵閣藏本，以四五載之功，勒合數千人之智力，輯成萬餘册之鴻編，囊括古今，包羅萬有，自有文字以來未嘗有也。嗚呼，可謂偉矣！

全書庋置文樓。傳世宗雅愛此書，萬幾之暇，常置御案，凡有所疑，按韻索覽。嘉靖四十一年三殿災，命左右趨登文樓出之，夜中傳諭三四次，幸得不燬。又明年，遂命閣臣徐階照式重録一部，集書手一百八十人，每人日鈔三紙，至隆慶改元始畢，於是大典乃有副本。

然此書至明末沈晦已久，劉若愚撰《酌中志》已言是書不知今貯何所。洎至有清，世祖嘗以是書充覽，始知正本尚在乾清宫，顧莫有得見者，惟相傳爲藍格鈔本耳。至副本舊藏皇史宬，嗣以收藏《聖祖實録》，始於其中得之，旋移貯翰林院。乾隆四庫館開，乃盡發其藏，編輯佚書，漸以散出於世，即此重録之本也。惟原書初成之時，議欲復寫一部以鋟諸梓，以工費浩繁而罷。萬曆甲午，南祭酒陸可教請刻《永樂大典》，分頒巡方御史，各任一種，校刻彙存，分貯兩箱，以成一代盛事。當時議允，終未頒行，可知造端閎大，難以觀成矣。

至其卷帙之殘佚，歷時久遠，難以詳考。近人所述，數目參差，渺無依據。今徧徵紀載，旁考官書，參以近聞，取諸目覩，其散失之次第略可言焉。

考全書一萬二千册，其原本雖有存貯宫中之説，然清代二百餘年曾無一人見及。改革以後，故宫殿閣諸處檢索殆遍，而片紙不存，意者其燬於乾隆末年乾清宫之火矣。

至副本，自皇史宬移翰林院時無册籍可稽，其存數難以懸揣。嗣檢軍機處檔案，乾隆三十八年二月十日奏摺言，「查《永樂大典》原書共一萬一千餘本，今現存九千餘本，叢雜失次，一時難以遍查」云。又，五十九年十月十七日奏摺言，「遵查《永樂大典》，止有一部，現在翰林院衙門存貯。原書共二萬二千九百三十七卷，除原缺二千四百四卷，實存二萬四百七十三卷，共九千八百八十一本，外有目録六十卷」。是知四庫館開時尚實存九千八百八十一册矣。

嗣此仍庋敬一亭中，蛛網塵封，無人過問。至光緒乙亥，重修翰林院衙門，檢閲此書，已不及五千册。當事者嚴究館人，交刑部訊辦，然人既瘐斃，書卒不還。甫及百年，而視乾隆時已佚其半矣。據繆藝風所記言，丙子入翰林，詢之清祕堂前輩，云尚有三千餘册。欲請入觀，而終不見許，蓋掌院多貴人，無復留情典籍。庋閣既久，扃鐍漸疏，職掌者既取攜自如，吏胥輩又時時盜竊，聽其日以消亡，曾不爲之整理。洎壬辰歲，陳君孟陶奉掌院命編輯《翰林院書目》，余得覩傳抄之本，其子部目所載《大典》，存八百七十册，此官纂之書，其册數宜確然可據。然丙子至此，曾未二十年，而銳減至四分有一。翊年癸巳，藝風起復入都，詢之館人，則所存又僅六百餘册矣。

庚子之役，翰林院以地鄰英館，遂爲英兵所據，文卷圖籍悉被摧夷，或投入井中，或取填戰壘。有人曾見東直門外油坊製簍者皆用《大典》殘葉，取其大幅堅厚，外注以油，經久不滲。蹂踐摧殘，可以想見。然辛丑和議告成，由英使備文交還吾國者尚有三百餘册。余聞李木齋師言，當日移交外交部時，師實身與其役，黄綢鉅衷，羅列几案，高疊如山。英使朱邇典語師曰：「吾二人緣是往還奔走，粗効功勤，宜有薄酬。用誌茲役。」逕就案上各檢一册攜歸。其書既還，仍歸翰院。時國論方新，古學舊書多不措意，寺胥廠估潛移密取，流入坊肆者一册可售十金，筦鑰益以疏弛。辛亥革命，官寺一空，微聞清祕堂諸君職司典守者協議朋分，人得十許册以去。殘餘之物點付教育部者，祇六十有四册。余領部務時，署中圖書室存留四册，餘皆發給圖書館收藏。迨新館落成，先後由副館長袁守和增收者約得二十餘册。守和又博訪南北藏家、公私館庫及流出東西海外者，詳記其卷第、韻目、門類，編成目録。其踪迹可考者共三百五十册，而余藏此册乃不在其内，意其深藏而不出者不下數十册，則存於今世者殆不過四百册耳。

嗟夫自嘉靖重録，迄今不過四百餘年，此萬册之書，歷滄桑積劫之餘，蠹損摧燒，所餘曾不及百分之五，斯亦重可傷矣。然即此戔戔者，又安能保其長存而不敝乎！所可幸者，其書網羅既富，探索無窮，在當時祇取宫禁舊藏之書，至今日乃多人世罕傳之本，數百年來，好學博聞者多於是取資。余嘗見明刻《書判清明集》，序中言自《永樂大典》鈔出付梓，是知搜取遺書，明代已啓其端。雍、乾之際，最先檢閲者爲方望溪、李穆堂、全謝山三公。至乾隆中葉，詔脩《四庫全書》，納朱笥河學士之奏，乃盡發其書，分派儒臣鈔録編纂。由是古本、善本沈晦千百年者，至此頓復舊觀，傳布於世。通計著録入《四庫》者三百六十五種，附存其目者一百又六種，而昔時全謝山鈔出之田氏《易學蹊徑》、高氏《春秋義宗》、王安石《周官新義》等十餘種尚不計焉。其當時輯出而未及進呈者，據繆藝風所述有宋元《鎮江志》、《嘉泰吳興志》、《嘉定維揚志》、《奉天志》、《九國志》諸書，而余所見者尚有杜諤《春秋會義》、朱申《禮記句解》此爲戴東原所手輯，余曾見其稿本。二書。後來徐星伯抄出之《宋會要》、《中興禮書》、《河南志》、《祕書省續到闕書》等四種，胡書農抄出之施諤《臨安志》、《大元海運記》，孫平叔抄出之《仇山村詞》诵計又不下千餘卷。及光緒中葉，繆藝風入館借閲時，又抄出《宋十三處戰功録》、《曾公遺録》、《順天府志》、《瀘州志》、

《宋中興百官題名》、《國清百録》諸書，雖屬短帙畸編，然皆海内斷種祕書，零璧散璣，同其珍異，洵可謂羣籍之珠淵，百家之寶藏，累世探討有不能窮其勝者矣。

余嘗歎乾隆之世，文治昌明，鴻生鉅儒，應運而出，使脩書之役，寛予程期，所輯羣書，從容釐定，不致貽後來疏漏之譏。即不然，能納錢心壺給諫之言，重開輯書之館，其時亡佚無多，續事搜羅，采獲必當不尠。乃因循擱置，坐令萬册奇書委之吏胥之手，潛移私竊，寖致銷沉，致令吾輩於殘編斷簡之中掇拾萬一，致力雖勤，而爲功無幾，令人擲筆三嘆，慨憤於無窮也！初七日又識。

《大典》序例及乾隆三十八年高宗題識、嘉慶二十年清點存卷數附後：

《永樂大典》祇有一部，現存翰林衙門敬一亭。原書共二萬二千九百卅七卷，內有目録六十卷。除原缺二千四百四卷，實存二萬四百七十三卷，共九千八百八十一册。嘉慶乙亥夏，偕清祕堂諸友重加編查，因取首册倩供事録出，藉見此書大槩，并恭録純廟御題冠於前。其分題諸書者具詳見聖製詩四集中。是年六月十七日，仁和許乃濟謹識。

命校永樂大典，因成八韻示意，并序

翰林院署庋有《永樂大典》一書，蓋自皇史宬移貯者，初不知其名也。比以搜訪遺籍，安徽學政朱筠以校録是書爲請，廷議允行。奏既上，勑取首函以進，見其採掇蒐羅，極爲浩博，且中多世不經見之書，雖原册亡什之一，固不足爲全體累也。第彼別部區函，意在貪多務得，細大不捐，而編韻分字，踳雜不倫，則由當時領書局者惟一姚廣孝，因而濫引淄流，逞其猥瑣之識，雅俗並陳，舉釋典、道經悉爲闌入，其奚當於古柱下史藏書之義乎？因命内廷大學士等爲總裁，揄選翰林官三十人分司校勘，先爲發凡起例，俾識所從事。蕪者芟之，龐者釐之，散者裒之，完善者存之，已流傳者弗再登，言二氏者在所擯，取精擇醇，依經、史、子、集爲部次，俟其成，付之剞劂，當以《四庫全書》名之。夫四庫之目始於荀勖，而盛於唐時，自來志藝文者大都以是爲準，較原書斤斤於韻字之末者，純駁何啻霄壤！於以廣金匱石室之儲，用嘉惠來學，詎非萬世書林之津逮。而表章闕佚之餘，爲之正其名而訂其失，又詎非是編之大幸乎！系以詩而序之，識始事也。

《大典》猶看永樂傳，搜羅頗見費心堅。兼收釋道欠精覈，久閲滄桑惜弗全。未免取裁失踳駮，要資稽古得尋沿。貪多遂致六書混，割裂都緣《正韻》牽。彼有別謀慢深論，我惟愛古今重編。詞林排次俾分任，綸閣鉛黄更總研。何不可徵惟杞宋，寧容少誤致天淵。崇文藉以備四庫，摛什因而示萬年。

乾隆癸巳仲春，詩成並書冠卷端，御筆。

御製《永樂大典》序

朕惟昔者聖王之治天下也，盡開物成務之道，極財成輔相之宜，脩禮樂而明教化，闡至理而宣人文。粤自伏羲氏始畫八卦，通神明之德，類萬物之情，造書契以易結繩之治。神農氏爲耒耨之利，以教天下。黄帝、堯、舜氏作通其變，使民不倦，神而化之，使民宜之，垂衣裳而天下治。禹叙九疇，湯脩人紀。之數聖人，繼天立極，皆作者之君，所謂制法興王之道，非有述於人者。曁乎文、武相繼，父作子述，監於二代，郁郁乎文。孔子生周之末，有其德而無其位，承乎數聖人之後而制作已備，乃贊易、序書、脩春秋，集羣聖之大成，語事功則有賢於作者。周衰，接乎戰國，縱横捭闔之言興，家異道而人異論，王者之迹熄矣。迄秦，有燔禁之禍，而斯道中絶。漢興，六藝之教漸傳，而典籍之存可考。繇漢而唐，繇唐而宋，其制作沿襲，蓋有足徵。然三代之後，聲明文物所可稱述者，無非曰漢、唐、宋而已。

洪惟我太祖高皇帝膺受天命，混一輿圖，以神聖之資，廣述作之奥，興造禮樂制度，文爲博大悠遠，同乎聖帝明王之道。朕嗣承鴻基，勔思纘述。尚惟有大混一之時，必有一統之制作，所以齊政治而同風俗，序百王之傳，總歷代之典。世遠祀綿，簡編繁夥，恒慨其難一。至於考一事之微，汎覽莫周；求一物之實，窮力莫究。譬之淘金於沙，探珠於海，戛戛乎其不易得也。乃命文學之臣纂集四庫之書，及購天下遺籍，上自古初，迄於當世，旁搜博採，彙聚羣分，著爲奥典。以爲氣者天地之始也，有氣斯有聲，有聲斯有字，故用韻以統字，用字以繫事。揭其綱而目畢張，振其始而末具舉。包括宇宙之廣大，統會古今之異同，巨細精粗，粲然明備。其餘雜家之言，亦皆得以附見。蓋網羅無遺，以存考索，使觀者因韻以求字，因字以考事，自源徂流，如射中鵠，開卷而無所隱。始於元年之秋，而成於六年之冬，總二萬二千九百三十七卷，名之曰《永樂大典》。臣下請序其首。蓋嘗論之，未有聖人，道在天地；未有六經，道在聖人；六經作而聖人之道著。所謂道者，彌綸乎天地，貫通乎古今，統之則爲一理，散之則爲萬事，支流曼衍，其緒紛紜，不有以統之，則無以一之。聚其散而兼總其條貫，於以見斯道之大，而無物不該也。朕心潛聖道，志在斯文，蓋嘗討論其指矣。然萬幾浩繁，寔資翫覽，姑述其槩，以冠諸篇。將以垂示無窮，庶幾或有裨於萬一云爾。永樂六年十二月朔日序。

進永樂大典表

資善大夫太子少師臣姚廣孝等誠惶誠恐稽首頓首上言：伏以皇明之治大一統，

車書昭聲教之隆；聖人之道貫百王，制作備典章之盛。丕顯太平之鴻業，永爲經世之宏規。臣聞泰運肇開，人文乃著；卦爻始立，書契遂興。故羲禹開天，河洛闡圖書之瑞；成康致治，豐鎬宣雅頌之音。道咸具於聖經，事寔關於氣運。恭惟皇帝陛下，聰明睿智，仁聖武文，受天命而主百神，坐朝堂而朝萬國。九疇時叙，庶績咸熙；治定功成，禮明樂備。爰懋昭於聖學，遂大播於綸音。以爲堯舜之道，載諸典謨；文武之政，布在方策。前聖遠而微言隱，諸子出而衆議興；簡編浩山海之繁，經制異質文之尚；欲觀會通而行典禮，必合古今而集大成。勅遣使臣，博采四方之籍；禮招儒彦，廣紬中祕之儲。事蹟務在於周詳，義例必令於明白。於是上自古初，暨於昭代，考索累朝之逸典，蒐羅百氏之遺言。名山所藏，金匱所紀，人間之所未覩，海外之所罕聞，莫不具其實而陳其辭，參於萬而會於一。旁通庶彙，弘著三才，該貫幽微，并包宇宙。允發揮於既往，用啓迪於方來。聚衆寶於府庫之中，珪璜有序；觀萬物於日月之下，品類咸彰。於以立政而經邦，於以開物而成務。巍乎冠古趨今之作，焕乎經天緯地之文；討論仰禀於聖謨，裁定恪遵於宸斷。嘉名載錫，睿藻荐頒。雲漢昭回，並拜九重之賜；龍光輝燭，允爲多士之榮。仰聖教於中天，開文明于萬世。昔石渠論事，徒矜議奏之煩；册府成書，未悉彝章之懿。惟兹大訓，實邁前聞。臣廣孝等學本庸疎，材非通敏，參預編摩之任，叨蒙眷遇之恩，屢閱歲時，僅成卷帙。敢上塵於觀覽，期俯賜于矜容。經綸大經，建立大本，尚資稽古之功；博厚配地，高明配天，永贊崇文之治。謹繕寫成《永樂大典》二萬二千八百七十七卷，凡例并目録六十卷，裝潢成一萬一千九十五册，隨表上進以聞。無任瞻天仰聖激切屏營之至。

永樂大典凡例

一、是書之作，上自古初，下及近代，經、史、子、集與凡道釋、醫卜、雜家之書靡不收采，誠以朝廷制作所關，務在詳備無遺，顯明易考。用韻以統字，用字以繫事，凡天文、地理、人倫、國統、道德、政治、制度、名物以至奇聞異見、庾詞逸事，悉皆隨字收載。事有制度者則先制度，如朝觀、郊社、宗廟、冠婚之類。物有名品者則先名品。如龍鳳、龜麟、松竹、芝蘭之類。其有一字而該數事，則即事而舉其綱；如「律」字内有律吕、法律、戒律，「陽」字内有陰陽、重陽、端陽之類。一物而有數名，則因名而著其實。如黄鶯、鶬鶊，竹筠、篔簹之類。或事文交錯，則彼此互見；如宰相、平章、參知政事；太守、刺史、知府之類。或制度相因，則始末具舉。如冠服、職官，歷舉漢、唐、宋沿革制度之類。包括乾坤，貫通古今，本末精粗，粲然備列。庶幾因韻以考字，因字以求事，開卷而古今之事一覽可見。

一、音韻訓釋，諸家之説詳略不同，互有得失，惟國朝《洪武正韻》一以中原雅音，而無偏駁之失。今以《正韻》爲主，先翻切，次訓義，諸家之説竝附於下。如徐鍇《通釋》、丁度《集韻》之類。或一字有數音，而訓釋有數義，如數，去聲。數，入聲。令，平。令，去。長，平。長上。之類，各詳其音釋。其《五音集韻》及《篇海》諸書所增諸字，併收於後。

一、字書體制，古今不一，如鍾鼎、盤杅鑄刻及蟲魚、科斗、篆隸，散在各書，難於辨識。今皆不拘異同，隨字備收，而鍾王以後諸家行草諸書亦備其體。

一、天文：凡天文志皆載於天字下。若日、月、星、雨、風、雲、霜、露之類，各隨字備載。其祥異及祭禳之禮，依類附見。如「日」字内「日有五色」，「雨」字内「祈雨」之類。詩文如之。

一、地理：凡歷代地理志及陰陽相地之術，皆附於地字下。若山海、江河等類，則隨字收載。然有一山一水經跨數郡，如黄河經關、陝，太行跨平陽、懷慶之類。或名同迹異，如龍山、鳳凰山，多有其名，處所不一之類。諸郡志書，重見疊出，難於攷究。今各依類會萃歸一，就中區别同異。如山字内「鳳凰山」下注云在某處某處之類。詩文亦以類附之。

一、天下郡縣，歷代因革不同，今悉以國朝所立州郡之名爲正。仍參歷代圖志地理諸書，凡古今沿革、城郭、山川、風俗、土産、紀詠、辨證，無不備載。如應天府收於天字下，其舊有建康、金陵等志并附之「康」字、「陵」字下，著其大槩，注云「詳天字」。若古有而今革之者，如燉煌、張掖之類，亦因其舊名，備其始末。其各縣如應天府之上元縣，則於「元」字下載其沿革，注云「詳天字」。餘倣此。

一、宫殿、樓閣、臺榭及釋道寺觀祠宇之類，各詳著其時代、處所、建置始末。其有圖者載其圖，有文者紀其文，有制作之法者詳其法。諸器物例倣此。

一、古今禮樂，於「禮」字下舉五禮之綱而疏其目。其郊祀、明堂、宗廟、社稷、山川、朝會、燕射、冠婚之類，各隨字收載。「樂」字下載歷代沿革、雅胡俗部之制。其郊廟等樂仍詳各韻。

一、省府部寺臺院之類，古今建置沿革不一，今於「省」、「府」等字内舉其大綱。如「省」字「尚書省」，著朝代沿革、官屬繁簡之類。其間統屬及諸司職守等級之詳各隨字收載。

一、官制歷代不同，其建置因革、員數繁簡、品秩尊卑、職掌輕重，於「官」字下總其大槩，而詳歸各韻。如尚書、侍郎、監察御史詳「書」字、「郎」字、「史」字之類。其有名同而職掌或異，則考其源委而總歸一類。如漢之光禄勳所掌與唐、宋光禄寺不同之類。有職掌同而名稱不同，則因名歸韻，各致其詳。如漢、魏之州牧，唐之都督、節度使，元之行省丞相之類。餘倣此。

一、歷代國號，如虞、夏、商、周、漢、晉、唐、宋之類，各隨字收載。若僭僞及外夷諸國，亦以其本號如前後趙、後秦、匈奴、突厥之類。隨字收之。

一、古今姓氏，其出不一，有以國爲姓者，如周、陳、韓、鄭之類。有出於賜姓者，如劉敬、李勣之類。有外夷冒中國姓者，如劉淵、石勒之類。有以部落爲姓者，如宇文、耶律、完顔之類。世系混殽，難於考究。今以《元和姓纂》、《姓氏辨證》諸書詳著本末，隨字收載，以世次係。諸史列傳及碑誌雜説、先儒議論附之。複姓則以下一字收之。如「諸葛」入「葛」字之類。若遼、金、元所載諸臣，或無姓氏，至有五六字相連爲名者，既無姓可收，亦以下一字附各字之後。以「木華黎」入「黎」字之類。

一、草木鳥獸，名品既殊，事實亦異。如龍鳳、松竹之類，各隨字收。其有二字爲名者，則詳其所重。如芍藥、翡翠從「藥」字「翠」字收，萱草、鳳凰從「萱」字「鳳」字收。若璚花、陽烏則從「花」字「鳥」字收之類。又有名異而物同者，則於各字下隨事收載。如菡萏、蓮花，黄鸝、鶬鶊之類。餘倣此。

一、《易》、《書》、《詩》、《春秋》、《周禮》、《儀禮》、《禮記》有序文，有篇目，有諸儒傳授源流及論一經大旨者，今皆會粹於各經之下。如《易經》入「易」字之類。其諸篇全文，或以篇名，或從所重字收。如「乾」字收《乾卦》，「禮」字收《曲禮》，「喪」字收《曾子問》之類。若傳、注則取漢、唐、宋以來名家爲首，如《易程傳》、《朱本義》，《書傳會選》、《蔡傳》，《禮記》古注疏、陳澔《集説》之類。餘依世次，各附其後。其間有事干制度名物者，亦分采入韻。《四書》惟《大學》、《中庸》難以分載，全篇收之。如《大學》「學」字下收之。《論》、《孟》例同。五經、諸子書亦倣此。

一、正史、編年、綱目諸史，並於「史」字收載其名，并附作者姓氏、先儒序論。其各朝帝紀之類，則依次編入國號之下。如「漢」字收「漢高祖」，先帝紀，次《通鑑》，次《綱目》諸史。世家、列傳、表、志，則各從所重者收。如后妃、諸王、公主收入「后」、「妃」、「王」、「主」字。《諸侯王表》入「王」字，《天文志》入「天」字，《蕭何傳》入「蕭」字之類。或一傳兼載數人，止於一人姓氏下全録，餘止書姓名，注云：「事詳某人傳。」如《竇嬰田蚡傳》之類。若諸史中文有重複者，止存一家。或事文互有詳略，則兩存之。或事同而文有詳略者，則存其詳者。如外七史、南北史、新、舊《唐書》、《五代史》之類。先儒議論亦各依次附載。如胡致堂《讀史管見》，論一代事則附一代之下，論一帝或一人事則附一帝、一人下之類。其間事實分采入韻。

一、釋道二家，於「釋」字「道」字載其大綱。若釋有佛祖、菩薩、羅漢、大士、僧尼，道有天尊、真人、道士、錬師等名號，其書有經懺、律論、符篆、咒法、齋醮、金丹等訣，其文有讚、頌、碑、銘及禪、律、論等類，則隨字收入及從所重類載。如「菩薩」、「天尊」入「薩」字、「尊」字，《法華經》、《度人經》入「華」字、「人」字。其《梵網經》、《菩薩戒》雖無律名，其中專言戒律之事，則以所重收入「律」字之類。其間事實並采入各韻。

一、歷代醫藥、陰陽諸家，其源流大概，各於一處通載。如「醫」字收內、外科，歷代名醫總説之類。其方脈、藥名、占卜事驗，爲説尤多，今各從所重，隨字收入。如《素問・上古天真論》入「真」字，「人參」入「參」字，「運氣」、「傷寒」入「氣」字、「寒」字，「占法」、「婚書」入「占」字、「婚」字之類。論議詩文竝以類附。

一、古今文章，若記、序、銘、贊、頌、説、詩、賦、樂府、歌詞、雜述、著作，其體不一。其間有題軒堂宮室，有述名物器用，有言人事，有論政治，有遊覽贈送等類，今各隨所重字收。如遊山詩入「山」字，《鸚鵡賦》入「鵡」字之類。其有託物假名或借題詠事者，則隨其實收入。如《毛穎傳》入「筆」字。又有一篇之中雜論衆事，或泛然而作，難於附麗者，就於本題字下收。如《上皇帝萬言書》入「書」字，《雜詩》入「詩」字之類。餘倣此。

一、名物制度，舊有圖譜載在經、史諸書者，今皆隨類附見。若其書專爲一事而作者，全收入。如《五經禮器圖》、《詩圖説》全收入「禮」字、「詩」字。《琴譜》、《竹譜》全收入「琴」字、「竹」字之類。

一、經、史、郡志、釋、道等全書及姓氏等已有定例，其間有文章事實多者，則隨宜附著事韻少者之後，以便考尋。

一、目録各字下注所收切要事目，以便考究。

影印永樂大典臺字御史臺二卷跋

此册爲《永樂大典》卷之二千六百十至十一，「七皆」，「臺」，「御史臺」五、六兩卷。所録爲《南臺備要》、《烏臺筆補》二書，皆不詳何人所撰，《大典輯書目》亦不載，蓋當時館臣所遺也。考錢史《元史藝文志》載索元岱《南臺備紀》二十九卷，與標題小異。其卷帙多寡懸絶，決非一書。疑此乃就索氏書節録而成，故開卷即録索序。其中《立行御史臺條畫》三十則見於《元典章》，然《糾察鈔法鹽茶》一則《典章》即漏大不録。其餘逐年增修條例及臺官品秩、員吏禄米與夫併省遷移始末，多出《典章》之外。《烏臺筆補》前有序文，亦失撰人。所載例文凡四十三項，而附以題名記、碑文諸篇，亦他書所未見，足補《元史》之缺，真祕笈矣。

余頻年蒐采，所覯《大典》殘册不下百餘，要皆叢記瑣文，無關閎旨，獨此帙乃完然自爲一書。邇來西清舊儲喪失殆盡，懸直百金，罕逢一帙，嗜古之士，咸以爲艱。爰屬工橅印，用廣流傳。紙幅闌格，書衣籤題，一仍原式，庶幾得此影本者，猶有虎賁中郎之似也。

丙寅東坡生日，藏園居士識。

再跋影印永樂大典臺字御史臺二卷

曩歲影印此册，匆匆手寫識語附後，未遑詳檢全文。頃以校勘王惲《秋澗先生大全文集》，見其卷第八十三全卷正爲《烏臺筆補》，始悉其爲至元五年建御史臺後，秋澗集録秦漢至金時御史臺典故條例凡七十三事，上呈以備采擇者。因取此册所收《烏臺筆補》相校。二本所收條數相同，俱爲七十三條，唯《大典》本删去卷首王惲呈文五十八字，其餘行文亦偶有省略數字者，均無關大體。然其最要處乃爲《大典》本及明弘治李瀚本《秋澗集》之《筆補》中均有他文摒入，可以互相勘正。

《大典》本《筆補》於第五十五條《主簿例》「管轄臺中雜務公廨厨庫」句中，於「中」、「雜」二字之間混入虞集《御史臺記》、自「臣集承詔」句起，亦非首句。馬祖常《察院題名記》、《殿中司題名記》、許有壬《上都分臺題名記》、《敕賜重修陝西諸道行御史臺碑》等五篇。其後又衍「建臺」二字，始接「雜務公廨厨庫」句。以葉數計，自卷二千六百十一第十九葉上第七行，至第二十二葉下第四行，衍文凡佔二葉又十四行之多。此外，復於第五十八條《差監察例》之前誤冠以朱書標題篇名《中書堂事記》五字。此二處衍文均爲《大典》本之巨謬，可據弘治本《秋澗集·烏臺筆補》之目録及正文勘正之。

然弘治本亦自有誤，其第五十七條《三京留司御史臺》與第五十八條《差監察例》之間誤收《理檢院》、《登聞鼓院》、《登聞檢院》、《都護府》、《射聲校尉》、《戊己校尉》、《散騎常侍》等條，轉賴《大典》本及弘治本目録互證删除之。此所謂「楚則失矣，齊亦未爲得也」。二本合之，乃得其真。

詳審《大典》誤收各文，皆爲與御史臺有關篇什，此必是《大典御史臺》他卷中文字，或爲編成鈔寫時顛倒卷次，或係嘉靖重録時竄亂舊文。其五十八條前誤冠之《中書堂事記》篇名，頗疑即《秋澗集》卷八十至八十二《中堂事記》之篇名，以其適居卷八十三《烏臺筆補》之前，或於輯録時誤鈔。若然，則爲始輯時即誤矣。

《大典》纂修，以姚廣孝等重臣領之，而以解縉總其事，與修者亦多宿學老儒。雖原本渺不可追，而嘉靖重録，朱闌端楷，號爲精嚴，殊不意其謬誤乃至於此也。點校一過，附識於此，兼以糾余前跋之疏失焉。戊寅十月杪，藏園老人識於抱蜀廬。

又，此册爲京華印書局所覆印。時方有重印《四庫全書》之議，書局乃妙選良工、全力赴之，欲有以自見，爲承印《四庫全書》地步。故紙如玉版，厚若梵夾，朱墨燦然，鋒穎畢存，至爲精美。除書衣易棉紙褾褙爲草板紙夾，又絹色年久轉紅外，驟視之幾與原書無别。十餘年來，書價踴騰，殆不祇十倍，昔之百金難致者，今雖千金亦不可得。故黠賈往往以此册撤去書衣，揉損紙幅，水漬塵污，斑駁滿紙，冀充原本以欺人。余頻年閲肆，所見不下三四册。近者，鄉人白堅甫亦爲所紿，余笑出原本示之，始恍然自失。雖作僞心勞，然亦可見此册摹印之精審也。藏園附識。

永樂大典玄字韻太玄經書後※

此《太玄經》十有八卷，皆鈔自《永樂大典》「玄」字内。《大典》原卷爲第四千九百二十三至四千九百四十，韻目爲「十二先」。其次序一依《太玄》原來卷第，前爲序、爲圖，次本經天玄、地玄、人玄八十一首，次玄衝、玄錯、玄攡、玄瑩、玄數、玄文、玄棿、玄圖、玄告，其後爲《易玄星紀譜》、爲《太玄釋文》、爲《太玄索隱》，末附《太玄》詩文，舉自古以來凡注釋《太玄》之書，明《太玄》之説，與夫紀述辨論文字涉於《玄經》者，咸類次而綜輯於編，後人欲究《太玄》之學可於是取資焉，可謂玄文之淵海，玄學之總龜矣。

今以卷中所彙輯者考之，注《太玄》者自世行之范望、司馬光二家外，有陳仁子《輯注》，有胡次和《集注》，有章詧《太玄疏》，有許良肱《太玄經解》，有鄭氏《音訓》。論太玄者有宋之陳希夷、蘇明允、程伊川、邵康節、劉公是、許崧老、朱晦庵、葉水心、吳環溪、韓澗泉、陳樂軒、黄東發、林鬳齋、袁絜齋、陳默堂，元之李敬齋、吳草廬、吳師道、胡一桂等，又數十人。其蒐采閎富，可謂不遺餘力。後卷以原書附入者，有晁説之之《易玄星紀譜》，許昂之《太玄釋文》，胡次和之《太玄索隱》三種。晁之《星紀譜》曾附載於本集中，若《釋文》、《索隱》二書世間已無傳本，次和於《太玄集注》外，又著《索隱》，今本書之十四至十六凡三卷皆是也。江原張績爲之序，謂其「抱玄遺編，獨究終始，總其數而爲之圖，探其賾而見於論。凡玄詞之所晐，必圖列之，至於天日律吕、五行音聲，與玄應者，悉不遺也。其倫類所通廣且奥，推杪法以合《太初曆》，尤前人未至者」。以此觀之，胡氏此書於玄學推演既博，闡發尤精，倘後有好事者，取次和原注掇取而編排成卷，更以《索隱》三卷附刊以行，使數百年不傳之書一旦復顯於世，其裨助於玄學豈淺鮮哉！

此書原本用竹紙，界以朱闌，半葉八行，與《大典》格式同，鈔楷雖未爲工整，然審其筆法似爲明季清初所寫，可知從大典中采輯佚書前已有人爲之，固不始於乾隆之四庫館，此亦書林談往者不可不知也。庚辰十一月初八日，藏園老人識。

續書堂明稗類鈔跋※

《續書堂明稗類鈔》十六卷，順德李若農師家鈔本。據若農先生記云，鈔自貴筑黄國瑾家。不著撰人姓名，惟前有緣起一篇，自稱「潘子」，言「宋既有稗，明烏可已！感而復爲《明稗》」云。考《四庫提要》，有《宋稗類鈔》三十六卷，清潘永因撰，則輯此書者即輯《宋稗類鈔》之潘氏矣。然檢王氏《寶翰堂書目》，又題《宋稗類鈔》爲李宗孔撰，是在清初即有異説，爲潘爲李，殆難以確定也。

書凡十六卷，通九百六十六則，每則下均注所引書名。各卷所分門類以四字標之，如「列聖貽謀」、「熙朝盛事」、「人倫月旦」、「幽怪傳疑」之屬，仿《雲溪友議》、《誠鑑録》之例。引用書目至一百三十四種，見於《紀録彙編》、《歷代小史》、《四庫存目》者爲多。然如黄章之《送懷隨筆》、茅元儀之《石民稗説》、余颺之《兩朝紀事》、王九禎之《湖海搜奇》、《揮麈新談》等數十種，亦絶少概見，其搜采可云浩博。據自著緣起，謂創始於康熙改元，至癸丑初夏始能畢業，凡歷十有一年，已届平子研京之數。並述編輯之工，視《宋稗》乃有六難，頻年拮据，卷帙有加於宋，是其致力可謂勤且至矣。

又按：《宋稗》爲書三十六卷，此書詮次僅十六卷，而緣起乃謂卷帙加於宋者，蓋分卷雖約，而文字特豐，每卷所列多至六七十則，視《宋稗》事實，實爲過之，非舉數之有舛誤也。特附志於後，庶免來者之傳疑焉。丙子七夕前一日，藏園老人識於池北書堂。

鈔本浮休雜志跋

此書題「浙汜陳與郊廣野輯，後學祝人文成之參」，凡十三卷，捃摭羣書新穎雋麗之詞二字至四字，分類編入，以便臨文撏撦之用，亦如《漢雋》、《編珠》之屬。始以象緯，時令，終以魚蟲、卉植，凡六十四類，分卷爲十有三，内第八九兩卷以傳鈔缺佚。其書甄采頗爲浩博，選詞亦復精麗，惟未注原出之書，猶是明人習氣耳。

按：興郊一字廣野，號隅陽，海寧人，明萬曆甲戌進士，官至太常寺少卿。嘗校刻《太玄》、《潛虚》及屈、宋、揚、馬諸家賦，并石刻行世。生平撰述甚富，見於《四庫存目》者有《檀弓輯注》、《方言類聚》、《廣修辭指南》、《杜律注評》、《文選章句》、《黄門集》、《隅園集》、《蹟川集》諸書，邑志載有《考工記輯注》、《三禮廣義》、《古今樂考》，而是書皆未之及，意其輯成尚未刊布，故流傳遂罕耳。

後有同治八年德滋跋八行，而不著姓氏，遂不知爲何許人。此本鈔字亦不舊，蓋即同治時所寫也。其跋録後，以俟他時博考焉。癸未冬月，藏園識。

《雜志》一書府、州志均未採入，即著述中亦遺佚未載。壬寅冬，先子得於禾郡書肆，惜少八九兩卷。庚戌春，先子棄養，吾兄弟奉遺命，將書籍四分，此書歸於益弟。己未冬，予曾〔鈔〕袖珍本，未及裝訂而蘇垣告警，書已散佚。幸原册携以航海，尚存篋中。去冬向益弟假得，復手録之。晷影甚短，而館課無暇，今春始行録竣，因記其顛末如此。同治八年己巳花朝日，德滋謹識。

藏園羣書題記卷第十　子部五

釋家類

題北宋刻妙法蓮華經※

此北宋刻《妙法蓮華經》七卷，余十餘年前得之吳門積寶齋孫伯淵許，據言吳江縣垂虹橋畔某寺古塔忽圮，於塔心得經二本，其完好者已歸於蔣君孟蘋，此本雖有破損，然其楷法精妙，雅肖坡公，世所稀有，亟以善價易得。每半葉十一行，行二十七字，逐卷相連而下，中不空行。卷末有識語二行，文曰：「此經再將諸本校勘重開，並無訛謬。錢塘丁忠開字。」據此知爲浙杭刊本矣。

按：治平中詔刊七史，曾牒下杭州開版，余藏宋本《南齊書》尚存此牒文。蓋杭州夙多良工，舊與蜀中並美，故此本雖蠅頭細字，而鎸雕工雅，鋒穎圓湛，筆意具在，爲宋槧中所不經見，至可寶也。蔣氏此經曾經印行，余乞得一本。重付裝池時，缺損之字即用影本補入，雖未敢云天衣無縫，然女媧煉石，遂爲天地間彌此缺憾，亦殊快意，裝成爰誌其原委焉。乙亥九月江安傅增湘識於石齋。

宋刊金剛經跋※

《金剛般若波羅密經》一卷，宋刊，大字經摺本，半葉五行，每行十三字，分目三十二。第三行標「法會因由分第一」，下注云梁昭明太子加其分目。凡字音及訓釋小字附本字下，間有校證之處，如據某寺、某譯、某碑補入字句者，亦綴本句下。以通行本校之，增改亦得數十事。如：「如法受持分」第十三「即非般若波羅密」下有「是名般若波羅密」一句；「離相寂滅分」第十四「非忍辱波羅密」下有「是名忍辱波羅密」一句；「化無所化分」第二十五「如來説即非凡夫」下有「是名凡夫」一句。卷前有圖十幅，題「奉請黄隨求金剛」及「奉請金剛索菩薩」等，上繪菩薩諸像，下録歷代持誦經文靈應故事，亦附小圖。其第十圖左角有牌子兩行，文曰「行在棚前南街西經坊王念三郎家志心刊印」，字細如蠶。余得此於保古齋殷姓手，經坊刻經，亦諸藏家所稀見也。

宋刊殘本大方廣佛華嚴經跋※

壬申夏四月既望，余有泰華之游，探奇選勝，三日而畢，試浴華清池，遂稅駕長安，遍覽近郊名藍。聞臥龍寺有宋刻釋藏數千册，時晷迫遽，未及訪尋，私引爲憾。乃一日游大興善寺，忽於僧房得覯宋刻殘本《華嚴經》三部。一爲大字本，運筆疏放，仿坡公體，半葉四行，行二十二字，此本於故宫圖書館曾見之。一爲小字本，結構嚴整，字橅歐陽率更，半葉六行，行十七字。一爲中字本，體勢莊凝，筆意渾厚，雅具顔平原風格，寫刻工雅，摹印尤精善，在三本中最推上駟，且爲生平所未覩。因詳記於左，當以告諸秦中人士，俾永久護持勿失焉。

《大方廣佛華嚴經》殘卷，宋刻本，半葉五行，行十七字。每卷後附釋音，其第七十一卷首有「昭武鄒洙刊」小字一行。各卷有題跋，皆捐資開經人所記也，兹録如左。其官職名氏異時當取史籍考之。

襄陽府寄居湖北路江陵府先鋒隘募緣重開

《大方廣佛華嚴正經》一部，恭爲

今上　皇帝，祝延

聖壽，文武官僚，同資禄位。國康民泰，時和歲豐，永息干戈，邊疆寧静。捨財知識，福慧增榮，頓悟菩提心，同游華藏海。

寶祐三年乙卯十月二十二日乙酉良日，李安檢謹題。

左武大夫、吉州刺史、帶行各領軍大將軍、除鄂州駐劄御前諸軍副都統制措置松滋江面兼京湖制置大使司計議孝男張禧謹施俸資金壹拾　開此《華嚴經》，端爲追薦亡母親蔡氏宜人，承此功勳，願生佛界，見存眷屬，福禄榮昌。

元刊華嚴經書後※

此元刊經摺本，每葉十行，行十五字，仿趙松雪體，字兼行楷，筆意勁秀，每卷護以金牋，覆以古錦，尤精麗可喜。二十年前，獲此於聚珍堂劉估手，祇存五十餘卷，言爲故王邸之物，其闕殘之卷異時或可得也。後極意搜尋，復檢出十五卷，尚闕首尾十五卷。未幾，聚珍閉肆，劉估還鄉，此事竟無可踪跡，遂扃置篋中，不復料理矣。

己巳之冬，鄉人醵飲於涂厚菴家，時半園老人張伯翔適在座，自言老年習靜，恒以寫經爲課，因語以得此經原委，而殘闕可惜，老人遂慨然自任。余取康熙高麗舊牋摺疊如式付之。翊歲，老人入黑龍江軍幕，携以出關，日寫數葉，中經遼瀋之變，倉皇奔避，轉徙哈爾濱、長春間，輜重喪失，獨此藏經小匣顛沛流離未嘗去手。辛未殘臘，卒底於成。又十載辛巳，乃覓良工裝裱成册，由是八十卷之經典，六百餘年之古刊，神明焕然，頓復舊觀，老人之志力堅强，良可欽挹。從此神靈呵護，塵劫不侵，傳之千載，老人之精神既與此經同於不朽，而余以二十年之艱勤，拾遺補闕，藉以幸完私願，亦差足自慰矣。癸未九月，藏園識。

宋刊殘本嘉泰普燈録六卷跋

《嘉泰普燈録》三十卷，首題「平江府報恩光孝禪寺臣僧正受編」。前有進上皇帝書，略云：「景德之初，宣慈禪師道原所進《傳燈録》，真宗皇帝有旨命翰林楊億撰序以賜。天聖之初，駙馬都尉李遵勉所進《廣燈録》，仁宗皇帝親製序以賜。建中靖國之初，佛國禪師惟白所進《續燈録》，徽宗皇帝亦親製序以賜。是書復得際遇於陛下，成第四燈。」又云：「竊昔之今，凡三燈之所不與者，莫不旁搜曲取，會粹考覈，於十有七年捃摭以成是書，垂三十卷，目録三卷，擬命其題曰《嘉泰普燈録》。其間登載聖朝太宗皇帝至孝宗皇帝宸音、聖訓及熙世名臣見道因緣，按諸奏對等録，紀述頗詳，而傳、廣、續三燈誠未始有。」後有嘉泰四年陸游跋。又卷端嘉定辛未授法弟子武德郎敬庵黄汝霖所撰雷庵受禪師行業，則在正受示寂之後，書當刊於是時。闕筆至廓字，避寧宗嫌名。三十卷末有木記二行，曰「此板見在浄慈寺長生庫印行」白文十二字，乃後來所增。半葉十行，行二十字，逐卷後附音釋，寫刻精整。放翁一跋似出手書，黄汝霖數襄陽體，亦極流美悦目。版心有「錢塘李師正刊」六字，他書罕見。餘有李信、李倚、李億、李倞、阮祐、張樞、宋瑜、方至、吳志、何昇、李思忠等名。當日行都匠作猶有典型，李師正殆董其役者歟。殘本存一至三、二十八至三十，凡六卷。書久流傳日本，有天文十四年守仁題字，朱墨點注殆徧。天文當明嘉靖時。又有「嘉慶元年十月七日重修褙之」一行。有「善慧軒」印，以「普門院」印蓋其上，又「守仙」印，「善慧軒」墨印。乃中土絶無之本也。

校本一切經音義跋※

此乾隆莊氏刻本，得之廠市文德堂韓佐泉許。舊爲戴松門臨盧抱經手校者，惜原書失去首册，佐泉取他本配入，故卷一至卷六校筆缺焉。余收得之後，扃置篋笥已十餘年，訪求舊本，渺不可得。頃者内城觀古堂自南方采書回，聞其中有顧澗薲手校此書，屬謝君剛主取來一視。其校本亦同出於抱經學士，第出後人移録，非澗薲手蹟耳。携入御園，夜中人静，始獲操管，七十老翁於燈下强作朱書細字，殆近兒嬉，兩夕之中，幸畢四卷。惟其書亦有缺佚，遂令五、六兩卷無由措手，抑何其不值之巧耶！拾遺補闕，祇得竢諸異日耳。辛巳四月初九日，藏園老人識。

道家類

錢叔寶手鈔潁濱老子注跋※

此錢罄室手寫本，分上下卷，册式正方，半葉十六行，每行二十字。戊午歲，友人羅子經自上海寄至，結體寬博，筆意古雋，雖未署款，望而知爲真蹟。鈐「叔寶」印一方，又有「文嘉」、「文彦可」、「謝林邨氏珍藏書畫」、「泓洲」諸記。取《寶顔堂廣祕笈》本對勘，凡改正二百一十三字，增補三百九十七字，删落一百七十九字，乙轉三十四字，綜計訂正得八百二十三字，可謂夥矣。此書宋元刻久不得見，惟皕宋樓藏有至元本耳，明代則焦弱侯《兩蘇經解》本外，惟此寶顏堂刻，而奪失闕多，至於如此。一日得此名鈔，舉歷來榛莽奮掃而廓清之，心衿爲之一快，又不獨前賢遺翰之足貴矣。辛巳五月十一日病起書，藏園老人。

明存誠書館鈔本道德真經注跋※

《道德真經注》四卷，眉山蘇轍撰，明鈔本，烏絲闌，每半葉九行，行十六字，版心下方有「存誠書館」四字。

以焦氏《兩蘇經解》本校之，第四十二章末「物或損之而益」注文脱「世以柔弱爲損」以下八十三字。第五十八章脱注文十七字，鈔本皆不脱。其他文字異同尚多，不能悉舉。

焦本於經文略分段次，每節後低一格全録此節注文；鈔本則每節約分數段，注文則分附每段之後，其不同一也。焦本分《道經》爲上卷，《德經》爲下卷；鈔本則分作四卷，其不同二也。焦本上下卷，其經文皆連接而下，不分章次；鈔本則分爲八十一章，第一至十七爲卷一，第十八至三十七爲卷二，第三十八至六十爲卷三，第六十一至八十一爲卷四，其不同三也。以是觀之，此書當有二刻，兩本不同如是者，以其所出之源異耳。

按陸氏《皕宋樓藏書志》，藏元刊本，有寶祐三年眉山史少南序，及至元庚寅資中羽士牟沖道跋。據牟氏跋言，寶祐本爲鄉人王君伯修所校梓，偶爲回禄所燬，其孫大中乃重刊之。余因是推之，此四卷本實爲宋刊之舊第，視焦刻所據爲古，故其勝異遠過於俗本如此也。

此書舊爲羅雪堂所藏，余以鄉賢遺著，從之假校，君遂輟以相贈。今君没以期年，頃檢書及此，頓興感逝之懷，因粗誌卷尾，俾後世有所考焉。辛巳五月初十日書，藏園。

校潁濱老子解跋※

蘇子由所撰《道德經注》元至元刊本作四卷，焦弱侯本作二卷，明鈔本又作一卷，其差異如此，未知孰爲原第？然考至元本乃從宋寶祐刊本覆梓，其根源較古，意四卷者其原第耶！昔張亨泉嘗得蘇公手書本，刻石寘老翁泉，若得此石本勘之，當可瞭然矣。

余昔年得錢叔寶手寫二卷本，以校《寶顔堂祕笈》所刻，訂正至八百餘字。旋得明人存誠書館寫四卷本，其勘正所得與錢本略同。嗣又由南中寄來明鈔本通作一卷者，乃令兒子忠謨取焦刻校之，糾正亦殊不尠，大抵焦刻與《寶顔堂祕笈》本爲近。按《瞿目》載有菉竹堂鈔本，亦分二卷，意焦、陳二刻均從此出，故與宋刊四卷本文字大有差殊也。辛巳五月十二日，藏園老人識。

宋蜀刻安仁趙諫議本南華真經注跋※

此南宋初蜀中刊本，半葉九行，行十五字，注雙行三十字，白口。左右雙闌，版心魚尾下記「莊一」、「莊二」等字。每卷標題後次行頂格標篇名，二行低七格題「郭象注」。注後附音釋，極簡，似取陸氏釋文而節略之，所音之字别以白文。宋諱玄、弘、殷、讓、敬、匡、貞、完、構、慎皆爲字不成，是孝宗時所梓。版心刊工姓名多殘損，可辨者有毌成、張小四、張小八、程小六、李珍、趙順、李上、小兹諸人，又開、楊、鄧、彦、亮等一字。末卷有牌子二行，文曰「安仁趙諫議宅刊行一樣□子」，子上一字刓去，孫毓修云當爲數目字，如「四子」、「六子」之類，其説近是。

按《莊子》郭象注宋本見于著録者，《天禄前編》有南宋巾箱本，述古堂有宋本，士禮居有南宋本，皆已散佚無存。涵芬樓有北宋本四卷，南宋本六卷，已刊入《續古逸叢書》。海源閣有南宋精刊本。今歸周叔弢。日本静嘉堂有八行大字本，殘存五卷。此外多爲纂圖互注本，出於閩中坊刻，不足貴也。至蜀刻本，古今藏目均未見著録。辛亥冬，余以南北議和，留滯上海，曾見沈寶硯巖手校宋本，所據爲安仁趙諫議本。嗣歸於涵芬樓，余假出臨校於世德堂本，未得終卷而罷。然緣此知《莊子》自世傳數本外，又有卅諫議本矣。壬子春，聞有宋刻《莊子》出於滬肆，亟訪藝風老人詢之，云正是趙諫議本，以倉卒寓目，祇影寫首葉存之。即後印入《宋元書影》者是也。余遣人四索，渺然無蹤，悵惘彌日。後乃知此書出秣陵張幼樵家，以兵亂散出。幼樵之書多得之外舅朱子清宗丞，宗丞久官京曹，日游廠肆，怡府藏書散出時，多獲古本祕籍，此或即其中之一鱗耶！旋聞此書歸於秦中某君，嚴扃深鎖，祕不示人。近歲主人遠游，筦鑰偶疏，流出坊肆，爲文禄堂工晉卿所得，遍走南中豪商貴仕之門，咸未得當，乃携之北還，迫及歲除，囊書相示，披函展玩，心目爲開。觀其字體堅勁，鐫工樸厚，望而辨爲蜀刻。然此書歷經沈寶硯之手勘，繆藝風之影摹，皆親見原本，而未嘗述及，可知鑑別之未易言也。

余自丁丑以來，意興牢落，久無訪古搜奇之念，今忽覩異書，不免怦怦心動。藏園丙部不乏古刊，惟《南華》獨付闕如。况蜀中刻梓，在天水一朝號爲精善，與汴、杭並稱，篋中舊藏祇有《一鳴集》特爲完整，餘若《册府元龜》、《二百家名賢文粹》、《蘇文定集》，要皆殘册。今是書卷帙完善，楮墨精良，既爲人士必讀之編，更屬生平未見之本。傾城傾國，絶代未易再逢；楚弓楚得，情誼何容恝置。明知舉之將力窮於絶臏，設使縱之必悔失於交臂。審慮徘徊，情難自已，遂毅然舉債收之，視唐人所謂十金易一字，百金易一編者，殆有過焉。昔劉彦和云：「王充翫揚子雲之篇，樂于居千石之官；挾桓君山之書，富於積猗頓之財。」余於此書，雖負割莊之累，而忽增鎮庫之珍，亦可以藉此解嘲矣。

至卷尾木記所題「安仁趙諫議」者，頗難考證。繆藝風謂爲北宋趙文定安仁所刊，未爲審確，安仁乃文定之名，以人名列於官資之上，文字中向無此例。余考之地志，安仁爲臨邛郡屬縣名，即今之大邑也。惟趙諫議爲何人，苦無明證。考諸志乘，臨邛人文稱盛，宋時郡中著姓有吳時、李絢、常安民、高稼諸家，而熙寧時趙卨以陝西邊功起家，知延州，拜龍圖閣學士。此諫議者或其族屬歟？蜀中多良工，兼以承平日久，文物豐盛，故古書多存善本，如王雱之《南華經新傳》，元豐中始得完本於西蜀陳襄之家。以元澤之新著尚爾開雕，則郭氏之古注固宜有佳梓矣。

惟此書以異本孤行，古今簿録未見標稱，各卷鈐章概經刓滅，以致流傳端緒渺無可徵，略可援據者惟沈寶硯校本一事。檢沈氏原本，署「雍正八年庚戌夏五月望後一日宋本校對訖」，第不詳宋本得之何人。其餘卷末木記「一樣」下亦空一字，是沈氏所見亦即此本。以此推之，數百年來傳世者祇存此帙，非更有二本也。又，孫君毓修校本題識云：「此書引陸氏釋文頗略，大抵録音不録義，北宋人刻古書，音義輒附卷後，不應《莊子》音義散入注下，疑南宋人所爲，趙氏原刻不爾也。」以余觀之，亦未必然。趙氏于釋音固采陸氏，然第取其直捷簡明，以便誦習耳。孫君以趙氏即北宋之趙安仁，故懸斷此本爲南渡覆刻而芟節其音釋，不知此安仁趙氏者或爲南渡初人，傳世即爲此本，並無原刻覆刻之分也。

余取世德堂本卷十對勘，改訂至數十字。舉其正文言之，如《説劍》篇「韓魏爲夾」，「夾」作「鋏」；「忠勝士」，「勝」作「聖」。《漁父》篇「須眉交白」，「須眉」作「鬚眉」；「國技不巧」，「國技」作「工技」；「兩容頰適」，「頰」作「顔」；「早湛於僞」，「僞」上有「人」字。《列禦寇》篇「十饕」，「饕」作「漿」；「而猶若食」，「食」作「是」；「揺而本才」，「才」作「性」；「食而遨遊」，「食」上有「飽」字；「而甘冥乎」，「冥」作「瞑」；「殆哉汲乎」，「汲」作「圾」；「雖以士齒之」，「士」作「事」；「仁義多則」，「則」作「責」；「食以芻叔」，「叔」作「菽」；皆與涵芬樓之北宋本合。是雖刊於南渡，而其源仍出北宋善本，較閩中刻本及纂圖互注坊本大有霄壤之判矣。竢筆墨少閑，當詳勘一通，撰爲校記，庶與孫君臨本互相參證，或可補其闕遺也。歲在壬午暮春，江安傅增湘識於抱蜀廬。

又按：孫君毓修曾據沈寶硯校本録其異同，爲校記一卷附於世德堂本後，訂正殆數百事。其差異最甚者莫如《天運》篇中無「夫至樂者」至「太和萬物」七句，凡三十五字。或謂此文字當屬脱遺，余校至此，深以爲疑。蓋以此節文義推之，上文「奏之以文，徵之以天，行之以禮義，建之以太清」，審其詞意，固已完足，此下又言「先應之以人事，順之以天理，行之以干德，應之以自然，然後調理四時，太和萬物正」，以發明上文四句之義，上爲經文，下爲注語，兩相比勘，昭然可見。若同爲正文，不幾於繁複乎？余疑此七句必注語之誤入經文者，故世行本有之，而古本不載。顧余雖持此說，而苦無明證，不敢臆決也。近見敦煌石室唐人寫本《天運品》，正無此三十五字，始知古來卷子本相傳如是，爲之欣快無量。於是旁搜博考，於《道藏》本又得數證焉。正統《道藏》「貞」字號《南華真經》無注本「惡」字號王元澤《南華真經新傳》皆無此三十五字，是蜀刻源於古本，是以據依，審矣。然則此文果何所自乎？昨偶閲唐成玄英《南華真經注疏》，其《天運》篇中此三十五字宛然在焉，是此乃成氏疏中語，故北宋時如王雱《新傳》尚遵古本，未經攙雜，至南渡輾轉傳刻，遂舉此注混入正文。其後如羅勉道之《南華經循本》、褚伯秀之《南華真經義海纂微》咸已沿訛襲謬，而閩坊所刻之纂圖互注本亦因仍不悟其非。後人不詳考源流，第遵信世德堂本，而妄議古本之奪失，是以不誤爲誤，寧非笑端！昔顏黄門言，士不盡讀天下書，慎勿輕下雌黄，豈不信哉！甲申人日，藏園老人書於企驎軒。

跋宋本吕惠卿莊子義殘卷※

吕氏《莊子義》，宋刊本，半葉十行，每行十七字，注雙行二十五字，白口，左右雙闌，卷二存第二十五、六兩葉，爲《德充符》篇，卷三存第一葉，爲《大宗師》篇，卷四存第一至二十六葉，爲《駢拇》、《馬蹄》、《胠篋》、《在宥》各篇，卷五存第三至二十八葉，爲《天地》、《天道》、《天運》各篇，凡五十五葉。標題爲「吕觀文進莊子内篇義」。或「外篇義」。玄、匡字缺末筆，桓、慎字不缺。原本藏俄國亞細亞博物院，新寄影本貽北平圖書館，余因得見之，略爲考訂於左：

考是書陳氏《直齋書録解題》著録云：「《莊子義》十卷，參政清源吕惠卿吉父撰。」《宋史·藝文志》作《莊子解》，焦氏《國史經籍志》作《莊子注》。觀此本作《内篇義》、《外篇義》則陳氏所題正合，而宋、明二志皆失之矣。又書名上冠「吕觀文進」四字，考陳氏言，惠卿於「元豐七年先表進《内篇》，其餘蓋續成之」。按元豐七年，惠卿爲河東經略使，知太原府，至紹聖中知大名府，乃加觀文殿大學士，知此書雖進於元豐，其成書付雕必在紹聖時，故追題此銜耳。其刊工古拙，於宋諱不避桓字，則北宋開板，殆無疑義。褚氏《南華真經義海纂微》采吕氏書，其目下注云「川本」。以余所見《册府元龜》、《李太白集》、《二百家名賢文粹》諸本參之，皆字畫疏古，風氣樸厚，正與此類。則兹本爲蜀刻，或不妄也。吕氏所注尚有《老子》四卷，爲元豐元年知定州時所進，列入《道藏》「必」字號，故世多傳之。《莊子義》獨不見收，元明以來又無傳刻，遍檢各家書目，惟季氏《延令書目》有宋刊本，題「吕太尉經筵進莊子全解十卷」，明文彭、吳元恭識尾。此本今藏楊氏海源閣，攷其目録所記，行格爲半葉十一行，每行大字二十四至二十七，小字二十八、九不等。其結銜及書名與此本迥異。楊紹和跋謂是南宋初刻本，則視此已遜一籌矣。鈔本可考者，有明邢氏來禽館本，見楊紹和《楹書隅録》。又崑山徐健菴藏本，見王蓮涇《孝慈堂書目》凡三百二十五番。亦不知流轉何所。然則今日併鈔本不可得矣，遑論宋刻。茲忽於數萬里外之鄰邦，創獲八百年前之祕笈，汴宋古本，已自足珍，矧更出吾蜀良工之手乎！「老見奇書眼更明」，展誦之餘，忻慰無已。褚氏《義海纂微》采取注義凡十三家，郭注之後即繼以吕注，然字句删落太半，多失本旨。欲取此本校定，而文字繁多，苦難補綴，殊可喟也！

惠卿名列《姦臣傳》，憸巧反覆小人，本無足取。第其人博辨有才，見賞於荆公，即温公進對，亦有文學辨慧之言。今觀此書，理解深刻，文筆雋快，使僅以撰述傳世，要不愧爲俊異之才，所謂「孔雀雖有毒，不能掩文章」也。是則此書之宜傳於世，其以是也歟？嗚呼！文學之士，欲奮筆著書，以垂光於異代者，宜知所取擇矣。庚午七月十七日，藏園居士記。

宋本列子鬳齋口義二卷跋

宋鬳齋林希逸撰。前有劉向進書序，序後低一格則鬳齋所考記也。後有景定壬戌知福清縣王庚序。宋刊本，半葉九行，每行十八字，注雙行同，細黑口，左右雙闌，板心上記字數，下記人名。刊工有吴文、劉佑、順卿、上官堅、公施、方輝、子和、王生、元吉、景仁、余明、詹軍諸人。宋諱貞、恒、桓、慎等字均缺末筆。收藏有「沙門如正」、「覺庵」、「項元汴印」、「墨林山人」、「子京父印」、「就李」、「項氏子長」諸朱記。「如正」、「覺庵」二印甚古，疑元代人也。

案：希逸字肅翁，以寶謨直玉局觀，鬳齋其書室也。「口義」云者，謂不爲文，雜俚俗而直述之也。據王庚後序，其鬳齋撰三子口義，而《列子》成書最後，脱藁以授庚。此本字體方整而峭厲，是建本正宗，爲庚所刻無疑。元時刻本劉向序後即連本文《天端第一》，與此本異。明時有正德、萬曆施觀民兩本，分卷並同，惟《正統道藏》本分爲八卷，然皆無王庚後序。兹録其文於左，俾讀是書者可考見授受源流焉。丙寅五月，見此書於杭州道古堂，懸價千金，不敢問也。既而久不售，忽馳書北來，願貶直以寄，余附記於此，知物歸所好，似有宿緣也。

昌黎韓子以化今傳後爲己任，然嘗自謂其薄命不幸，因困危悲愁，遂得究窮於經、傳、《史記》、百家之説，沉潛乎訓義，反復乎句讀。蓋自昔大賢皆因窮而著書，雖大賢之不幸，猶後人之幸也。鬳齋先生吏部林公，學問文章，今韓子也。位未稱其名，四方之士莫不爲之勃鬱，先生處之澹如也。閉門自樂，著書滿家，凡皇王帝霸之大略，孔孟釋老之大歸，靡不究詣其極，蓋户屨常滿矣。僕來學製先生之鄉，得先生《莊》、《老》口義，心好之。他日造門請益，先生以爲可教也，盡出其所爲《文集》、《易解》、《考工記注》、《列子口義》諸書。庚再拜受之，則請槖以歸鋟諸梓。先生笑曰：「姑俟異日！」庚未達，先生曰：「吾邑凋腐久矣，子來爬梳，幸不乏公家事則足矣，奚力及此？」固請之，先生以《列子口義》授庚，曰：「自吾閑居十年，而三子之口義成，《列子》近方脱藁，子宜序。」僕謝不敢僭，願歸而承教。既而洪汩於簿書之塵，是書曾不得一寓目焉。一日，内自省訟曰：「吾負先生！且能幾如是而不俗乎？」亟取書誦之，喜其虚静寥泊之旨，可以清靈臺而禦外物也。口嗜之，顧病其文義叉牙詭怪，未易通曉。雖有張、郭諸注，疑闕滋多。及觀《口義》，抉微剔堅，不膠聞見，脱然如庖丁游刃，而肯綮不留；如匠石運斤，而蟠錯俱解。且如「程生馬」、「馬生人」，與夫「白馬非馬」、「孤犢非孤犢」之説，此古今學者一大疑難也，先生悉以意解釋，不爲其愚弄纏縛，惜不令處度輩見之也。處度謂子所明往往與佛書相參，今《口義》亦多引佛書，蓋其宗旨同歸於虚湛凝寂而已。柳子厚嘗辨列子，言其心不窮，近於《易》之遁世而無悶，是真知列子者。鬳齋游心物初，得無悶之趣，故能融得失於蕉鹿，齊喜怒於茅狙，有韓子沉潛反復之樂，而無困危悲愁之態。是真心契列子者，豈但口之云乎哉！昔退之以殷侍御令序所著《公羊春秋》，爲惠出非望，而又以掛名經端自托不腐，爲不敢辭。僕於退之無能爲役，而先生既使之執座下，又使之得托名於不腐，非退之所謂大幸歟！雖僕之大幸，先生之不幸也。先生之不幸，三子之大幸也。天不使先生早年大用者，爲三子之計甚巧也。向使先生而早用於時，則訂謨廟謨之不暇，縱使三老移文，先生暇口之乎？然則爲冲虚廣其正傳，惟讀書於松竹林者之事，庚何敢辭！景定壬戌中秋日，門生宣教郎知福州福清縣主管勸農公事王庚敬書。

校續仙傳跋※

《續仙傳》三卷，唐溧水令沈汾撰。卷上飛昇十六人，卷中隱化十二人，卷下隱化八人。汲古閣刻本，即道藏八種之一也。余嘗得毛氏本《列仙》、《續仙》、《疑仙》三傳，其《列仙傳》尚有明時刻可校，獨《續仙傳》苦無善本可資參證。偶檢家藏《雲笈七籤》，爲明會稽鈕氏世學樓舊藏，其卷一百一十五下正收此書，因携入暘臺山中，連夕手勘畢事。開卷序文中增改得三十五字。全書凡三十六傳，然上卷之賣藥翁、謝自然、裴立静、戚逍遥四人，中卷之李珏、王可交、李昇、葉千韶、徐釣者、錢朗六人，下卷之曹德休一人，咸所未收。其餘二十四傳則字句多有違異。三卷之中訂訛補漏約千有餘言，舉其要者論之，如：《酆去奢傳》增損至一百三十七字，《許宣平傳》其後半兩段文詞不同者，乃至一百四十字。《司馬承禎傳》「明皇詔於王屋山」以下其辭意迥然各殊，似所采爲别一本，殊不可解。

按毛氏所據以付雕者爲《道藏》本，然《雲笈七籤》亦收入《道藏》之内，不應舛失至於如此。余頗疑張君房采集道書時，其所見必爲北宋以前之古本，毛氏所見之《道藏》乃正統重修本，或傳寫以致於差訛，或重訂而加之改削，故取兩本比勘，不獨字句偶有差參，即一篇之中而事實不同、詳略互異，遂有毫釐千里之差。

嗚呼，古籍流傳，年祀悠遠，一誤於寫官之沿襲，再誤於梓人之雕鎸，其舛失已不可勝糾；又况方外之書，儒者屏其荒渺，大率采獵其詞華而未探其義藴，以致千百年來於其篇帙之變遷、文字之駁異，更無人爲之董理而正定之，承訛襲謬，莫悟其非。余故粗舉此書，以爲一隅之反。倘治學之士留意及之，於故書傳記，庶獲貫通互證之益乎！壬申清明後七日，記於清泉吟社，時入山已八日矣。

明鈔抱朴子跋※

此明人寫本《抱朴子内篇》二十卷，余昔歲得之南中，意其爲天一閣舊藏。棉紙，藍格，半葉十行，行二十四字至二十七字不等。各卷標「疲六」至「疲八」、「守一」至「守十一」等字，蓋從《道藏》本出也，惜《外篇》五十卷不存。余以萬曆愼山泉刊本校之，愼本亦標「疲」、「守」等字，似亦源於《道藏》，然全書二十篇改爲四卷，文字奪漏淆亂，乃至不可爬梳。今舉其要者臚叙於下，如：《論仙》第二，「不可盡聞焉」句下脱「雖有大章豎亥之足」等二十二字；「事非本鈞而末乖」句上脱「夫聰之所去」等一百五十九字；「不供鍾石之費」句下脱「畎澮之輸」等七百二十一字；「意其將兩弟子去」句下脱「皆託卒死」等二十八字；「杜儀之爲酒」句下脱「豈可以欒大之邪僞」等十七字；「不可强也」句下脱「然雖不見鬼神」等十五字；《對俗》第三，「不必皆法龜鶴也」句下脱「上士用思遐邈」等一百三十五字；《金丹》第四，「俱不信不求」句下脱「之而皆以目前」等一百七十一字；「此丹如棗核」句下脱「許持之百鬼」等十五字；「爆之鼎熱」句下脱「朱兒一斤」等十七字；「樂子長丹法以曾青鉛」句下脱「丹合汞及丹砂」十九字；「但齋戒百日」句下脱「若欲昇天」等十六字；《至理》第五，「治饑止渴」句下脱「百痾不萌」等十八字；「非可致寸晷」句下脱「於造次也」等二十三字；「寸晷」二字衍。「華佗能刳腹」句下脱「滌胃文摯衍期」等十八字；《微旨》第六，「施與貧困以解之」句下脱「若以罪加人」等一百九十五字，《塞難》第七，「其來尚矣」句下脱「豈獨今哉」等八十一字；《勤求》第十七，「嬰兒之投井」句下脱「耳若覽之」等十八字；《祛惑》第二十，「初誕還」句下脱「崑崙來諸」等十字。其餘異字尚多，難以僂述。

考明代别有盧舜治刻本，其脱誤與此本同，疑當時所據藏本適多奪頁錯簡，故沿訛踵謬至於此極耳。惟嘉靖時魯藩承訓書院刻本獨爲完善，惜其流傳絶少，人罕得見，故盧、慎兩家刻書時皆未能據以糾正。迨嘉慶丁丑長白繼昌合各本重加刊定，又得孫星衍、方維甸、顧廣圻、嚴可均諸人相助勘覈，舉千百年來榛莽垢薉一舉而廓清之，於是内外七十篇乃釐然可誦焉。此帙鈔自《道藏》，自較盧、慎諸刻爲可信，第文字淆誤亦殊不尠。如《對俗》一篇，其中錯簡四處，得繼氏釐正之後，乃文從字順，秩然有序。余意其誤亦自《道藏》啓之，學者尊爲古本，遂循習而未之察耳。癸酉二月下澣，藏園記。

明鈔雲笈七籤跋※

《雲笈七籤》一百二十二卷，明寫本，墨格，棉紙，精楷，半葉十行，行二十四字，版格加上闌，中縫亦闊。每卷標題下注「學一」、「學二」等字，爲學、優、登、仕、攝、職、從、政、存、以、甘、棠十二字，蓋從《道藏》本鈔出也。每册鈐「會稽鈕氏世學樓圖籍」朱文方印。案：鈕氏石溪爲越中藏書家，黄梨洲撰「天一閣藏書記」曾首舉之。天禄琳瑯宋版《漢書》有鈕氏印，正與此同，余别藏明寫本《抱朴子外篇》，其紙幅行格視此毫釐不爽，亦鈐有此印，是鈕氏鈔書咸準兹式矣。

按：此書收入《道藏》，今所傳者有《正統道藏》本，又有萬曆清真館本，余未得對校，不知其異同若何。昔年於坊肆買得金刻《道藏》一葉，正是此書，審其字號與明《正統藏》不同，殘葉爲《七部名數要記》，明《藏》爲「以字一號」，宋《藏》則「志字七號」，知宋《藏》與明《藏》編次有異矣。此本鈔楷極工雅，似嘉靖以前風氣。余偶檢目録，見其中傳記等多將全書收入，因取《十洲記》、《續仙傳》二書讐勘一過。《十洲記》校《古今逸史》本，改訂二百餘字，糾正錯簡三事。《續仙傳》糾汲古本之舛失，尤多不可計。其《殷文祥傳》内「構」字下注「御名」，可知此書決從南渡初刊本鈔出者，視後來展轉傳刻，沿訛襲繆，殆不可同年而語矣。以此二書推之，則其他之源於舊本，足以供人考索者，寧可勝計哉！抽奇抉勝，是在好學深思心知其意者也。壬申清明前三日，藏園記。

明鈔本席上輔談跋

《席上輔談》上下卷，題「林屋山人俞琰玉吾著」，明人寫本，半葉十行，行十七字。後有商丘老人宋無志跋，又野航子朱存理性甫識一則，弘治十八年吴郡竹野山人沈文誌五行，在下卷本書後。金耿菴朱筆跋二行，黄蕘圃前後手跋三則。封面書名下題「元人俞玉吾著，明代朱野航傳」十字。蕘圃又加封面，題「《席上輔談》，元人俞玉吾著，舊鈔本，金俊明藏本，癸未秋收」各字。此書鈔手不工，然紙墨極舊，宋無忘號後有「常熟周異繕寫」一行，據金孝章記，爲丁未歲陸淇青所贈，謂爲不識字家人所鈔。按：丁未當爲萬曆三十五年，迄今三百二十餘年矣。

取《寶顔堂祕笈》本對校一過，改定凡八十一字。姑舉上卷言之，如：第十條「及葉空中」，不脱「空」字；十三條「征例切」，不作「征列」；十四條「[illegible]人熟皮」，「熟」不誤「熱」；十四條「乙魚體」，不脱「乙」字；「狀如篆乙」，「篆」上不衍「冢」字；十五條「蛙形象出」，「出」不誤「蚚」；二十八條「仍冒以紗」，「冒」不誤「易」；二十九條「易拓爲柘」，「柘」不誤「拓」；三十條「今訛爲胡撲四」，「撲」不作「撥」；三十四條「筦簟之席安」，不脱「席」字；三十八條「吴越人指積薪曰柴積」，不脱「越」字；四十條「日烏月兔」，不脱「日」字；五十二條「豈可以夔爲異物哉」，「異」不作「鬼」，下無「者」字；五十五條「皆致敬也」，下增「何其謬哉」一句；五十九條「蚩乃海獸」，「獸」不誤「器」；皆較刻本爲長，其他異字不悉繁稱。然奪漏亦所不免，上卷五十條奪「高帝高后配」以下十五字，下卷四十條奪「乃撫膺而恨」以下二十二字，則鈔胥之失，不足詫也。

是書於物理、生理推闡至精。近見浙江館刊載張君崟著論，推其見解超卓，而深以

《四庫提要》訾其穿鑿膚淺爲非，持論允當，良契鄙懷。然余尤喜其下卷稱引道家諸書，多至數十種，詳述其序跋、人名、板刻年時、地域，爲他書所未及，異時當別册録存，以爲談板本目録學之一助也。

玉吾邃於《易》理，又深通道家言，張君所舉著述二十餘種，亦以講《易》、談道者爲多。其藏書流傳於世者，宋刊《周易正義》十四卷最爲罕祕，故題所居曰「讀易樓」。前歲自舊京故家流出，余重其爲海内孤本，以萬餘金收得之，今已影印行世。余別有跋文，兹不贅述。卷中鈐有「俞琰玉吾」、「石澗」、「林屋山人」、「讀易樓藏書記」、「俞氏家藏」、「易學傳家」、「石澗書隱」、「林屋洞天」諸印。又見北平館藏宋刊《周易玩詞》，亦玉吾所藏，所鈐印記强半與《易疏》相同。其自詡爲《易》學傳家，洵不虚也。余因張君附記述及俞氏藏書存世者，故附列於後，以效塵露之微焉。

原書有朱存理二跋、黄蕘圃三跋，録於後幅。歸余齋後，又有李椒微師及邵伯褧兩記，亦附載之，庶傳授源流可以考見，且俾並世學人，知傳世之本莫先於此帙矣。丙子二月朔，藏園老人映雪書。

石澗先生注《易》外，别有《席上腐談》、《書齋夜話》，具諸《易説》既自有刻，此編特手筆，存於家。黄巖林公守郡時，持之而去，其家别無副本，至今吴中失其傳矣。

庚戌秋，與海寧董子壬會於吴門，偶談家有是書，又恐其名之偶同，故致詰其所自，云是黄巖人傳録耳，遂爲之信。既與子壬别，欲走一价詣子壬，而相去三百里之遠，奈何！今年五月，冒暑訪子壬，值潢潦之際，孤航渺然，水大相接，又復滯雨窮途，坐篷窗之下，兀然無聊者累日。雨霽，得抵子壬所，首以《腐談》爲懇，而子壬之藏已失去。遂同過視秋官處，轉爲假之歸，幸此書又復來吴中，斯文不絶，僅如一綫耳。備書所自，示吾同志，念余歷涉之艱，好書不易得耳。六月一日，艤舟金粟寺，午炊後書。野航子朱存理性父識。

舊見俞氏家集，云《腐談》四卷，今止二卷。卷後有木无志跋，蓋全書也。今本曰《輔談》者，恐後易此字，非以音相近而致訛也。尚有《書齋夜話》，俟博訪云。葑溪野航子又題。

道光癸未秋七月，余病暑初愈，復理冷淡生活，故古書亦復喜寓目。中澣一日，余不在家，有持書三種相示者，未之留，兒輩述其名，中有《席上輔談》，係金俊明跋本。此書檢所見古書録尚無有，越日往觀，始悟即試飲堂顧氏書也，是昔年見過者。賈人亦含餬荅應，總以名人手跡存，需直昂。較余向爲顧氏估直，數且十倍之，思還之而意猶眷戀。賈人亦曉余重視此書，又憐余無錢買書之病，許以余重出書相易，卒留案頭。繙閲一過，中多論煉金丹事，蓋玉吾曾究心於《參同契》，有著述，故於丹事頗詳。又男女陰陽先後感應之説，取三谷子《金丹百問》及雲間儲華谷《祛疑説》，不取《褚氏遺書》説，似爲有據，可爲求嗣者法。又查先生一條是姑蘇人，可入府志雜記門，並曉近時查先生巷名所自來。因略舉有裨於多學而識者表出之，俾知此書所由重也。七月既望，秋清逸叟識，時年六十有一歲。本書六十一番，跋三番。

此書本名《席上腐談》，故宋無欲作一書曰《枕邊孚語》，與之作對。因憶我輩以文字爲樂，往往於筆墨間作戲語。予向名藏書所曰「百宋一廛」，其時海昌吴槎客聞之，即自題其居曰「千元十駕」。蓋吴亦藏書者，謂千部之元板，遂及百部之宋版，如駑馬十駕耳。繼後嘉定錢潛研老人著説部，名曰《十駕齋養新録》，即此十駕之義。八月二十有五日，命工重裝訖，晨起書此。此書近三松老人命侍史手録其副，故稍疲熟，屬爲題後，以目病艱於書，未加墨云。蕘夫并記。

越日，書賈來議直，估五餅金，以家刻書易之。又記。

沅叔新得此本，持校寶顏堂所刻，互有勝處。戊辰長至，李盛鐸。

戊辰一歲中，藏園主人所得書以宋鈔《洪範政鑑》爲稱首，次則正德鈔本《席上輔談》、姚舜咨手鈔《續玄怪録》、百川書屋鈔本《澄懷録》、影宋鈔本《黄勉齋集》、舊鈔本

《鼂巢集》、《吴都文粹續集》、《曲水集》。其校本則趙元度校《樂章集》、黄蕘圃校《南遷録》，均精審。刻本有永樂間所刊《密菴藁》及《麟溪集》，亦罕覯。凡十二種，都一百六十卷。主人校書，是歲得四百三十五卷。十二月歲除前二日，舉行祭書之典，沿往例也。與祭者，會稽沈祖憲、江陰夏孫桐、長白寶熙、汾陽王式通、贛縣陳任中、江夏傅嶽棻、楊熊祥，約而未至者，長白彦悳、侯官邵繼全、蕭山朱文鈞、吴江沈兆奎、豐潤張允亮，題記者仁和邵章伯褧，時年五十七。

本書前後鈐有「停雲」、「鳳巢藏書」、「俊明」、「孝章」、「典丕烈印」、「秋清逸史」諸印。沅叔附記。

漢天師世家跋

此書見《續道藏·正一部》，著録爲四卷，此爲明萬曆甲午刊本，半葉九行，行十八字，不分卷，爲五十代孫國祥所輯刻。卷首題「賜進士通議大夫工部左侍郎安仁張鉞校」，前有洪武九年宋濂序，洪武二十三年庚午蘇伯衡序，次萬曆丁酉巡按御史豫章喻文偉序，次王德新序，次萬曆癸巳周天球序。後有嗣孫四十三代天師宇初跋，又萬曆二十二年甲午五十代孫國祥跋。

按：此書傳本絕稀，惟錢氏《讀書敏求記》載之，其書後歸虞山瞿氏，蓋舊鈔本也。然黄蕘圃《藏書題識》言，於華陽橋顧氏見一刻本，卷末有「虞山錢遵王莪匪樓藏書」一行，是錢氏於是本外别有刻本也。此帙爲鮑以文舊藏，有知不足齋印記，往歲得於杭城，云是塘棲勞氏之物。嗣閲勞巽卿評注《敏求記》，於此書下注云：「予有萬曆甲午國祥重刊本」，知此帙即巽卿所藏者矣。以罕覯之書，而迭經名家藏弆，寧不足貴耶！惟錢氏藏本從明初刻本録出，故其世系至四十一代正言爲止，正訖於元末。此帙重刊於萬曆中葉，紀述至四十九代，所增世系自洪武元年戊申正常受封，至嘉靖乙丑承緒逝世而止，蓋又經八代，歷二百年矣。

考本書世次，始張道陵，歷代相傳，述其事迹，列其封號，或特紀其靈異之徵，凡五十代繼承不絕，世澤可謂長矣。夫以匹夫崛起，創立教宗，使羣倫信奉，子孫傳演，由漢以至於今，歷二千年，統緒緜長，幾與孔門争烈，登之世家，亦非云僭。顧世人以三教并稱，尼父爲萬世宗師，百王崇敬，固非可以同論，即釋教之精深博大，深入人心，亦豈彼教所敢望？其教即非盛行，其人又鮮傑出，故人之視之者亦等諸天官術士之列而已。余因兹書所述，撮其大要，列爲世表，舉其肇始之原，與夫昌大之故，俾談宗教者有所考焉。

夫本書既奉天師爲宗，故以道陵居首，宋潛溪序乃據氏族羣書補其上世，自張仲始，又十餘代，兹併增入之，庶窮源竟委，本末觕爲賅備。余嘗遍觀前後，而知其教之行於世，歷長久而不衰者，蓋非無故也。自道陵造作道書，以號召徒衆，其孫魯繼之，雄據巴蜀垂三十年。觀編中所紀道陵得黄帝鼎書、受玄君經籙及誅蛇、伏虎、青城山破鬼城諸事，所侈爲靈奇者，固妖妄不足信。然開井煮鹽，蜀人食其利至今。且其爲教，不外於旌善懲惡，相勸相濡，而飾以鬼神報應之説，誘以丹籙昇舉之靈，聳動民庶，以堅其信念，所謂神道設教，叔季人心迷昧，得此亦足補刑政之窮也。魯據地自王，以鬼道教民，然其旨主誠信不欺，作義舍以止行人，治道路以除罪過，禁酒禁殺，皆因其俗而施政，爲民夷所便樂。其後卒能封完府庫，歸命魏祖，五子封侯，保土安民，其晚節亦足多矣。歷晉、宋以迄隋、唐，仍世世相承，潛修道妙，不與世接。惟十二代孫恒爲唐高宗召見，十五代孫高爲唐玄宗召見，二十代孫諶爲唐武宗召見，咸以人主好道，或訪問玄修，或修建壇籙，未嘗别示尊崇。至二十一代孫秉一，當南唐時，始有龍虎山建祠宇、賜水田之命。顧考其年齒，自五代孫昭成訖於秉一，咸享大年，高者過百齡，次亦八九十歲，是其養生脩道固有世傳之祕矣。

宋自真宗以來，崇尚玄宗，各代襲教之後，多召赴闕庭，寵錫道號。如二十四代正隨賜號「真静先生」，二十五代乾曜賜號「澄素先生」，二十六代嗣宗賜號「虛白先生」，二十八代敦復賜號「葆光先生」。至徽宗季年，崇道滅僧，徐神翁、林靈素之徒日進，天師後嗣尤蒙寵遇。三十代繼先以鹽池靖妖之功，賜號「虚靖先生」，頻得覲見，禮數優隆。然觀其於修丹之問，則對以「此野人事，非人主所宜」，於天祥殿問道，則進言「元祐諸臣皆負天下重望，乞聖度寬容，弘建皇極，無偏無黨」，其人類非妖妄者，于徐、林固有間也。高、孝兩朝，時修朝覲，至三十五代孫可大當理宗時，奉勅提舉三山符籙兼御前諸宫觀教門公事，始隱然爲道流之領袖。元世祖平宋，以前時通詢可大，預告靈徵，至是遣使召三十六代宗演至，待以客禮，賜真人號，頒二品銀印，命主江南道教事，給以度牒，凡各路道録司及州道正司、縣威儀司皆屬之。蓋歷事十五姓，越千餘年，國家始授以主領道教之權，崇其禄秩，躋於九卿，駸駸與曲阜分庭抗禮，寧不謂殊榮也哉！

自是而後，垂爲定制。三十七代與棣嗣教，其妻始荷「仙姑」之封。三十八代與材嗣教，復錫「正一教主」之號，晉階一品，加金紫光禄大夫，封留國公，母亦荷「元君」之封。三十九代嗣成嗣教，加知集賢院事。至四十二代正常時，值明太祖御極，封號、誥命、禄秩一如元代，惟增設贊道掌書等官。其子四十三代宇初嗣教，即世所稱「峴泉先生」也。宇初學問淹雅，玄學之外，博通諸子百家之籍，著有《峴泉文集》二十卷，《道藏》本十卷，《四庫》本四卷。文字淵懿，集中如《太極釋》、《先天圖論》、《河圖原》、《辨荀子》、《辨陰符經》諸篇，咸粹然儒者之言，不參彼教荒怪之説，故當時遼藩爲之梓行，其後列入《道藏》，藏之祕閣，咸推爲文苑之俊材，不僅玄門之賢胄也。成化時四十六代元吉嗣教，給以金印，并御書「大真人府」四字以榜其第。至四十七代玄慶聘成國公朱儀女爲室，四十八代彦頨聘安遠侯柳文安女爲室，四十九代永緒聘定國公徐延德女爲室，累世皆聯姻勳戚，又值世宗好玄慕道，錫宴恩禮，越於常倫，簪組衣冠，儕於鼎族，與其祖庭玄修養道之旨，相去遠矣。

要而論之，道教以歷世久長，人民信仰，故王者治世，亦因而存之，崇其秩位，授以教權，藉收輔世翼民之用，非必有靈文祕牒，異術神功，可以度仙關而叩帝闕也。世之論者，乃侈言其神劍、玉印之奇，經籙、符章之祕，謂足以攝妖魅而召神靈，此方士誑惑之談，非吾儒所敢知。然今世子孫固競競然日以傳劍印、草符籙爲事，求其深明玄理，養生悟道，固未之聞。此末流庸妄之弊，又豈獨道家爲然哉！斯亦足慨歎也已。己卯十二月朔，藏園識。

又案：「正一真人」之封，沿及清代，尚存舊制，仍崇以二品之階。乾隆十二年，以副都御史梅瑴成奏請裁抑，經部議，奏言「正一真人」至宋始有封號，元加封「天師」，秩視一品，明初改「正一嗣教真人」，秩視二品。本朝仍明之舊，而《會典》不載品級。蓋以類於巫史方外，不得與諸臣同列。即康熙、雍正間曾荷褒封，亦用以祈求雨澤，非如前代崇尚其教而必階以極品也。旋照太醫院使例，授爲正五品，嗣後襲補，照道官例注册。至三十一年，入京來朝，奉旨加恩升三品秩。諭旨言：「念其承襲已久，世守道教，舊例一品未免太優，遽降五品又過貶損，且其法官婁近垣現係四品，亦覺未協也。然朝覲筵宴大典，未便以道流廁身其間，一概停止，以肅體制。」蓋國家不過令其奉祀宫觀，非文武勳階可比。若明代之列班卿貳，錫宴宫廷，紊朝章而羞士類，未免貽譏於後世矣，藏園再識。

附 張天師世表

軒轅子青陽氏第五子揮爲弓矢正，始造弓矢，張羅以取禽獸，賜姓張氏。周宣王時有卿士張仲，其後嗣有晉大夫張侯，張侯生老，老生君巫，君巫生趯，趯生骼，其孫有抑朔。至三卿分晉，張氏事韓，開地相韓昭侯。開地生平，平生良。自昭侯以下，歷相宣惠王、襄王、釐王、悼惠王，良所謂五世相韓也。

張良、不疑、嗣留侯。高、通、無妄、里仁、皓、綱、大順。桐柏真人。

按：張氏得姓以來以至張良，皆據宋濂所述撮記於首。其道陵以前九世亦并附焉。

名世	字及年齡	行歷賜號	贈典
一代　張道陵	字輔漢，豐邑人，建武十年生，年一百二十歲。天師之名始見於《魏書·釋老志》。寇謙之言，遇大神，謂之曰，自天師張陵去世以來云云。至其名《後漢書》、《三國志》、《真誥》皆作張陵，至《通鑑》乃作張道陵。	中直言極諫科，拜巴郡江州令。和帝徵爲太傅、冀縣侯，不就。	唐天寶七年册贈太師，中和四年封三天扶教大法師。宋大觀二年册封正一靖應真君。紹定間加封三天扶教輔元大法師。元元貞間加封正一沖玄神化靜應顯佑真君。
二代　衡	字靈真	徵黄門侍郎，不就。	元至大元年制贈正一嗣師太清衍教妙道真君。
三代　魯	字公祺	漢中南郡太守，梁益二州刺史，封關内侯。	元成宗時制贈正一系師太清昭化廣德真君。

續表

名世	字及年齡	行歷賜號	贈典
四代 盛	字元宗	魏世祖封奉車都尉、散騎侍郎、加都亭侯，不受。	元至正元年贈清微顯教弘德真君。
五代 昭成	字道融，一百一十九歲。		元至正十三年贈清微廣教弘道真君。
六代 椒	字德馨，一百餘歲。		元至正十三年贈清微弘教玄妙真君。
七代 回	字仲昌。		元至正十三年贈玉清輔教弘濟真君。
八代 迥	字彥超，九十歲。		元至正十三年贈玉清應化沖静真君。
九代 符	字德信，九十三歲。		元至正十三年贈玉清贊化崇妙真君。
十代 子祥	字麟伯，一百二十歲。	仕隋爲洛陽尉。	元至正十三年贈上清玄妙太虛真君。

續表

名卅	字及年齡	行歷賜號	贈典
十一代　通幺	字仲達，九十七歲。		元至正十三年贈上清玄應沖和真君。
十二代　恒	字德潤，九十八歲。	唐高宗召見。	元至正十三年贈上清玄德太和真君。
十三代　光	字德紹，一百四歲。		元至正十三年贈太玄至德廣妙真君。
十四代　慈正	字子明，一百餘歲。		元至正十三年贈太玄上德紫虛真君。
十五代　高	字士龍，九十三歲。	唐玄宗召見	元至正十三年贈太玄崇德玄化真君。
十六代　應韶	字治鳳。		元至正十三年贈洞虛演道沖素真君。
十七代　頤	字中孚，八十七歲。	初任貴水尉	元至正十三年贈洞虛闡教孚佑真君。

續表

名世	字及年齡	行歷賜號	贈典
十八代　士元	字仲良，九十二歲。		元至正十三年贈洞虛明道贊運真君。
十九代　脩	字德真，八十五歲。		元至正十三年贈沖玄翊教昭慶真君。
二十代　諶	字子堅，一百餘歲。	唐會昌辛酉武帝召見。咸通中，懿宗命建金籙大醮。	元至正十三年贈沖玄洞真孚德真君。
二十一代　秉一	字温甫，九十二歲。	南唐齊王命龍虎山建祠宇。	元至正十三年贈沖玄紫極昭化真君。
二十二代　善	字元長。		元至正十三年贈清虛崇應孚惠真君。
二十三代　季文	字仲珪，八十七歲。		元至正十三年贈清虛妙道輔國真君。
二十四代　正隨	字寶神，八十七歲。	宋真宗召見，賜號真靜先生。	元至正十三年贈清虛廣教妙濟真君。

續表

名世	字及年齡	行歷賜號	贈典
二十五代　乾曜	字元光，八十五歲。	宋仁宗召對，賜號澄素先生。	元至正十三年贈崇玄普濟湛濟真君。
二十六代　嗣宗	字榮祖八十一歲。	宋仁宗召見，賜號虚白先生。	元至正十三年贈崇真普化妙悟真君。
二十七代　象中	字拱宸。	七歲召赴闕	元至正十三年贈崇真通惠紫玄真君。
二十八代　敦復	字延之，五十三歲。	宋神宗召見，賜號葆光先生	元至正十三年贈太極無爲演道真君。
二十九代　景端	字子仁，五十二歲。	宋徽宗召見，賜號葆真先生。	元至正十三年贈太極清虚慈妙真君。
三十代　繼先	字嘉聞，三十四歲。	宋徽宗召見問道，賜號虚靖先生。	元武宗封虚靖玄通弘悟真君。
三十一代　時修	字朝英，繼先之叔，六十一歲。		元至正十二年贈正一弘化明悟真君。

續表

名世	字及年齡	行歷賜號	贈典
三十二代　守真	字遵一。	紹興時高宗召見。孝宗賜號正應先生。	元制贈崇虛光妙正應真君。
三十三代　景淵	字德瑩。	乾道時入朝。	元至正十三年贈崇真太素沖道真君。
三十四代　慶先	字紹祖。		元至正十三年贈崇虛真妙光化真君。
三十五代　可大	字子賢。	理宗召見，嘉熙三年賜號觀妙先生。提舉三山符籙，兼御前諸宮觀教門公事。元世祖遣使來訊。	元世祖制贈通玄應化觀妙真君。
三十六代　宗演	字世傳。	元世祖平宋，賜詔召見，賜玉芙蓉冠組，金無縫服，封爲輔漢天師，賜號演道靈應沖和真人。給二品銀印，主領江南道教。	贈演道靈應沖和玄静真君。制贈演道靈應沖和真人。成宗又制贈演道靈應沖和玄静真君。
三十七代　與棣	字國華。	至元授體玄弘道廣教真人，管理江南諸路道教事。武宗封其妻爲靖明真素仙姑。	

續表

名世	字及年齡	行歷賜號	贈典
三十八代　與材	字國梁。	至元三十一年賜冠服、玉佩，掌教事。大德六年給銀印，視一品，加金紫光禄大夫，留國公，正一教主，兼主領三山符籙。元貞間制授太素凝神廣道真人。封母周氏爲玄真妙應仙姑，又晉封玄真妙應淵德慈濟元君。	至大元年加贈太素凝神廣道明德大真人。
三十九代　嗣成	字次望。	延祐間制授太玄輔化體仁應道大真人，主領三山符籙，掌江南道教事。泰定二年加翊元崇德正一教主，知集賢院事。封母易氏爲妙明惠應常静夫人。封妻胡氏爲明慧慈順仙姑。明太祖封胡氏爲恭順慈惠淑静玄君。	明太祖追贈太玄弘化明成崇道大真人。

續表

名世	字及年齡	行歷賜號	贈典
四十代　嗣德	字太乙。	制授太乙明教廣玄體道大真人，領三山符籙，掌江南道教。	
四十一代　正言	字東華。	制授明誠凝道弘文廣教大真人。	
四十二代　正常		明太祖召見。制授護國闡祖通誠崇道弘德大真人，去天師號。己酉，給掌天下道教銀印，視正二品。壬子，加賜永掌天下道教之詔。設幕佐贊名教掌書等官。	
四十三代　宇初	字子璿	制授正一嗣教道合無爲闡祖光範大真人。	
四十四代　宇清	字彥璣	制授清虛沖素光祖演道大真人，封妻孫氏爲端靜貞淑妙惠玄君。宣德又加封崇謙守靜洞玄大真人。	

續表

世名	字及年齡	行歷賜號	贈典
四十五代　懋丞	字文開	授崇修至道葆素演法真人。正統己未封繼妻董氏爲温靜柔順元君	
四十六代　元吉	字孟陽	正統授沖虛守素紹祖崇法真人。景泰加封安恬樂靜玄同大真人。天順甲申又加封體玄悟法淵默靜虛闡道弘化妙應大真人。成化加封體玄崇默悟法通真闡道弘化輔德佑聖妙應大真人。	
四十七代　玄慶	字王錫	制授保和養素繼祖守道人真人。	

續表

名世	字及年齡	行歷賜號	贈典
四十八代　彥頵	字士瞻	制授致虛沖靜承先弘化真人。嘉靖丙午加封懷玄抱真養素守默葆光履和致虛沖靜承先弘化大真人。	
四十九代　永緒	字允承	嘉靖己酉制授守玄養素遵範崇道大真人。	

叢書類

天一閣奇書跋※

余收得明四明范氏所刊書二十一種，爲《周易乾鑿度》二卷、《乾坤鑿度》二卷、《元包經傳》

五卷、《元包數總義》二卷、《周易古占法》二卷、《周易略例》一卷、《周易舉正》三卷、《京氏易傳》三卷、《關氏易傳》一卷、《麻衣道者正易心法》一卷、《穆天子傳》六卷、《孔子集語》二卷、《論語筆解》二卷、《郭子翼莊》一卷、《廣成子解》一卷、《三墳》一卷、《商子》五卷、《素履子》三卷、《竹書紀年》二卷、《潛虚》一卷、《潛虚發微論》一卷、《兩同書》一卷、《新語》二卷。每書卷首標題下均有「明或作四明。范欽訂」一行。惟《京氏易傳》、《郭子翼莊》題「明兵部侍郎」、《素履子》題「通議大夫兵部侍郎」、《周易舉正》題「皇明兵部右侍郎」等銜。各書均無范欽序跋，僅《新語》前有萬曆辛卯光禄署丞范大沖子受序，則爲其子所續刻也。各書除《元包經傳》、《元包數總義》爲覆刻宋蜀本，半葉八行，行十六字外，咸爲九行十八字，白口，字體方嚴，鐫雕精善，在明刊中爲上駟也。

按《彙刻書目》著録范氏《天一閣奇書》爲二十種，以余藏此帙較之，多《兩同書》二卷而無《虎鈐經》二十卷。各書均無序跋、年月，未審《奇書》之名何由而得。其《虎鈐經》二十卷，匪特余本無之，三十年來南北訪求，前後所見范氏《奇書》凡三帙，亦皆無《虎鈐經》一種。又，坊肆所見明刊《虎鈐經》凡二、三刻，余篋中亦藏一帙，均無署范欽校訂或行款與之合者，意安卿校刊原帙或無此書，顧氏所見之帙偶附裝《虎鈐經》於末，因以致誤歟？

又，以余訪書所見，范氏所刊各書，除上述二十種外，尚有《新序》十卷、《説苑》二十卷、《稽古録》二十卷、《古今諺》一卷。若合父子二世所刊計之，其數當不祗此也。戊辰菊月，藏園主人識。

明刻稗乘跋※

此書不知何人所編，校刻者爲孫幼安，卷首有大泌山人李維楨序，爲書四十有二種，分史略、訓詁、説家、二氏四類。史略之書十有二，其中《晉文春秋》、《漢武事略》皆屬僞撰。《趙氏二美遺踪》題宋秦醇撰，書述飛燕姊妹之事，跋言里中李生牆角破簏藏古鈔書數十册，中有趙氏瑣事，紙墨脱落，乞歸補正編次傳之。其詞要未可信，此與《雜事祕辛》皆明人所造也。其餘則自《明皇十七事》、《元氏掖庭記》外，皆紀明初史事之書，足資參證。訓詁之書五，其《積善録》、《兩鈔摘腴》、《希通録》三書皆爲稀見。宋元遺著，藉此流傳，其功亦足多也。其《積善録》及《續録》失撰人姓名，余得明鈔《説郛》中有是書，取而對勘，訂訛補脱至百許字，并補作者黄光大及《續録》馮夢周二人。《兩鈔摘腴》亦據叢書堂鈔《説郛》校正。此本題史浩輯，鈔本則題周密。蓋「兩鈔」者，《浩然齋意鈔》及《浩然齋視聽鈔》，皆密撰也。《兩鈔》訂正詞句尤多不勝舉。説家之書十有七，元人之《解酲語》特爲罕覯，明人之《萬松閣記客言》、《鳳皇臺記事》亦資考據，餘則習見之書爲多。二氏之書七，《宗禪辨》爲張商英所著，《三十國記》則《西域記》之改名，而東坡之《廣成子注》、蒲處厚之《保生要録》亦附於後，蓋聊以備一家之言耳。

明代士夫恒喜刻書籍，成爲風尚，惟務在獵名，非以傳古，所取者多隱僻之書、瑣屑之記，故雖裒然成帙，而不爲世重，以其今古雜糅、校刻疏畧，於學術初無裨助也。此編揀擇雖不甚精，然其中頗有罕祕之帙，較之《明世學山》、《歷代小史》、《廣快書》、《説薈》之屬差爲有用，且流傳極鮮，故述其梗槩，録而存之，以爲匡居瀏覽之助云爾。辛巳十月廿三日，雪窗呵凍識。

汪氏叢書七種跋※

曩歲在南中收得叢刻八帙，爲書七種，曰《曲洧舊聞》十卷，曰《五經算術》二卷，曰《唐闕史》二卷，曰《蠻書》十卷，曰《雲谷雜記》四卷，曰《敬齋古今黈》八卷，曰《金石史》二卷，版式寬展，一行二十一字，鐫雕俊整，紙墨明湛，視《抱經堂叢書》更爲精嚴。各書不著序跋，封面僅題大字書名，而未署年月及地名人名。内《五經算術》、《蠻書》、《雲谷雜記》、《敬齋古今黈》皆載《四庫總目提要》，或加「武英殿聚珍版原本」一行，是此四種從聚珍本覆雕者。餘則《闕史》冠以「御題」二字，《曲洧舊聞》冠以「御覽」二字。又此二書及《金石史》皆見《知不足齋叢書》，似此三種從鮑氏本覆刻者，然究不審刻自何人。曾舉以訊之繆藝風前輩，云似屬錢唐汪氏所刊。余又藏有《書苑菁華》，正爲汪日荄刻本，其版心字體與此絶相肖，但行數略疏，則藝風所言宜若可信也。

余意其時《聚珍版叢書》方就浙中縮刻巾箱本五十種，督其役者適爲鮑以文，其説見於法梧門《陶廬雜録》，而鮑氏又自刻三十集叢書初成。汪氏近在會垣，因取其稀覯之籍及精校之本萃爲此編，改刻大版，以垂久遠。其未加題識者，緣所采皆爲欽定之書，不敢綴名姓於簡末，以示尊崇謹畏之意云爾。又考《曲洧舊聞》一書《四庫》著録本即爲汪汝瑮所進，故汪氏刻書舉以弁首，并標明「御覽」，用志榮幸，此又足爲《振綺堂叢刊》之一證焉。《郘亭書目》於《曲洧舊聞》下亦注振綺堂汪氏刻本。壬申重前三日，藏園識。

王石華藝苑叢鈔跋

辛巳初春，漫游廠市，偶過通學齋書坊，主人孫姓言，聞有故家珍藏舊鈔鉅帙，方懸價待沽，問其名則《藝苑叢鈔》，問其人則石首王耤石華也。其書名既爲向所未見，而姓氏又世所罕聞。余閲肆數十年，凡生平未見之書，恒廣搜遠討，務以一得寓目爲快。聞此頗動於中，亟令踪跡其事。未幾，以鈔目及首册來，又久之，始以全書捆載而至。披函展視，古香襲人，楷法精純，楮墨淡雅，望而識爲百年前物。全書爲函者十，爲册者八十有九。前後初無序跋，所録羣書亦未分類編目。乃竭三日之力，爲檢理一過，得其大凡，粗爲釐序，又詳閱其跋文印記，於其人之生平亦略知梗槩。爰標舉類次，臚述條流，將以致之宗人治薌。蓋治鄉方輯楚中文獻，忽覩此書，深爲歎賞，因與鄉人集議，僉謂其人可傳，其書亦未宜失。爰斥九百金購之，藏於楚學精廬。且將旁參志乘，訪尋事蹟，别撰傳記，附諸楚賢之後焉。

按石華原書以十干分帙，首字書，次律吕，次金石考訂，次書畫鑑賞，次法帖考證，次書法畫法，次文房雅玩，次園藝花卉，次宋元人詩詞，次詩話詞話，次筆記雜説，次詩文典料，次唐人駢體文集，其末帙爲《歷代書啓彙鈔》。則石華選輯者，通爲十册，甲至丁册起漢魏，訖唐人，戊册更選唐人李義山、温飛卿、羅昭諫、顧垂家四家，己册選清朝人文二十五家，此外又别選陳其年、陸秬石、章豈績、袁簡齋、彭湘函、孔㢲軒、邵荀慈、劉圃三、吴穀人、曾賓谷、洪稚存十一家之文爲庚、辛、壬、癸四册，以爲殿焉。凡録存之書一百六十三種，都爲二百九十四卷，而《書啓彙鈔》未分卷者尚所不計，噫，可謂富矣。

余通觀全帙，繹其旨趣，所甄采者多學人習用之書，所依據者亦少珍祕罕傳之本，其中祇《灤京雜詠》、《天籟集》二書係據曹楝亭家藏鈔本，《志雅堂雜鈔》假余秋室寫本，此外則所依録者以胡文焕、毛子晉、鮑渌飲、張秋來、李雨村、聚珍版諸叢書本爲多。大抵夙好詩書，留情風雅，而家世寒素，艱於購求。且游宦所至，多屬礄僻之區，交游既寡，聞見復稀，雖復嗜古眈奇，而雅契勝緣，苦難會合。假令處吳越都會，人文淵藪之鄉，以彼篤志探尋，成就當不止此，斯則限於時會，無可如何，良足惜耳。所録羣書，手加題識者得十有三種，餘或略綴數行，以志歲月。

余綜其踪跡考之，始自道光十一年辛卯，假田辛巖上舍鈔本録李日華《畫賸》，其時已服官𡵗縣。至録《南莊遺稿》、《律呂圖説》諸書爲十九年己亥，仍在𡵗邑官署，是居此官者殆逾十載。其後録玉溪生、王水部二集爲二十三年癸卯，識語署在平陽郡齋，則已離任他往，第仍未出晉省耳。自辛卯至癸卯，歷十有三年，手寫之書約三百萬言，字體精雅，始終略無懈筆，其瘦勁者類褚河南，而秀逸之致復仿趙松雪。若《筆法源流》、《游藝祕録》、《書法正宗》諸書悉依原刻雙鈎摹勒，尤爲精謹絶倫，其詣力之媁，嗜好之篤，殆無日不沉酣於典籍，以成此偉絶之鴻功。似此勝士雅流，幾令埋没於風塵末吏之中，天之所以位置斯人者何其薄耶！

余嘗觀自古以來以寫書名世者多矣，遠者不暇稱引，有明以後如錢叔寶、柳大中、姚舜咨諸人，皆雪纂露鈔，老而不倦，傳至今日，求以兼金，視若鴻寶，至與宋槧元刊同其珍祕。清初若金俊明父子，至以鈔書爲業，曾見其手寫元人集至數十家。余藏有所録《傳汝礪集》，楷書樸雅，氣息静穆，可以想見其人。嗣後吴門吴杕庵繕録尤勤，偶得異書，必留副本，生平所傳殆數百卷，余見其所鈔雜史瑣記之屬，積卷盈尺，筆致婉秀，絶可愛玩。顧皆零編散帙，參差錯出，未有累卷數百，楮墨精嚴如石華此編者也。嗟夫！自昔文人學士癖古躭書，其鈔書也，咸以古刊孤籍，録入庫藏；或因遺稿佚編，留待傳播。且其人又多優游里巷，賞析時得同心；來往通都，奇祕易於經眼。閑適者藉丹鉛以遣日，寒素者依筆硯以資生，故能取精而用宏，因之積小以高大。若石華者，蕞爾寒生，飢驅四走，羈身末秩，屏處荒城，而能篤守儒風，精勤奮厲，抗志千秋，鍥而不舍，雖其他著述存佚不可備知，而存此鉅編，已足上追姚、柳，下接金、吴，與先輩名賢齊鑣並轡，焜耀書林。百年而後，經桑海積劫之餘，巍然復出於世，使吾輩得以摩挲鑑賞，爲之考定淵源，評量聲價，發於枯蟫朽蠹之中，登之石室名山之列，其苦心毅力宜可以稍慰矣。

考王氏名耤，字山筠，一字雨田，號石華，故時自稱石華山人，或石華山樵，别號酸香居士，湖北石首縣人。縣有龍蓋山，又自署爲龍蓋山樵。明季有王啓茂者，字天庚，以詩名於時，著有《渚宫集》、《南荘遺稿》，爲石華十一世叔祖。家世儒素，至其父亦雅好文學，所交多當時賢達，如孫淵如、戴松門諸公，石華咸尊爲先友。藏墨至數百挺，故石華亦有墨癖。早歲家中落，游幕東南海濱，客閩中者二十餘年。晚就一官，選授山西崞縣典史。

與邑士田辛巖上舍交，氣誼相投。田氏家有卓觀樓，藏書閎富，時時得以通假。石華故好學，以官貧地僻，不能多致書籍，故雖四部常行之書，見有善本，即傳寫存之。在官十數載，所鈔之書大率取資於卓觀樓中。其後客於平陽，則已解官爲郡守幕客，然猶鈔纂不輟，蓋嗜書之習，老而彌篤焉。自題讀書之室曰海粟齋，每册之首均鈐「海粟齋鈔輯祕笈之印」以識之。工寫山水，筆意超妙，與黄穀原爲畫友，都中鄂人陸君和九藏其遺蹟，謂頗近於陳伯陽，而畫史顧不之載，可知其澹静自守，不鶩聲華者矣。工詩，能文，尤喜駢四儷六之作。故自初唐四傑以逮温、李十餘家，皆手鈔其全集，以資誦習。又自遴選古今書啓之文，都十厚册，附於《叢鈔》之末，觀者可以知其好尚之所在矣。

又案：全書之首初未標名，惟於各函外籤題《藝苑叢鈔》四字。或者疑其纂輯之功尚未斷手，是以總目既不及編定，而於鈔輯之指亦未遑撰述序例以冠諸編端，不然者，寧有竭畢生精力以完此鉅編，而顧無一言申明其端緒以告後來乎！所言要爲近是，附識於此，以竢楚中方聞之士異時得以論定焉。歲在辛巳三月二十一日，蜀南傅增湘識於昆明湖上之清華軒。

藏園羣書題記卷第十一　集部一

楚辭類

影宋本離騷集傳跋※

《離騷集傳》影宋本，半葉九行，每行十八字，注雙行同，白口，左右雙闌，宋諱缺末筆。首行標「離騷」二字，次行低七格題「晉陵錢杲之集傳」，「杲之」二字略小，上下各空一格。末葉本文後空二行，題「離騷卷終」。全書凡二十有一葉，收藏有「永瑢」、「珊瑚閣珍藏印」、「桐華館」，皆朱文印，又「可爲知者道」白文印。

按：《離騷》錢氏《集傳》宋刊本今存海虞瞿氏，原書余曾得見之，其板式行格咊此正同，歷藏汲古閣、士禮居。檢《汲古祕本書目》，有宋板影鈔一部，注云：「此書世間絕無，一兩五錢。」黄蕘圃謂毛氏售書，匿宋本不出。其影寫本後歸小讀書堆，今覽此册橅摹精肖，楮墨明麗，正所謂下真迹一等。惟宋本板心上有字數，下有刊工人名，影本皆略之，爲小異耳。然卷中絶無毛氏印記，其非汲古原書可知。考卷首鈐珊瑚閣印，爲納蘭容若，則此本或爲納蘭氏所橅寫歟？至「永瑢」及「桐華館」爲高宗皇六子印，當爲揆叙敗後家産籍没，其遺書遂流入朱邸也。文友主人魏經腴獲此於西城旗人鄂氏家中，挾以見眎，因爲考其原委而附著之。其書底面用楠木板，與書衣連綴，既便護持，仍不礙翻閲，與近時夾板不同。余見故宫舊籍多有此裝，則此書必當時籍入禁中，後乃隨皇子分府以俱出也。薑菴漫志。

漢魏六朝別集類

明嘉靖刊本阮嗣宗集跋※

此集爲明嘉靖二十二年癸卯范欽刻本，半葉九行，行二十字，白口，單闌，分上、下卷。上卷賦六篇，論三篇，奏記傳一篇，牋一篇。下卷《詠懷詩》八十一首，又四言二首。題「魏步兵校尉阮籍撰，鄞范欽、吉陳德文校刊。」前有陳德文序，言大梁舊刻籍詩南來少傳，郡伯鄞范子取而刻之宜春，是此書乃江西刻本。《天一閣書目》載此書二卷，下注云「閣中刻本」，即是書也。所舉大梁舊刻，殆指朱子儋存餘堂一卷本而言，第有詩無文。其詩文合梓者，當以此爲最古矣。嗣至萬曆，程榮刻本即由此出。其後有天啓三年尉氏令及朴本，分爲四卷，閩漳張燮本，分爲二卷，皆以意重編，非舊第也。

第有可疑者，此本下卷末有《詠懷》四言五首，下留墨版二行，程本則增爲三首，以程本校之，前首合程本第二、三首，祇四韻，後首采程本第一首，首尾祇六韻。意范氏刻時尾葉殘蝕，文字亦不全，故留墨版以待，至程氏覆刻，乃補完篇耳。

此本極爲罕覯，有舊人評語點識，咸具深旨。收藏有「吳嵩衡印」、「陳氏西畇草堂藏書印」、「西畇草堂」、「平江陳氏西畇藏書」各印，知前人固已珍祕視之矣。魏晉人集難得古本，適涵芬樓徵書印入《叢刊》，因寄以付之，俾廣傳播，而識其原委如此。丁丑三月二十三日，藏園記。

明天啓刊本阮嗣宗集跋※

步兵集以天一閣范氏刻本爲最古，余昔年於南中曾收得之，已爲文以跋其後矣。次爲程榮本，即從范氏本出，此外有張燮《七十二家集》本，張溥《百三家集》本，崇禎辛丑新都潘氏本，分卷各不同，余皆有之。今春游白下，於坊肆忽見此本，乃嗣宗鄉里尉氏所刻，因亟載入行篋，爲阮集增一異本焉。

此本半葉十行，行二十字，白口，四周雙闌。前有天啓四年邑子靳於中序，尉氏令交河及朴序，次録《晉書》本傳，次稽叔良《魏步兵校尉東平人守碑》，次李京《重建阮嗣宗廟碑》，次總目。本書分爲四卷，一賦、二詩、三論、四傳、牋、奏、記、書。詩文篇數與范刻相符，惟字句時有不同，或注其異文於本句下，蓋及氏授梓時經其裔孫阮漢聞較訂也。

案嗣宗尉氏人，其墓在邑東南隅五十里。及氏序言邑故有三賢，尉繚子、蔡伯喈及嗣宗也。鄉人欲梓三賢集以備文獻，嗣雍丘争伯喈以去，故先取阮集詩、賦、雜文，購求諸本，參定付梓云。今《尉繚子》亦同時收得，合裝一函，當别爲文以記之。收藏有「頤志齋藏書記」、「盱眙王氏十四間書樓藏書印」、「漢鹿齋金石書畫印」。丁丑三月，沅叔手識。

宋本謝宣城集跋※

《謝宣城詩集》宋刊殘本，存卷一、卷二，半葉十行，每行十八字，白口，左右雙闌，版心上記字數，下記刊工姓名，上魚尾下記「謝集一」、「謝集二」。前有目録，缺第二葉。第二行低三格題「齊尚書吏部郎陳郡謝朓玄暉」。「謝」下空一格。卷一賦九首、雩祭歌八首，四言詩二十八首，卷二鼓吹曲四十三首，卷三詩四十三首，卷四詩四十六首，卷五詩四十首、聯句七首。本書第一行題「謝宣城詩集卷第一」，次行低三格題「賦」一字，三行低四格題「酬德賦」。宋諱玄、弘、匡、貞、搆、敦、廓、巘皆缺末筆。刊工有侯琦、潘德璋、潘暉諸人名。收藏有「陳彦良印」白文印。字體方整而氣息渾厚，與浙杭本迥别，知爲宣州郡齋所刊。此雖佚去下册，後跋不可得見，然以宋諱至廓字證之，則爲嘉定十三年洪伋翻雕樓炤本無疑也。伋跋言：樓公鐫本距今六十四年，字畫漫毁，幾不可讀，用再刻於郡齋云。

按：《宣城集》據《書録解題》云：「集本十卷，樓炤知宣州，祇以上五卷賦與詩刊之。下五卷皆當時應用之文，衰世之事，可采者已見本傳及《文選》，餘視詩劣焉，無傳可也。」遂置之。其言皆本炤序，然自是玄暉之集祇以五卷傳矣。《天禄琳琅》載有宋刊本，即嘉定洪伋所刊，余領故宫圖書館時，檢昭仁殿册籍，已無此書，蓋不知流落何許。生平所知見者，有汲古閣影宋本、明人依宋鈔本、何義門校宋本、正德劉紹本、嘉靖黎晨本、薛應旂本、萬曆史元熙本、汪士賢本、天啓張燮本、康熙郭威釗本。大抵承宋本而下，皆爲五卷，至張燮增補爲六卷，而郭威釗繼之，自詡有搜采遺佚之功，而不知已蹈擅改古本之失。嘉慶初元，吴騫拜經樓依宋本重刊，舉世咸推爲精善。第余今日取宋本參證之，則可議者亦正多。兹將各本臚舉於後，略考其源流得失之故，可一展卷而瞭如指掌。後有研誦小謝之詩者，庶得所取資乎。

内府宋刊本

《天禄琳瑯》卷三載之，舊爲季滄葦所藏，見於《延令書目》。有樓炤序，序後有洪伋跋。未詳著行款若何，第以汲古閣影本推之，知其決爲十行十八字，與此殘册正同。

汲古閣影宋本

今藏德化李椒微師家，癸丑正月，曾得假閲，就校於拜經樓本。十行十八字，目録序跋皆完具，格式與宋刊無異。然余以宋本對勘，則訛舛時復錯出。就卷首言之，如：《酬德賦》中「曾陰默以悽惻」，誤作「棲惻」；「實興齊之二六」，誤作「與齊」；「齊天地於倏忽」，誤作「條忽」。《高松賦》中「既芊眠於廣隰」，誤作「竿眠」。《三日侍曲水》詩「實符時」誤作「寶符」。此咸顯然可見者，或原本漶漫不可辨析，而鈔胥又未經詳審，致有此失也。

明影宋本

今藏上海涵芬樓，舊爲毛子晉、季滄葦、徐健菴遞藏，曾影印入《四部叢刊》行世。取宋本一核，其次第皆循舊式，而行款已改爲十行二十字。目録次行删去玄暉結銜一行，而《雩祭歌》前加「樂府」標題一行。《雩祭歌》上又妄加「齊」字。至篇中文字差失殊多，如《酬德賦》「眷予以國士」，誤作「國子」；「相羣方之動植」，「方」誤作「芳」；「援雅範以自綏」，「綏」誤作「緩」；「君紆組於名邦」，「紆」誤作「紓」；「奉京枌而作傅」，「枌」誤作「粉」；「意搔之以杼柚」，「柚」誤作「袖」；「齊懽賞之多違」，「齊」誤作「各」。考毛、季兩家皆藏有宋本，而此影鈔乃率略如是，不可解也。至《永明樂》第四、七、八首咸有空格，意原本剥蝕，不敢臆補，以存其真耳。

何義門校宋本

此爲乾隆丙辰馬半查録義門手校宋本，爲盛意園舊藏。余於廠肆得觀，臨於吳本上。其所舉宋本作某者，與今宋本多不相應。如卷二《渌水曲》「桂棹及晚風」，何校本作「晚春」，今宋本乃作「春風」也。《永明樂》第九首「生蔑芊羅性」，何校宋作「千羅」，今宋本仍是「芊」字，豈所見非一刻，或後來補版耶？

武功本

正德辛未劉紹刊於武功縣，康海爲之序。原本世不多見，余生平亦未之覯。據黎晨跋，言用武功本新之，則其行款當與黎本同。

甯國本

嘉靖丁酉任丘黎晨刊，十一行，行二十二字。卷一首有「直隸甯國府知府黎晨校刊」一行，後有晨跋，言取武功本新之，而宣庠所呈抄木校焉。次第大段與宋本不異，惟目録前玄暉結銜亦删落不存，每題下「一首」等字皆刊去，《雩祭歌》如《迎神曲》、《送神曲》、五帝等歌，宋本標於歌曲後，今改在前。其最爲紕繆者，如卷二《同諸公賦鼓吹曲》名，删去「先成爲次」四字及「同前再賦」四字，於是次第紊雜，而王融《巫山高》一首誤屬之范雲矣。卷五之《同詠樂器》三首、《同詠坐上器玩》二首、《同詠坐上所見物》亦改易次序，删去人名，於是王融、沈約、虞炎、柳惲諸人之詩皆誤爲玄暉之作，後之閲者益難以釐正矣。溯其原始，皆由武功本作之俑，黎氏因襲而莫能糾之。至篇中文字繆失，亦多自黎而始，如《酬德賦》首句云：「悲夫四游之代序，六龍騖而不息」，黎本「悲夫」作「嗟夫」，「游」上衍一「時」字，「騖」誤作「鶩」。嗣是諸本皆從之，而沿訛踵繆，不可爬梳，不知所云依鈔本校正者果何爲耶？

《六朝詩集》本

嘉靖癸卯薛應旂刊《六朝詩集》二十二家，《宣城集》仍爲五卷，前無序目，十行十八字，與宋本合，次第亦相同。然卷二之《同諸公賦鼓吹曲》、卷五之詠樂器、玩物即取黎刻爲藍本耳。

宣城本

萬曆己卯史元熙刻，梅鼎祚校，八行十八字，版心有「覽翠亭」三字。據史序云：黎君版置郡齋，就武功本也，後四十餘年，久漶漫不可讀，乃斥奉刻之。里中梅禹金有事校讐，得樓序并佚者數篇，則復首載史乘焉。今考集前有《南齊書》、《南史》列傳，《郡志》列傳，樓炤序，皆梅氏所增輯也。余所藏爲殘本，僅存前二卷，然其篇第已大有更易。卷一衹載賦九首，其《雩祭歌》、《侍宴四言詩》皆析出，歸入卷二，雜置之隋王《鼓吹》中。輕改舊次，殊爲繆妄。蓋數百年相傳之次序，其離析紊雜，實由兹始。所謂傳播之功不敵其擅改之過也。

《漢魏二十一家集》本

萬曆汪士賢刊，九行二十字，次第大率與黎本同，其卷二、卷五詩題人名差誤亦同，當從黎刻出，第卷五末又增逸詩及文三首耳。然考其所補逸詩四首，如范雲之《離夜》詩已見卷四，王融之《琵琶》、沈約之《篪》二詩已見卷五，前後衹距數番，乃森然複出，竟熟視而無覩，抑又何説耶！

《七十二家集》本

天啓末張燮刊於閩漳，九行十八字，增訂爲六卷。凡賦一卷，詩四卷，文一卷。此本不獨增文十九首，更將詩之前後次第悉予變更，無知妄作，莫甚於此。

清宣城本

康熙丁亥郭威釗刊於宣城，梅庚校訂。其析卷一之《雩祭歌》、《四言詩》入卷二，實仍其家禹金之舊迹。補遺詩三首，其范雲一首已見卷四，補文十九首爲卷第六則取諸張燮本也。

綜以上各本觀之，自明以來凡七刻。其始也，祇文字之沿誤而已，久之而標題刊奪矣，久之而次叙雜溷矣，浸假而移易卷第、錯亂篇次至不可勝糾矣。大抵展轉傳寫，久遠失真者，其弊小；其妄逞胸臆，改併增損，貿然以訂輯自任者，其弊大。吳兔牀氏深悼劉、黎刻之失，一旦訪得宋本而盡正之，共致力至勤，而爲功至偉。顧余展此殘帙，句比而字勘之，頗惜其校讐未精，殊不足以副己言而饜人望也。兹就首卷舉之：目録前删去朓官銜一行，而於《雩祭歌》前增「樂歌」標題一行，又題下幾首字亦悉予刊落。卷一首不著「賦」字標題一行，此皆沿鈔本之失，宋本固不如是也。至字句之誤失，如《酬德賦》「得其盡體物之旨」，脱「其」字；「貽話言於川渚」，「川」誤「洲」。《思歸賦》「睠重芒而引領」，「芒」誤「岡」。《七夕賦》「綿含睇而娥揚」，「娥」誤「蛾」。《高松賦》「邈道勝於千祀」，「祀」誤「禩」。《黑帝歌》「曾冰冽，積羽幽」，「冽」誤「裂」。《侍宴光華殿》詩「營絳分區」，「絳」誤「降」。《侍宴曲水》詩「誰器元功」，「器」誤「契」。其它類此正多，未易枚舉。余維兔牀以校勘名家，豈宜疏失至此。及詳玩其跋語，則彼第取盧弨弓傳校之本以鋟木，實未嘗親見宋刻也。弨弓校書專重本文，以朱書細字注於行間，而其餘版式行格例不詳記。余家所儲抱經樓手勘羣籍大率如此。今兔牀未覩原書，第就傳本移寫，又拘於叢書之版式而爲之，故行款既非古式，又刺取考訂異文綴於本句下，審其文字似出抱經隨手劄記。以云翻宋，實爲非體。其它提行、空格、標題、夾注，一切皆失舊觀，書經三寫，焉烏帝虎，自所難免，況又移改格式以滋其誤耶！

此殘本二卷爲世好劉君翰臣所藏，余辛酉游淮南時曾得賞翫。頃翰臣重游燕都，携此帙見示，屬代覓良工，假椒微師藏毛鈔本影寫後三卷，俾成完璧，因留置齋頭。前日偶取郭氏本細校一過，卷一賦九首訂正八十字，《雩祭歌》訂正四十八字，四言詩訂正四十字；卷二，五言詩訂正一百八十五字。通計訂正凡三百三十三字。若天壤尚存完帙，則單詞勝義，耐人尋繹者，當復不少，姑懸此奢願，或庶幾一遇乎？

余生平於小謝似有夙緣，壬子四月始臨何義門校宋本，癸丑二月復校汲古閣影宋本，嗣覩涵芬樓明寫本，更詳斟一過，今又幸得親見宋本，自謂致功之密，搜訪之勤，視兔牀未遑多讓，而篋中所儲，自黎晨以下各本咸具。今情古思，左右紛投，儻得屏去俗嚣，董理諸編，廓盡榛蕪，垂爲定本，更取宋版殘卷、毛鈔祕笈合寫付雕，重新嘉定之規摹，庶彌拜經之遺憾。世有劉孝綽、梁武帝其人者，或將引爲同好，樂觀厥成也歟？辛未四月十八日，藏園居士記。

影宋本謝宣城集跋※

《謝宣城詩集》五卷，汲古閣毛氏影宋本，半葉十行，毎行十八字。目録次行題銜爲「齊尚書吏部郎陳郡謝朓玄暉」，卷一第一行低三格題「賦」字，二行低四格題「酬德賦」。後有紹興丁丑秋七月東陽樓炤題，又嘉定庚辰冬十二月望鄱陽洪伋識八行。此二跋半葉八行，行十五字。卷中印記凡八方，曰「宋本」、曰「甲」、曰「汲古閣」、曰「東吳毛氏圖書」、曰「毛氏子晉」、曰「子晉書印」、曰「汲古主人」、曰「汲古得脩綆」，皆毛氏所鈐也。用薄棉紙畫烏絲闌，按宋刊點畫摹出，其筆墨未爲精麗，在汲古影寫本中尚非上選。然氣息雅静，後來錢、席諸家精心仿造，顧猶未必逮此也。

按：《宣城集》吳氏拜經樓所刻據盧抱經宋本校訂，余前據劉氏所藏宋刻殘本覆勘，其目録次叙及結銜之不同既已詳舉之矣。兹據影宋本以校後三卷，則異字又復迭見。即以卷三言之，如：「其如離别何」，影宋本作「别離」；「江海合瀾波」，影宋本作「合瀾波」；「宸景厭昭臨」，影宋本作「照臨」；「奔璧帶苔蘚」，影宋本作「奔壁」；「會是共治情」，影宋本「治」下注「一作怡」；「涼蒹乘暮晰」，影宋本作「涼薰」；「風振蕉蓬裂」，影宋本作「蕉逵」。豈抱經所見爲别一宋本耶？抑盧氏臨校有疏謬耶？且檢拜經後跋，曾於刊成後親見蕘圃所藏嘉定鄱陽本，其行款固與此影本正同，乃吳氏僅言其體格較此稍異，祇取序跋補刊之，而於文字之誤乃不置一詞又何耶？余嘗恨《謝集》宋本世人多不得見，而吳氏重刊又不可盡據如此，因縱臾劉氏取宋刊殘本覆諸貞石，其殘佚後三卷又請於德化李椒微師，假此汲古影本以足之。六朝名家從此多得一善本，以供循諷，余亦得藉手以奏煉石補天之妙績。不意垂老有此奇遇，寧非幸哉！寧非幸哉！八月初五藏園老人記。

明嘉靖本昭明太子集跋※

《梁昭明太子集》五卷，嘉靖周滿刻本，半葉九行，行二十字，白口，四周雙闌，字作軟體。前有簡文帝序，後有淳熙八年郡刺史建袁説友跋，言刻於池陽郡齋者。又嘉靖乙卯年午月雲南按察使前進士成都周滿跋，言此本得於百泉皇甫公，升庵楊公、木涇周公正之，間以己意訂補，蓋所據仍爲宋池州本，而周滿宦滇中時付刊者也。卷首題「成都楊慎、周滿，東吳周復俊、皇甫汸校刊」。有「汪士鐘藏」白文長印。

此本爲北平館中新收，余取閩漳張燮本勘正一過，訂止凡五百一十五字。閩漳本亦分五卷，然視此刻多賦三首、詩六首、雜文十一首、七契一首，要皆輯自他書，非宋本之舊也。宋本近時有貴池劉世珩覆刊，所據爲天祿琳瑯藏書。此本詩文篇數與宋刊本同，字句亦多合。第有可疑者：卷一《銅博山香爐賦》自「稟至精之純質」起凡八句，乃接「方夏鼎之瓌異」云云。後來遼國寶訓堂以下諸本皆自「方夏鼎」句起，此本自宋本出，何以亦脱賦首前八句？此不可解一也。此本文句下每注云某字滿改、慎改、俊改，或某人添入，今取覆宋本核之，所謂改字、添字無一不與宋本合，不知楊、周、皇甫諸公何所爲而不憚煩如此？此不可解者又一也。至每卷前删去篇目，改易行款，劉楚園跋遂疑所據非真宋本。第余以意測之，百泉皇甫氏所見當爲宋本無疑，第或出於展轉傳鈔，遂致脱誤雜出，且周氏序中固明言多訛闕未整矣。至升庵以意訂補，則英雄欺人語也。吾又意楊氏早登禁近，獲窺中祕，且有「偷書官兒」之號，其行笥中必有副本，祕不示人，故取皇甫氏之訛闕者，發篋陳書，遂加勘補，而託言出於己意，以炫奇侈博耳。不然余二十年來手校古書多矣，凡文字奪失，經後人填補，往往百無一合，何楊氏獨於此集乃能冥契巧合，無一差舛，如此其神異耶？此可不煩言而知其妄矣。此書爲斐雲所手收，斐雲劬學媚古，精力邁人，試沈思細玩，或有以張吾説乎。又《銅博山香爐賦》八句適爲三行，皇甫氏傳録時偶然脱失，而升菴所藏亦付闕如，故更無煉石之妙術也。至劉氏所疑删去篇目改易行款，則明人刻書陋習，往往加校刊之姓名而不惜大改古槧之面目，此又不足深責矣。辛未九月二十日，藏園記。

校昭明太子集跋※

《梁昭明太子文集》五卷，通行者爲明遼國寶訓堂本，後以其版印入汪士賢《漢魏六朝二十一家集》中，故此集行款與他種獨異，其所據則用嘉靖周滿刻本也。近時劉氏玉海堂假内府所藏宋刻影摹上版，其行款爲八行十六字，與寶訓堂本正同，而文字則差異殊多。其甚者如：卷一《銅博山香爐賦》，首脱「禀至精之純質，産靈嶽之幽深。經班倕之妙旨，運公輸之巧心。有薰帶而巖隱，亦霓裳而上昇。寫嵩山之巃嵸，象鄧林之芊眠。」凡四聯，四十八字。卷四《請停丁役疏》，「無復水患」下，脱「誠矜恤之至仁，經略之遠旨」十一字；「待優實以行」下，脱「聖心垂矜黎庶，神量久已有在，臣意見庸淺，不識事，宜苟有愚心，願得上啓」二十九字。其餘單文賸字，亦糾正不尠。尤足異者，原本篇中脱訛之字有經楊慎、周滿、周復俊諸人改訂者，於本文下注明「愼改」、「滿改」、「俊改」，或「添入」等字，今以宋本核之，其所改增字句咸相契合，殊不可解。余於前校周滿本時，頗疑爲升菴之狡獪，願與深思好學者共證之。丁卯正月十五日校竟，越七年乙亥五月二十日重閲一過，補題其後。

頃李少微世兄過訪藏園，言新收得張訒菴校《昭明集》，余以此集曾校過兩本，亟思寓目。越日，自津門寄至。展卷一視，則張氏固未見宋本，祇以周滿原刻與寶訓堂本相勘耳。因竭一宵之力，臨校終卷，改訂各處，多屬傳刻之誤，所得佳字殊少。然卷首簡文序後原脱一葉，共二百六十九字，賴以補完，則深宵矻矻之勞爲不徒矣。爰喜而誌之，并以訒菴所記附焉。五月二十二日，藏園老人書。

道光二年壬午新春，獲見汲古毛氏舊藏周滿元刻，據以校勘此本，改訛補脱，是正良多。紹仁。

明沈啓原刊本沈隱侯集跋※

按《隋書·經籍志》載《沈休文集》一百一卷，《舊唐書·經籍志》爲一百卷，又《集略》

三十卷，《新唐書志》同，《宋史·藝文志》爲九卷，又詩一卷，然皆未見傳本。明萬曆時，檇李沈啓原始輯成四卷付刊，即此本也。其後新安程榮校刻，改爲五卷，而卷首録有張之象序，是其源仍出於沈氏所輯矣。至閩中張燮《七十二家集》本，則爲十六卷，滇南岳元聲評本與之正同，則又由閩本蜕化而出。洎張天如本，又併爲二卷。此明代休文集板刻源流之大略也。顧分卷雖多寡不同，文字則初無增損，而推其端緒，皆以檇李本爲祖，其正、嘉以前殆無聞焉。

此本半葉九行，行十八字，首卷有「檇李沈啓原輯，沈啓南校」二行，楮墨精良，字大悦目。前録《梁書》本傳，詩評各條，又萬曆乙酉雲間張之象序，據言沈道初已刻《謝集》，有秣陵焦子弱侯序，茲再刻《沈集》，屬張子弁諸首簡云。今《謝集》已不可得見，而是集尤稀如星鳳，余昔年得之南中故家，篋藏者近廿年，偶檢書及之，因粗加考訂，録而存之。卷中鈐有「臣盛楓字 𢿱 宸字丹山」印，盛氏亦檇李舊家也。戊寅二月，藏園記。

明岳元聲刊本沈隱侯集跋※

此岳氏元聲刊本，九行二十字，分卷爲十六，行間加標點，文後及闌上均著評語，以各卷題「滇南岳元聲評」一行證之，知評點當出於岳氏。前後無序跋，未詳刻於何年，然觀卷末附録，有遺事、集評二類，及改標卷數，均與閩中張燮本同，則其付梓必在《七十二家集》後，當在天、崇末造矣。休文集自張溥《百三名家集》外，單行者殊少見，程榮曾有刻本，然不列於廿一家中，亦殊罕傳。余舊收得沈啓原初刻本，旋見此帙，因並收之，俾就李滇池同貯一篋云。

校明鈔徐孝穆集書後

前日邢君詹亭出示新收各書，其中有《孝穆集》寫本，余已别記之矣。余以《徐集》向無舊本，因乞暫假一校。迨携歸後取張溥本手校，並以屠隆本、張燮本合參之，乃知其佳勝處不第如免牀所舉也。其最甚者如：《皇太子臨辟雍頌》「儀天以文」、「以」字下脱「行三善，儷極以照四方。惟忠惟孝，自家刑國。乃武乃」凡二十字，正爲一行。今本乃綴合「儀天以文」爲句，其義殊難索解。故吴顯令箋於此句下亦不能爲之注釋也。其它異字，如《鴛鴦賦》「孤鸞對鏡」不作「照鏡」，《勸進元帝表》「握圖執鉞」不作「乘鉞」，「望紫極而長號」不作「行號」，「如貔如獸」不作「非貔非虎」，《玉臺新詠序》末句「無或譏焉」不作「麗矣香奩」，要皆可取，而爲它本所無者。惟版心「文漪堂」三字不能考定爲誰氏，審其字迹，要是明末時風氣，附記於此，以諗當代博聞君子。甲戌三月清明前三日，藏園記。

唐别集類一

明刊幽憂子集跋

考《舊唐書》本傳，盧照鄰《文集》爲二十卷，晁氏《郡齋讀書志》、陳氏《直齋書録解題》載《幽憂子集》爲十卷，其本皆不傳。此七卷本乃後人所輯，明以來多傳於世。此本爲明季閩人張燮紹和所刻《初唐四家集》之一，特改題此名以復其舊耳。刊本半葉九行，行十八字。前有紹和題詞，參訂人名尚有徐興公、曹能始、黄石齋等十二人。其詩文與世行本初無所增，第附録列新、舊《唐書》本傳，末更加以遺事、集評耳。

紹和曾刻有《漢魏六朝七十二家集》，在張天如《百三家集》之前。其書傳世無多，余曾收得一部，其版式體例與此相同，蓋七十二家之後又繼刻初唐諸家，四傑之外尚有沈、宋，余皆得見之。昔年上海涵芬樓印《四部叢刊》，徵《盧集》善本，余出此本付之，遂爾傳於世。其實此本文字視他明刻未爲勝異，特以罕覯爲珍耳。讀者試細勘之！辛巳五月十三日藏園記。

明刊杜審言詩集跋

杜審言集明代有晉安鄭氏《初唐十二家》本及永嘉張遜業校江都黄惇刊《十二家唐詩》本，皆嘉靖刻也。又有許自昌本，爲萬曆刻，然此三本咸爲叢刻，且分兩卷，若單刻本則絶少見。頃趙斐雲自南中收得三卷本，中版心，款式極古。詩分三卷，每卷目連正文，半葉九行，行十五字，白口，左右雙闌。前有乾道庚寅楊萬里序，言户曹趙君彦清得詩四十三首，將刻枣以傳好事云云。末有嘉靖戊子任慶雲跋，言康對山刻之關中，既官襄陽，知其詩無傳云云。是康氏所翻爲乾道本，此任氏本又從康刻再翻刻者也。予重其罕覯，因以許自昌本校之，而記其異字於表焉。壬申正月十四日沅叔記。

原本（許自昌本）　據本（嘉靖任慶雲本）

卷	版	行	字誤	校改
上	一	九	垂猿臂	垂（一作束）猿臂

一	十四		錫和戎	息和戎
一	十八		氣候寒	氣候寒一作風氣寒
二	三		應詔	應詔一作制
二	五		酌海	酌海一作酒
二	九		摇空	摇雲
三	十四	十三	鑒魏闕	覽魏闕
三	十五	三	離	雜
四	一		脂粉氣	脂氣在
四	十二		物紱	朱紱
四	十八		摇箠	摇葦一作箠
四	十八		幽亭	幽庭
五	六	三	奇他日	奇一作期他日
五	十八	十八	渡	度
六	六		堯天	高天
七	六		解紳	解神

下一	五	三	遊	旅
一	五	七	春	秦
二	一	十八	録	籙
二	四	十七	傍	旁
二	七	十六	伏	服
二	十一	八	壁	壁
二	十二	五	晴	朝
二	十五	十三	益	溢
二	十六	十	渡	度
下三	一	三	斑	班
三	十四		深可	深可一作何
四	十		二十韻	(「二」字衍)
四	十四		稚節	稚一作雅節
四	十七		嵒谷	巖沼一作谷
五	十八		青娥	青蛾

正德本沈佺期集跋※

明刊本《沈詹事集》壬子春得之秀水莊氏，前有正德戊寅王廷相序，與宋之問並舉，言「同寅劉潤之以二集示余校閲，歲月云遠，謄傳失真，訛謬所裁正者，得什之五六，缺所疑者，竢善本更定焉。」是此集乃沈、宋同刻也。半葉十行，行十六字，白口，單闌。前有目録，卷首題「太子詹事相州沈佺期雲卿著」、「刑部郎中江都蕭海校正」、「監察御史浚川王廷相重校」三行。考《雲卿集》明嘉靖《百家唐詩》本分三卷，許自昌本分二卷，活字本分四卷，此本則以詩體爲次，凡五古、七古、五律、五排、七律、五絶、七絶，共七類，析爲七卷，與各本皆不同。取嘉靖本略校，詞句粗有出入。其詩句下注一作某，多爲他本所無。序中所云裁正十得五六者，殆謂此耶？甲戌三月既望，藏園記。

按卷中鈐有「姜氏所藏」、「姜渭璜谿珍玩」諸印，又有同治戊辰璜谿跋語，言得之於甫里。璜谿何人，無可考見，年代非遥，吴中當有知之者。藏園附志。

明刊沈詹事詩集跋※

此沈雲卿集，題爲《沈詹事集》，明正德戊寅刊本，中板式，半葉十行，行十六字，江都蕭海校正，浚川王廷相重校。據廷相序，蓋與《宋之問集》同刻者也。按雲卿集《唐百家》本分三卷，明活字本分四卷，此獨爲七卷，蓋王氏所改。編定以各體爲次，每體一卷，然卷六祇五絶二首，何足成卷，知其以意改析，非舊第也。所録與別本頗有差殊，如《白鹿觀應制》五律一首、《太平公主南莊應制》七律一首，此本有之，而《唐百家詩》本失載。然《百家》本載《送韋商州弼》五言排律，此本亦無之。又此本五絶内有《獄中燕》一詩，細檢之乃《同獄者歎獄中無燕》詩五律一首，已見卷三中，此則節取其後四句耳。王氏序言爲「劉子潤之校閲二集，裁正訛謬，什得六七」，何竟疏繆至此，豈前後一詩兩出未及寓目耶？又考劉潤之名成德，正德中爲遼東巡按御史，與蕭海校刻唐詩多種，可考見者有王建、耿湋、郎士元、李頎、皇甫冉、皇甫曾諸家，因考訂此集，并附誌之。

寫本陳伯玉文集跋※

《陳伯玉集》以明弘治四年楊澄刻本爲最古，緣其自中祕鈔出也。昔年廠市曾出一帙，爲周君叔弢以高價得之。余夙嗜唐人集，有見輒録，況伯玉爲吾蜀先輩，初唐大家，寧能久付闕如？顧楊刻不可再見，因從叔弢假來，欲留一副本。適其時北洋女校生徒多寓燕京，乃分致諸女士，依仿原本摹寫，人各一卷，數月乃成，咸令署名卷尾，時在丙辰十一月也。其後辛未之秋，余六十初度，張菊生前輩遠寄弘治本見貺，數十年夢想而不獲者，竟邀良友之惠，以償生平之願望，爲之懽喜无量。於是取而並儲之雙鑑樓中，彼以古刻稀見爲珍，此以集錦分書爲貴，可云雙璧矣。

頃來山中，携入行笈，偶爾開函檢視，忽忽已十有八年。憶光緒甲辰之歲，余始創女學於津沽，時風習淳樸，新制始萌，黌舍方開，老成駭怪，流俗之譏嘲，僚友之規誡，不絶於耳。余鋭意圖維，一不之恤，頻歲之間，連闢三校。幽閨才俊，世族名媛，不遠千里負笈而來者，殆數百輩。其間監理之嚴，護持之密，實余妻凌夫人之力爲多，奔走勤劬，或終歲不得寧家。北洋女學駸駸馳譽於全國，諸生學成而歸者亦傳衍於南北行省。已而名徹九重，遂拜總理京師女子師範之命。此册中十人，固皆當時校中之高第弟子也。桑海以還，迄今又二十餘年，絳帳羣英，大率風飛雨散，余妻既溘先朝露，而余亦頹然一老秃翁，無復少年壯往之志。撫覽兹編，不禁凄然動懷舊之蓄念矣。此十人中，鄒生系出世家，文學最爲優秀，而晚歲憔悴京華，卒窮困以死。陳、史兩生皆早歲貞孀，厲行篤志，儕輩交欽。史生曾授讀「白宫」，而清貧自勵，吟咏不輟。陳生績學能文，工於六朝儷體，才略夙長，乃盡職母校，二十餘年不欲他徙，皆人所難能也。自餘諸生，各能善用其才，勤舉陰教，以昌大其家。兆暉歸於余姪，仕蓮嬪於王氏，咸克修内佐外，見稱族黨。惟趙生懋華特有遠志，留學德意志，卒授法學博士學位而歸，是又余感歎之餘而引爲欣幸者也。

考前代刻書，其寫官多署名版心中縫，北宋刊七史時，由崇文院牒下杭州開板，令覓工書者繕寫，是寫書之事昔人固慎重其事矣。至聚集多人分繕一書，清高宗時屢詔詞臣爲之。如《昭明文選》今故宫所儲尚有四部，乾隆丁卯分繕有王際華、盧文弨等二十一人，乾隆己巳分繕有倪承寬、劉權之、王杰、曹文埴、沈初、李調元等二十四人，乾隆甲戌分繕有梁國治、劉墉、秦大士等二十人，乾隆庚寅分繕有謝啓昆、劉躍雲等二十人，或卷摺精楷，或蠅頭細書，咸精麗絶倫，爲世寶玩。同、光時廠市流行之《臨文便覽》、《字學舉隅》諸書，亦由坊賈以重金乞翰林分寫，人祇一二葉。余凂諸女士合寫此集固猶有故事可循也。至弟子爲師寫書亦有前例。昔宋景濂學士講學金華，及門人材最盛。入明以後文字，刊爲《景濂文粹》、《續文粹》兩編。其書密行精楷，雅麗無儔　考諸題識，知爲門人劉剛、林靜、樓璉、宋璲諸人分卷手録付雕，故能工玅如此。自維學行譾陋，曷敢上希景濂之萬一，而諸生愛桃李之舊陰，擅簪花之妙格，所以貺余者，與劉、林諸君異代同符，其盛意良足欣感。用詳誌顛末，俾後世子孫什襲珍藏，使知紅閨妙翰，視金馬玉堂之官體書，尤足使人矜重也。癸酉七月二十二日，藏園老人書。時將入香山，倚裝待發矣。

卷一陳萃琬福建人，今爲女子學院學監。

卷二趙懋華四川南溪人，適梁穎文，留學德國，法學博士。

卷三趙懋芸四川南溪人，適陳漢傳。

卷四鄒筠英江蘇無錫人，前廣西巡撫鄒鳴鶴之曾孫女。

卷五徐秀芳江蘇人。

卷六楊潤六江蘇無錫人，適劉文泉。

卷七周芬福建人，同年周熙民之女，適梁。

卷八凌集嘉、傅仕蓮余姪女，適新民王家瑞。

卷九吳兆暉四川成都人，余兄子德謨之婦。

卷十史濟道江蘇江都人。

明嘉靖本子昂集跋※

明嘉靖刊本，十一行二十一字，白口，左右雙闌。前黄門侍郎盧藏用序，次長洲劉鳳子威序，次嘉靖乙丑南充後學王廷序，次目録，次後集目録，蓋前五卷爲賦、詩、表、碑，自六卷以後題後集，爲墓誌銘、表章、文引、歌詞、狀序、雜著、書也。每卷「題明都御史王廷校刻，門人黄姬水、劉鳳同校」。收藏有「王玉全印」、「修文葉氏藏書」、「青浦王昶字德甫一字述菴别號蘭泉」諸印。

按拾遺集行世者，以弘治楊春刻於山西者爲最古，據張頤序，言楊公得其全集於中祕，鈔録而來，重複校正，刊梓以傳。第其本流傳至尠，昔年余曾假周叔弢藏本屬女弟子史濟道、楊潤六、趙懋芸、趙懋華、凌集嘉、陳翠琬、鄒筠英、徐秀芳、周芬及四姪女士蓮凡十人，各爲手書一卷，以存鄉邦文獻。頃自南中郵致嘉靖刊本，爲劉子威校刊於吳中者，主其事者爲南充王都御史廷。其序言當時楊氏山西刻板已苦磨滅，因出舊藏本重鋟諸梓，是吳中所刊即翻雕山西本，故行格循而不易。取弘治影本對勘，其缺字譌文，一仍其舊。以蜀中新本校之，匡糾正復不少。余别藏萬曆刊本，爲廣濟舒其志、漢東華崇校刻，前亦題楊春編，是亦仍源於山西本，但卷一《感遇詩》三十八首加入邵濬注，爲足異耳。余意《拾遺集》既無宋本可據，若異時板行，當取《文粹》、《文苑英華》、《唐詩紀事》所收，參稽訂正，庶足垂爲定本耳。庚午歲暮，藏園識。

影宋本張説之文集跋※

唐張燕公集今世通行之本皆爲二十五卷，其刊刻傳世最古者，推明嘉靖丁酉椒郡伍氏龍池草堂本。前有永樂七年員隱老人伍德跋，謂吳元年手自鈔録，以備一覽，正其魚魯，遂爲完書，亟欲梓之而力不果。是知此集自宋以來，迄於明中葉，未嘗覆梓也。伍氏刻本流傳頗稀，余壬子歲在南中曾收得一帙，爲毛斧季、汪魚亭舊藏，號爲珍祕，然展卷一觀，訛謬盈幅，且文字奪漏孔多。幸此本經汪小米校正，補詩九首。如：卷五之《醉中作》，五絶。卷六之《岳州别姚司馬制許歸侍》、《岳州送李十從軍》、《岳州别均》、《送敬丞》、《送杜丞詩》、《幽州别陰長河》、《幽州送隨軍入秦》，皆五律。卷七之《酬崔光禄冬日述懷贈答》五言排律。并序，皆伍本所遺，而卷五《城南亭作》、《從方秀川同宿》二詩佚句奪行尚所不計。汪氏手校所據爲影宋本，其原出於士禮居，然祇存卷一至十，莫由窺全豹也。鐵琴銅劍樓瞿氏藏影鈔十卷，其存卷亦與汪校同，蓋出於碧雞坊顔氏，與蕘圃所得正同源耳。

余考《唐書·藝文志》載《張説集》三十卷，宋以後諸家著録并同。今伍刻僅得二十五卷，則宋刊全帙絶迹於天壤間久矣。乾隆時修《四庫全書》，詔徵天下圖籍，獻之館閣。顧於燕公文集，求所佚五卷，渺不可得，而伍本又多訛舛。乃參考本傳及《文粹》、《文苑英華》諸書，其文不載於集者，得六十一首，依類補入，仍釐爲二十五卷，付武英殿聚珍版刊行，百年以來推爲善本。近時仁和朱氏得彭文勤所藏明鈔本二十卷，又假吳仲懌藏本後五卷，補成全璧，授諸梓人。繆藝風親任讐校，頗爲精審，又采輯佚文，以意排比，分爲五卷，題曰《補遺》，以合古來三十卷之數，用力可云勤至。然不見宋刊，舊觀終不可復也。

舊傳朱竹君家曾藏宋刊三十卷本，後自椒花吟舫散出，爲劉燕庭所得，其行款與權文公、孫可之、皇甫持正、司空表聖等集同，號爲蜀本。邇來劉氏遺書不守，權、孫諸集先後流入肆間，表聖《一鳴集》爲余所獲，獨燕公集乃不可蹤跡，常引爲大憾。

昨歲新春，蓮池同學舊侶集於南宫邢君詹亭家，酒罷，出新收書籍見示，適有《張説之文集》舊寫本三帙，開函展誦，驚喜過望，蓋即數百年來上自祕府，下至藏家，窮搜渴望，懸金購求而不獲之三十卷真本也。各卷詩文次第與伍氏、朱氏二本無異，惟最末五卷與朱氏《補遺》目録對核，則文字出入，大相逕庭矣。通計卷二十六墓誌銘六首，卷二十七表十首，卷二十八序十四首，卷二十九制誥七首，卷三十雜著二十七首。朱本有而宋本無者，凡二十六首，宋本有而朱本無者，二十三首。然其中如《永昌元年對詞》標「文苑策」，朱本只載對策，而策問三道乃佚之；如《謝恩表》、《陳情表》、《進渾儀表》、《謝賜碑額表》、朱氏雖有表文，而批答乃佚之；《勸學啓》後有答令，朱本亦不載。在朱本拾遺補闕，爲功雖勤，然從千百年後綴緝叢殘，而欲期與原本脗合無間，亦戛戛乎其難矣。余既取朱本對勘一過，其闕佚各文則録附後方。茲將文目臚列於左，期與海內方聞之士共證之。

按晁氏《郡齋讀書志》言：「説爲文精壯，長於碑志，朝廷大述作多出其手，常典集賢圖書之任」。「論撰國史，晚謫岳州，詩益悽惋，人謂得江山助。」陳氏《直齋書録解題》云：

說「與蘇頲號燕許大手筆」，「二人名相，而以文擅天下，盛矣哉！」兩家皆載其集爲三十卷。余少時嗜儷體文字，誦公集，喜其瑰瑋駿麗，而灝氣流轉，神采昌王，與唐初四子務爲縟麗，排比疊架者，迥不相侔，實魁然爲蓋代之才，宜其有「大手筆」之稱。獨惜其遺集流傳，乃非全帙。憶昔年得汪氏校本，喜其校訂精當，常取編摩，惟所存祇詩十卷。嗣於南方見明鈔，爲黄蕘翁舊藏，又取朱本勘校一通，卷第既與常本相同，而佳勝亦寥寥可數。旋於况夔笙許見明鈔二十卷本，爲知聖道齋物，即朱氏校刻之底本也。近年吳侍郎遺書出，獲見竹紙明鈔本，鈐有「拂水山樵」印，亦朱氏當時所假校者，然亦祇二十五卷耳。不謂未及匝月，於無意中幸獲此原書古本，數十年夢寐尋求者，一旦竟觸於手而寓於目，精忱所致，冥漠潛通，余於此書因緣爲不淺矣。

原本竹紙，烏絲闌，半葉十二行，每行二十一字，各卷有目，接連本文。鈐有「大興朱氏竹君藏書之印」、「朱錫庚印」、「汪喜孫印」、「孟慈」、「星伯曾觀」諸印。是此本爲椒花吟舫據家藏宋本録出，斷然無可致疑。且以鈐印推之，曾入汪孟慈家，大興徐氏亦曾經眼，且或由星伯家而歸臨清徐司業家，詹亭則得之司業壻史吉甫太史者也。至宋本何時歸諸劉氏，其後復入誰何之家，則消息渺然，存亡殆不可知。猶幸録此副本，迢遥百載，脱水火兵戈之劫，爲千鈞一髮之延，使吾輩得以摩挲玩誦，發前人之所未見。

昔繆藝風前輩爲朱子涵校刊此集，附記言顧千里先得燕公文十五卷，又得椒花吟舫鈔本，增益五卷。顧氏單校唐文，除去詩五卷，後又補足五卷，世間自有此二十卷傳本，初非缺佚。嗟乎！以藝風之博識多聞，徒以搜訪既窮，遂轉以二十卷者爲足本，設使得觀此帙，當皇然知其誤解。然則吾輩雖不獲觀宋刻，而得兹副本，既足正前人之謬失，且使先唐之鉅集久缺而復完，其欣慰宜如何耶！乙亥五月望日，游黄山、台、蕩回，粗理筆硯，校畢全書，因詳誌始末於後。藏園老人書。

兹將影宋本後五卷目録列後，其文字爲輯本所遺者注於下方。

卷第二十六　墓誌銘　節敏太子妃墓銘　鄭夫人墓誌銘　燕郡夫人墓誌銘　鄧國夫人墓銘　張夫人墓誌銘　張氏女墓誌銘

卷第二十七　表　諫幸三陽宫表　諫潑胡表　論災異表　并州論兵邊事表　陳情表批答四行　舉人表朱刻無　進像表　進渾儀表批答五行　進鬭羊表　勸學啓答令四行

卷第二十八　序　大衍歷序　中宗上官昭容集序　孔補闕集序　洛州張司馬集序　尋花柳宴序　會友序　餞侍郎神都留守序　送工部尚書赴定州序　送田郎滅胡序朱刻無　和戎篇送桓侍郎序朱刻無　送廣武令岑義序朱刻無　送嚴少府赴萬安詩序朱刻無　送毛明府詩序朱刻無　送張先生還姑射山序朱刻無

卷第二十九　制誥　對文苑科制策朱刻無策問三道　習樂議朱刻無　漢祖五等論朱刻無　卿士誥朱刻無政書三章朱刻無　上帝善兵不陣章朱刻無　修五嶽四瀆章朱刻無

卷第三十　雜著　幽州論邊事論　與褚先生書朱刻無　與鳳閣舍人書朱刻無　與鄭駙馬書朱刻無　與魏安州書朱刻無　與營州都督弟書朱刻無　與度門禪衆書朱刻無　爲中平冀州賊等露布　神兵軍大總管功狀　試洛州進士策問四首朱刻無　試將門子弟策問三道朱刻無　試沉謀祕算舉人策問三道朱刻無　獻壽表朱刻無　讓中書侍郎表　讓平章事表　讓兵部尚書平章事表　讓右丞相表朱刻無　讓右丞相表朱刻無　讓右丞相表　荆州謝上表　岳州謝上表　謝賜碑額表制答　謝公主出降期表朱刻無　謝恩表并答制　謝問表　謝賜藥表　謝修史表

前跋屬稿甫竟，忽憶及昨歲曾假得周君叔弢所藏《張説之文集》一帙，因開篋檢眡。其書亦正三十卷，爲東武李氏研録山房校寫本，竹紙，藍格，半葉十一行，每行二十字，楮墨精雅，爽心悦目。取後五卷與朱竹君家影宋本對勘，各卷篇第正復相符。惟朱鈔原本經舊人校過，凡題目及文字咸據《全唐文》標舉異同，粘有校簽；李氏鈔本則采其校語，録於本文下。始知李氏固曾親見朱氏影本，從而傳録，且併其校語而取之也。末有《補遺》一卷，則盡取《全唐文》中佚文附入，凡得三十四首，視結一廬輯補者又增十首。是此集流傳於今世者，當以東武李氏所録爲最足、最精之本矣。天下之事，後起者往往突過前人。李氏校録之勤，其有功於燕公者至鉅，余閣置案頭，幾於失之交臂。余校閲既終，爰特著其説於此，用以誌余粗疏之過，且正告當世，倘有傳刻燕公遺集者，庶知所取擇焉。藏園附志。

明本張曲江詩集跋※

題「尚書右丞相文獻公韶州張九齡子壽撰」。明嘉靖刊本，每半葉十行，行二十字，白口，左右雙闌。分卷爲二，卷一頌、贊、賦、四言詩、五古；卷二五絶、五律、七律、五排、雜言。按：《曲江集》二十卷唐、宋《藝文志》均載之，明成化時丘瓊山始從館閣鈔出，付韶州太守蘇韡刻之。嘉靖十五年湛若水又以韶本翻刻於徽庠。余舊獲一嘉靖本，爲袁又愷所藏。此二卷本，祇載韻文及詩，與張説之同刻，號《二張集》，前後無序跋，不審爲何人所彙梓也。卷首鈐有「如皋縣學尊經閣藏書」朱文木記。辛巳十月下澣，藏園老人識於企驎軒。

校蜀本孟浩然集跋※

此襄陽集宋蜀刻本，鈐有元代「翰林國史院官書」朱文大長印，與余所見鄭守愚、許丁卯、孟東野、劉長卿、姚少監、劉夢得、權德輿、元微之、陸宣公諸家爲同種，即相傳唐人集三十餘家之一也。書每半葉十二行，行二十一字，白口，左右雙闌。前有王士源、韋滔二序。全書分上、中、下三卷，詩凡二百十首。書爲士禮居故物，後歸楊氏海源閣，今爲德化李椒微師所得，同年楊味雲見而好之，因假以印行，裝成，寄一帙見惠。

余舊聞海源閣藏二《孟集》號爲祕笈孤本，《東野集》亦歸李椒微師，昔年曾從師假校，獨襄陽詩乃未獲寓目。今忽荷良友見投，乃檢匣中明嘉靖本手加勘正。明本分四卷，與王、韋、柳同刻，稱爲唐四家，審其行款，當從書棚本出，世亦推爲佳槧。今以蜀刻校之，分卷既殊，次第迥異，而字句差異乃改不勝改。自新正開手，訖於二月初旬宿祕魔崖袁氏別墅，始得蕆功，蓋前後錯雜，披檢殊艱，不獨筆墨改正之勞也。開卷五序即改訂至一百餘字。卷中詞句最異者如《尋香山堪上人》詩「谷口聞鐘聲」一聯在「苔壁饒古意」下，《漢中漾舟》詩「波影搖妓釵」一聯在「日入須秉燭」下，《家園卧疾》詩末增「顧予衡茅下」等四聯，《登總持浮圖》少「累劫從初地」等二聯，《送崔遏》詩三四聯與一二聯互易。其他文字不同者幾於無首無之，多至不可勝計。余二十年來校唐人集至百種以上，其異同未有如此集之多也。然則此本之行世固不徒以版刻之古、流傳之稀爲足珍矣。

按：汲古閣刻《五唐人集》，其《孟襄陽集》跋云：「《襄陽集》所據凡三種，一宋刻三卷，逐卷意編，不標類目，共計二百一十首」。即此本是也。此外元刻劉須溪評者亦三卷，分游覽、贈答、旅行、送別、宴樂、懷思、田園、美人、時節、拾遺，凡十類，通二百三十三首。明弘治閩中刻本卷數雖與宋、元合，而編次乃互有不同，計二百一十八首。至後來合刻本有二卷、四卷者，詮次更易，淆訛日滋，多不足據。故言《孟集》者以此本爲最古，其文字亦最善。此外明句吳道洪本、汲古閣毛氏本皆依此宋刻爲主，而以元本參證之。其宋本不載之詩彙集爲補遺一卷。今道洪本亦不易覯，讀《孟集》者取汲古本與此宋刻互相證明，其源流得失之故可以恍然矣。

趙秋谷評點李詩補注跋※

此趙秋谷先生手評《李太白詩》，余於宣統辛亥夏以重值得之廠市。因屬姻家陳君子尹爲録副本，陳以事入都，攜之行篋，不幸遺失數册，今所存者秪首六卷耳，惜哉！原評用許自昌分類補注本以朱筆勘讀，評語書之眉上，行間標點亦復精謹，注文時加删削，譌誤咸爲舉正，文字差異亦依宋本校正，第未注明何本耳。嘗閲秋谷《聲調譜》，極推崇太白樂府，其言曰：「太白祖述騷雅，下逮梁陳，七言無所不包，奇之又奇，而字字有本，諷刺沈切，自古未有。後人宜以爲法。」今觀所評各卷，古風五十九首極意贊揚，幾於無美不臻。舉其要者言之，如第十八首評云：「此種詩要是千古所應有，攬而得之者爲捷，更欲擬似，固不得也。」第三十四首述雲南征兵之苦，評云：「寫得出處，李杜無殊也。苦至語處，李殊遜。然其行間有餘意，篇終有餘勇，縱横使轉，行止自如，方將空千古矣。淺學輒思效之，未有不五官易位者。」樂府諸篇推勘尤至，其評《宫中行樂詞》曰：「八章工艷極矣，而氣格彌高，故是千古獨步。」卷四末總評曰：「李詩大處祇是毫不經意，而氣象色澤俱臻絶頂，杜之所以必不能抗行者，直是讓他不費力也。」至其申辨各條，亦頗精當，如《鼓吹入朝曲》謂以諷時之公卿懷宴安而虚榮禄耳，必非諷永王入朝而作。《長干行》二篇謂其清麗已開大歷、長慶風氣，山谷必執次篇爲李十郎，殊無所據。若《少年行》、《猛虎行》二首，深辨其僞託，窮源竟委，持論尤正。其言曰：「文以載道也，苟其悖於六經，雖工不取。史公發憤著書，而寓言於游俠貨殖，儒者猶譏之，況其下焉者乎？太白詩雖稱豪放，而未嘗稍繆於聖人之是非，咏富貴游俠諸篇必引夷、齊、原憲，或及揚雄，是言見於此而起義在彼之旨也。陋者不悟，輒附僞作，如前《少年行》篇，屠販知識，村野伎倆，肆口而出，蔑禮傷教，字句淺鄙，所不誒言。曾謂謫仙而至是乎！斯篇之詞殊勝於彼，然文字不相從，支離可駭，將謂豪放者當如是，亦嘗取太白之篇章苦心探索之乎？嗟夫！余每謂今之學者坐不能如史公好學深思，心知其意，詎知古之學者已難之矣。善夫蕭粹可一詩之注，其識豈出蘇、黄下哉！謂爲謫仙之功臣，又何讓焉」。

綜觀各卷評隲之語，皆平實允當，初無門户偏激之詞，知其造詣已深，而於太白服膺尤至。蓋秋谷抱異才，負奇氣，早致清顯，以微罪罷官，一蹶不起。其窮愁抑鬱磊落不平之志，一寓於詩，才氣性情，要與太白爲近，故其服習既深，而言之明澈如是也。是集雖殘佚太半，然樂府四卷幸完，菁英已具。後學試取評點而潛心玩索之，庶可知矩矱之所在，而不至迷於嚮往矣。庚辰十一月朔，後學傅增湘識於長春室。

明正德本王摩詰集跋※

此明覆宋本，雕鐫極精雅，每半葉十行，每行十八字，白口，左右雙闌，似從書棚本出。前有王縉進書表并答敕。

按：陳氏《書録解題》云：「右丞集建昌本與蜀本次序不同。」顧千里謂題《摩詰集》者蜀本也，題《右丞集》者建昌本也。此本題《摩詰集》，殆出於蜀本歟？《藝風堂藏書記》亦載此本，謂爲明正德仿項氏刻本。其定爲正德本自可信，第宋代無項氏刊《摩詰集》，殆以玉淵堂覆本而誤記耶！辛巳十月廿六日，藏園記。

明田瀾工字軒刊本崔顥詩集跋※

《崔顥詩集》一卷，明正德刊本，半葉九行，行二十字，白口，左右雙闌，版心上方有「工字軒刊」四字，魚尾下題「顥詩」二字。字體疏勁而寬博，殊便老眼。取明《唐百家詩》本校之，改訂三十餘字，别爲校記附後。

書前有徐景嵩序，後有田瀾刻書跋，緣其罕見，亦録存於左方。據田氏自言，曾刻陳思王、駱賓王、皮日休、劉叉、于濆諸集並《博物志》、續志、《褚氏遺書》於京師及平陽。以余所覯記，生平惟得見《陳思王集》，曾收置篋中，餘皆不易覯，知其流傳者鮮矣。此集亦極罕見，各家藏目皆無之，聞其源亦出天一閣所藏也。

刊崔顥詩集序

顥詩一卷，凡四十一首，長安田海山手録以示予者也。顥在當時最爲知名，祇《黄鶴樓》一詩，太白見之閣筆，其爲名流所推服可知。獨其全集世不多見，其見於他集者亦甚少，予每恨焉。及觀海山所録，雖倍蓰他集，而散逸不傳者亦已多矣。大抵物常聚於所好，天下奇書奥典不遭所好而散逸不傳者，蓋不獨顥詩爲然也。海山性博雅好古，每見異書則手録弗厭，旋復梓行，可謂深於好者矣。向使顥詩不遭海山之好，則此四十餘首又未知畢竟何如？予因以顯詩不得盡傳爲恨，又喜顯詩僅得其傳而尤有待也，遂受而刻之，且與世之未見者共焉。海山名瀾字汝觀，別號海山居士云。正德十年九月六日，賜同進士出身文林郎知咸寧縣事遼易徐景嵩書。

予愛古書，每見世之無板者，皆欲手録刻之，但無財力以副其心耳。稍稍進自少易，如此集者爲之宗兆。陳思王、駱賓王、皮日休、劉叉、于濆、《博物志》、續志、《褚氏遺書》俱已刻之京師及平陽，待日用餘贏，漸謀所見，不知天肯令予爲蠹魚否？正德十年七月十八日，長安田瀾書於工字軒。校記附後：

葉數	行數	明《唐百家詩》本	明田氏工字軒本
一	十一	送潮	逆潮
一	二十	上弦	上絃
二	二	一作入	無
二	三	轉戰解城全	戰解城亦全
二	七	一作一	無
二	十七	秦箏	⿱竹秦箏
三	七	一作山	無

四	一	一作兹　一作留	均無
四	三	一作戍　一作青青	均無
四	四	一作在	無
四	六	征馬出一作去	征馬去，無小字注文
四	十	虜騎不一作罷	虜騎罷，無小字注文
四	十	出磧一作塞	出塞無小字注文
四	十五	一作去	無
四	十六	一作射	一作行
四	十七	腰間一作帶帶一作垂	腰帶垂無小字注文
四	二十	一作春日	無
五	六	淥	緑
五	七	一作能	無
六	二	三月	二月
六	二	春憶	初憶
六	七至八	秦川寒食別起	連上行「秦川」下

葉數	行數	明《唐百家詩》本	明田氏丄字軒本
六	八	不一作喜見家	不到家無小字注文
六	九	下社一作杜	下杜無小字注文
六	九	日半斜	日未斜
六	十	馬驕	馬嬌
六	十九	芳香	芳春
七	九	池因才子拜	地因公子拜
八	二	一作關	無
八	五	巴南	巴水
八	九	峨眉	蛾眉
八	十四	化成	化城
九	一	因成	化成
九	八	諍訟	争訟
九	十八	一作神	無
十	十六	一作嘗	無

十二	一	玉堂有美女	堂中有美女
	十	本求	本期
十三	十一	容色	顏色
	十七	君王	君皇
十四	四	由上天	上由天
	七	澗泉	厓泉
	九	青翠	蒼翠
	十四	懸高鑑	停高鑑
	十五	生涯	達觀
	十五	自誠	自識

明本劉隨州集跋

此本爲弘治戊午臨洮太守李紀刻於郡齋，後有餘姚韓明跋，謂得善本於楊邃菴提學應寧，同時行者尚有孟、韋諸集。今劉集尚有傳者，而韋、孟則不易覯矣。

按《隨州集》宋時蜀刻題曰《劉文房文集》，常熟瞿氏藏有殘本五卷，余曾得假校。又有南宋書棚本，何義門曾見之。此本行格爲十行十八字，其出於書棚本無疑。其後正德丁丑，隨州有湯鍬刻本，審其版式乃直依此本覆雕，今涵芬樓所印行者是也。逮至嘉靖，又有毘陵蔣氏《中唐十二家集》本，亦稱佳槧，然循流溯源，宋刻而外當以此爲最古矣。且隨州、毘陵兩本皆不載文集，此本則第十一卷獨爲完具，又非他刻可以比擬。别有明活字本，余亦得勘過，頗有異文可取，第屬分體編次，已非宋時舊第，姑存爲别本可耳。

鈔本劉隨州集跋

此舊寫本，昔年得之南方，前有正德十二年隨州州判湯鍬序，後有州訓導陳清跋，皆出影摹，蓋刻自隨州者。其版幅高四寸餘，意其爲巾箱本也。頃以涵芬樓影印者核之，其版高六寸五分，始知此本實爲縮寫。考《隨州集》余别藏有弘治臨洮守李紀刻本，取以對勘，其卷第、篇目、版匡尺寸無不脗合，臨洮本刻於弘治戊午，在此本二十年前，又知此本乃直從臨洮覆刊，所微異者，第十一卷未刻，意以其爲文集而删落之也。各卷頗有空白數葉，異時當取涵芬影本鈔補以完之。

校宋殘本杜工部草堂詩箋跋※

宋刊本，半葉十一行，每行十九字，注雙行，二十五字，細黑口，四周雙闌，左闌外記卷數、葉數，宋帝諱匡、殷、貞、恒、桓、慎、敦、廓皆闕筆。涵芬樓所藏凡二帙，其一存卷一至十九，卷一至三鈔配。卷二十二、三，卷二十七至三十五，卷四十八至五十，共得三十有二卷。有「華亭朱氏珍藏」、「大宗伯章」、「縈慶堂」、「季振宜字詵兮號滄葦」各藏印。其一存目録三十三葉，卷三至三十一。卷四至八，卷十一、十二，卷十四至二十，卷二十七、八，卷四十三、四，共得十有八卷。有「毘陵周氏九松迂叟藏書記」、「周良金印」各藏印。去其重複，統存三十有五卷。前者涵芬樓舊藏，後者蕭山朱翼厂、烏程蔣孟蘋先後遞藏，今始歸之樓中者也。

取黎氏翻本勘之，卷第淩亂，注文脱失，不可勝計。兹舉其最大者言之：宋刻原爲五十卷，無所謂補遺也；黎刻本書四十卷後別出補遺十卷，於是魯氏編年之意全失，此一異也。宋刻與黎刻自卷一至十九次第相符，下此則顛倒混淆。如卷二十各題，黎刻在卷二十五者九首，在《補遺》卷一者三十七首；宋刻卷二十一至二十四黎刻爲《補遺》卷二至五，宋刻卷二十五至二十九黎刻爲卷二十至二十四，此後逐卷參差，未可僂指，此二異也。宋刻每卷標題「杜工部草堂詩箋」，「嘉興魯訔編次，建安蔡夢弼會箋」；黎刻於書名或加「增修」，或加「集注」，或改題「黄氏集千家注杜工部」，或題「黄氏杜工部草堂詩箋」，其下或單題蔡氏，或單題魯氏，或題「臨川黄鶴集注」黎跋言爲刻手删去。歧見雜出，不可致詰，此三異也。黎刻卷七第十二葉、卷十第十葉、卷十二第七葉、第十葉，其注文視宋刻無一字相合，意必宋刻闕葉，不可復得，於是後人乃望文生訓，嚮壁虚造，以彌其失，減葉數，併行款，强與下文銜接，此四異也。此外佚字奪文，訂正者又數十焉。

憶昔年遇楊惺吾於海上，語及《古逸叢書》，謂其中惟《草堂詩箋》原本最劣，當時力阻，星使竟不見納，異日必爲通人所詬。余叩其故，笑而不言。由今觀之，乃知其謬至於此極也。黎氏跋謂，得南宋本四十卷，據以覆木，餘則取高麗本補之。今黎氏所藏高麗本亦入涵芬樓，實祇四十卷，並無《補遺》，又不知其號南宋刊本者究爲何本也。嗣謁德化李椒微師，師言藏有宋本殘帙，其卷數似可補此兩帙之闕。又言别藏宋刻十二行本，與高麗本正同。據此推之，則十一行者爲宋代之初刻，十二行者乃坊市之陋刻，凡卷第淆亂，注文脱失，標題錯出，皆自此坊刻始，高麗本即從兹出。黎氏所見必十二行本，宜其凌雜謬妄，如出一轍也。嗚呼！此書出世垂五十年，鄰蘇翁發之於前，椒微師證之於後，而余得藉手以抉其覆，寧非幸哉！寧非幸哉！

又考，光緒初元，巴陵方柳橋翻宋本於粵東，言宋本得之吳荷屋家，爲卷二十有二，蓋亦未完本也。檢卷七、卷十、卷十二各葉注文，其妄補與高麗本正同，疑宋時初刻歲久殘缺，坊賈率意足成，於是一覆於朝鮮，再覆於扶桑，三覆於羊城，繆種流傳，遍海内外。世人以其源出宋刻，鎸印精紗，震其名而不究其實，珍爲善本，不敢啓口而致疑，得勿爲鄰蘇翁竊笑於地下乎？丙寅立秋後一日，記於龍龕精舍。書潛。

元刊本集千家註批點杜工部詩集跋※

元刊本，十四行，行二十五字，黑口，雙闌，每卷標題次行均題「須溪先生劉會孟評點。」前有大德癸卯冬廬陵劉將孫序，目後有正書牌子，其文如左：

雲衢會文堂

戊申孟冬刊

按：杜詩注各本分卷不同，九家集註、黄鶴補注爲三十六卷，《草堂詩箋》爲五十卷，集千家注分類本爲二十五卷，惟此劉須溪評點本爲二十卷，外文集二卷，附録一卷。然須溪評點元代亦有數本，行款各異。皇慶勤有堂本爲十二行二十一字，大德本爲十行十六字，雲根書屋本爲十一行十八字，涵芬樓藏元殘本爲九行十八字，又元末坊本爲十二行二十三字，海源閣藏元本爲八行十八字。獨此本大板匡，密行細字，半葉十四行，雕鐫亦精，特爲希覯，偏檢各家目録中，惟《孫祠書目》及日本《經籍訪古志》有之。考劉將孫序作於大德癸卯，此本刻於大德戊申，相距僅五年，當爲高楚芳編訂書成最先刊行之本。逮其書風行一時，坊肆紛紛覆梓至五六本，而此祖刻之本後人轉不得見。匪獨此也，卷首劉將孫原序係以草書上版，此後各家翻刻皆佚去，即將孫之《養吾齋集》亦不載此文。今此帙劉序宛然尚存，藉以拾遺補闕，尤足貴也。

原書藏怡王府安樂堂，後歸於張文敏照。文敏曾以朱筆點識一過，闌上行間評訂之語，蠅頭細字，凡四五十處，詳審之，亦文敏手蹟。卷十一第四缺葉爲文敏手寫補入，尤精雅絶倫。此書余昔年得之南中，其同收得者尚有宋元合配本《昌黎集》亦爲張文敏所藏，補寫闕文凡六葉。古刊名蹟，萃於一編，雖有闕卷，又何足爲病耶！壬午殘臘，企驎軒識。

汪鈍翁手評杜工部全集跋※

《杜工部分體全集》六十四卷，明萬曆劉少彝世教輯刻本。前有姚士粦序，次凡例十六則，次舊本各序，次年譜。凡例以李、杜並舉，當時似並刻二家，兹僅存工部也。文、詩皆衹録本文，文字異者别注於後，各卷尾有校勘人姓名，其校訂似極矜慎。全書經汪鈍翁手自評點，每册鈐有「鈍翁手評」朱文印，然詞意殊簡略，或標領名句，或撮舉單詞，或遇人事、物品粗加詮釋，而於詞旨精要、篇章構造絶少論及。蓋詩學本非當行，此乃瀏覽之餘，興到偶爾命筆，故不能如竹垞、義門之精詣也。然堯峰以博學鴻才雅負盛名，而筆墨流傳世不恒有。余獲此於江南故家，聞出於先生裔孫茱原孝廉之手，其傳授要爲可信。扃置篋笥，殆逾十稔，偶以曝書檢得，亟重付裝治。原附有蒲圻張至曙跋，特迻寫左方，俾後之覽者知前賢名筆付託源流，庶撫卷摩挲，同申景行之意耳。辛未六月初四夜三鼓，藏園手識。

吴下汪鈍翁琬先生在仁廟時經學、詞學彪炳人寰，與魏柏鄉、王新城、施宣城、朱秀水諸老宿宏獎風流，争長壇坫，學者稱堯峰先生。入翰林未久，乞假歸，教授學者，門徒數百人，比於鄭衆摯恂。生平撰著等身，開雕者僅十之三，然已不脛而走天下。曙十五六歲時喜讀先生古文，遇得意處輒動生不同時之感。庚午客江甯郡守吕仲篤燕昭世丈署，值修郡志，先生曾孫茱原心存孝廉來預編校之役，訂交之談，投分最深。孝廉行笈中載有先生手評少陵全集，借得置案頭隨時紬閲。先是孝廉從曙處假去孝感相國與杜茶村濬先生往還尺牘墨跡册頁，冬末北上，來話別，因携還此册。語未移晷，摩挲再四，似弗忍決舍者。曙重違其意，慨然舉贈，並將杜集付還。孝廉驚喜，指書而言曰：「曾王父手澤藏庋三世矣，念與子情好敦篤，今將遠别，後會何時？君留此書，我抱兹册，它時風雨把晤，不翅我兩人相晤於花南硯北間也。」於時彼此再拜稱謝而别。明年，孝廉春闈落第，留都門。秋杪吕丈辭邢去，曙亦返里門。津路迢遥，音問罕通，每閲《春官題名録》及新舊《搢紳》，皆不見茱原名，想亦已孝廉終老矣。曙自乙酉津梁告疲，僑迹漢皋，辛、壬、癸、甲，水潦疾苦，琴書典粥殆盡，獨此帙重是名賢手跡，且感故人雅意，尚珍藏篋衍中。惟書係萬曆釘本，歲久漫漶，費工力收拾耳。邇來老病徽纏，求歸不得，適子方唐先生開藩莅楚，慨助行資，飲德食惠，圖報靡所，因仿中郎以書籍歸仲宣故事，重加潢治，上班瑞室，常與錦䞇玉笈相輝映，可爲此物慶得所矣。道光丁未嘉平九日，蒲圻張至曙拜識於郎官湖頭之我爲我齋。

明本虞邵庵分類杜詩註跋

此書専取工部七律，分紀行、述懷、懷古等三十三門，句首各爲之注，注下又申其義而反覆演繹之，更於題下標爲某格，如云「一意格」、「興兼比佁」、「結上生下格」、「拗句格」、「互鎖格」、「抑揚格」、「開合格」，大抵爲初學作詩者而撰，解意多涉於淺陋，分格尤近於支離，而世傳爲虞道園所作，明代盛行於時，江西、吳中一再倳刻，殊不可解。此本儲篋中已二十餘年，當時以名屬鄉賢，且版刻古舊，因過而存之。

其書半葉十行，行二十六字，黑口，雙闌，序尾爲估人割去，故撰序人名、刻工、時代均不可考。然審其序首「江西提刑臨清石公仲玉鋟梓以行」諸語，知此本當爲天順中臨川所刻也。昨者偶披陸文量《菽園雜記》，有論述此書一則，乃知實臨川張伯成所作，世人寡識，遂有嫁白詭坡之誤耳。《雜記》云：「《杜律虞注》本名《杜律演義》，元進士臨川張伯成之所作也。後人繆以爲虞伯生所注。予嘗見《演義》刻本，有天順丁丑臨川黎述久大序及伯成傳、序，然近時江陰諸處以爲虞文靖公注而刻版盛行，謬矣！其題桃樹來行萬里等句復有數字之謬焉。吾臨川故有刻本，且首載曾昂夫、吳伯慶所著伯成傳，叙述所以作《演義》甚悉，奈何以之加誣虞公哉！且楊文貞公固疑此注非虞公作，惜不知爲伯成耳」。按：余藏此書別刻本，前有楊東里序，其言或疑此編非出於虞，蓋謂歐陽元功所撰墓碑不見録，文量所言蓋指此也。余又考都元敬序趙東山《杜律注》，亦述及伯成著《演義》之事，是知此注非虞作者正不獨東里也。

大抵坊肆刻書，多託之當世名公達人，以冀速售，如《地理指掌圖》之託於東坡，《集注蘇詩》之託於梅溪以及場屋、家塾諸書之託於東萊、須溪者更僕難數。然舉此以炫庸耳俗目斯可耳，自有識者觀之，如執鏡者之無所逃其妍媸，秉衡者之不能欺以輕重也。心勞作僞何爲哉！己卯八月十七日，藏園記。

屬稿既竟，偶檢《四庫總目》，此書列《存目》中，《提要》亦引曹安《讕言長語》及《懷麓堂詩話》以辨其僞，且言伯成之《杜律演義》宣德初已有刊本，於《菽園雜記》獨未引及，然兩家所言固不及文量之詳盡也。至陳與郊出，又取《杜律演義》而施以評點，題曰《杜律注評》，則批尾之學，益不足重矣。藏園附記。

題杜律虞趙二家註※

此明刊本，失去後跋，未審何時所刻。然字體方整，當是隆、萬間本也。七律二卷，題虞集註，前有楊士奇序，余於别本已力辨其謬矣。五律二卷，題趙汸註，前有正德甲戌董玘序，又都穆序。穆稱其註爲簡當，而頗譏其時取會孟語以附益之。今觀卷中，意在評論其詩，發明旨趣，以示初學，註非所重也。然文字淺近，識見亦多拘滯，杜公詩意，未必盡如所言，恐非出東山之手。以道園之事推之，疑亦陋儒所爲，託諸東山，以配道園，使得并轡連鑣，同傳於世耳。己卯八月十七日，藏園老人識。

明刊岑嘉州集七卷跋※

此明正德刊本，中板式，半葉十行，每行十七字，白口，四周皆單線，無邊闌，文字異者注於上闌。前有杜確序，後録《文獻通考》一則，有正德十五年江瑞熊相後序，又華泉邊貢題辭。據熊序言，巡按山東，邊子廷實出此本見視，屬梓以行之，乃以付濟南知府高嶼，而同知劉信實董之云。

按此本傳世較稀，虞山瞿氏目有之，錢塘丁氏則爲影寫本。余於壬子夏間得此刻殘本，缺首二卷，嗣屬友人假江南館中藏本影寫補完，爲岑詩存此别本。至其字句之勝於他刻，瞿氏曾舉《酒泉太守席上醉後作》一首及《優鉢羅花歌序》二條，謂足正八卷之誤。異時當手勘一過，詳考異同，所得或不僅此也。辛巳十月廿六日，藏園呵凍識。

明本岑嘉州集八卷跋※

此明正德本，與《王摩詰集》版式字體悉同，亦爲半葉十行，行十八字。前有京兆杜確序。詩以分體爲次，亦與《摩詰集》同，意必同時合雕者。

按：《嘉州集》據《唐書·藝文志》、《崇文總目》、晁氏《讀書志》、馬氏《經籍考》、鄭氏《藝文略》、焦氏《經籍志》所載，並作十卷，此本八卷，獨爲殊異。然觀杜確序，云「區分類聚，勒成八卷」，兹刻爲數正符，當爲原本之舊者。《天一閣書目》云，黎侍御乾德屬嘉州守謝元良刻者乃八卷。此本時代雕工審之，疑即謝氏所刻，俟再博考之。

嘉州集《四庫》未收，阮氏進呈即此八卷本，并附誌之。辛巳十月杪，藏園老人識於抱蜀廬。

明本蕭文元集跋※

此唐蕭茂挺集也，明崇禎時梁溪曹荃亢宰所輯刻，以《唐書》載門人私謚文元先生，故以名集。凡分五卷，卷一賦，卷二詩、序，卷三表，卷四牋、書，卷五書，末附録詩文遺事，前有崇禎庚辰荃自序。本書半葉九行，行十八字，其版式與元宰所刻宋之問《宋學士集》、張紹和所刻盧昇之《幽憂子集》正同。蓋張紹和既刻成《漢魏六朝七十二家集》，復下及於三唐、兩宋，乃梓及初唐四子而紹和没。元宰官漳州守，與紹和同志，相與參訂，鋭意刊傳，紹和没而元宰繼之，其所刻唐人文集自宋、蕭而外，余所見者有《張曲江集》十八卷，《李趙公集》十六卷、《李北海集》六卷，皆紹和編定而元宰所刊者。其同時漳郡開雕有無他集，初不可知，第以流傳甚罕，余所及見者祇此五集耳。

按：《唐書·藝文志》載《蕭穎士文集》十卷，晁、陳二志亦同，原本久佚。文淵閣著録者祇一卷，爲後人所輯録，出曹倦圃家藏本。然所存僅賦九篇、表五篇、牋一篇、序五篇、書五篇，而史所載《與崔圓書》乃不載。今此本存賦七篇、序四篇、表六篇、牋一篇、書七篇，而《與崔圓書》宛然具存，其文多出《文苑英華》，而採輯者獨遺是篇，何也？觀所致韋述書，凡四千五百言，詞高理博，巍然冠代，論史之識儕於子玄，經國之略卓於牧之，藴負閎奇，宜其俯視一世，而史乃譏其以褊傲困躓。後之誦其文者，宜爲之憤慨而不平也。己卯八月，藏園老人識。

藏園羣書題記卷第十二　集部二

唐别集類　二

明萬曆本韓君平集跋

韓翃詩舊傳爲五卷，明時河中劉成德編刊者，乃依詩體分爲八卷，黄蕘翁固已譏之矣。此萬曆江氏刊本，分上、中、下三卷，與活字本同，意其溯源當較古也。書爲半葉八行，行十八字，每卷題「虎林江元禔邦宜甫校」一行。前有萬曆四十一年樟亭江元禧序，宛陵梅鼎和序。此本爲繆藝風舊藏，雕工粗率，殊不耐觀。余以君平詩自《唐百家詩》本《唐詩二十六家》本活字本外，專刻者較爲罕見，故録而存之，竢異時得覯舊本可取資校勘焉。戊寅二月十日，藏園記。

明正德本盧綸詩集跋※

北平圖書館新收唐《盧綸詩集》三卷，明正德刊本，十行十四字，黑口，四周雙闌，題「河中劉成德校增并編次」。前有正德乙亥河中東峰劉成德序，言幸於友人沈天祥家獲盧、郎士元集，手加校證，得若干首，續合唐諸家集中又得若干首，以近古體五七言爲次。唐史言帝遣中官悉索家笥，得詩五百首 皆入祕書省。今尚未傳布，止得此耳。後有好文大家當續入之云。是世傳十卷本成德固未見，此則其所輯録付刊者。

今考席刻本十卷，爲詩二百八十四首，此本三卷，凡一百首，取兩本對勘，與席刻同者八十九首，其《蠻家》以下十一首爲席刻所無，題下未注所出，不知劉氏録自何書也。劉氏喜刻唐人詩集，余所見者有宋之問、杜審言、白氏諷諫、耿湋、郎士元諸集，其版式大率相類，意其所刻當不止此耳。校定詞句，改正極多，與余昔年所校明活字本合者十之六七，其他意義亦視席本爲勝。或劉氏所見多古刻，視後來展轉沿訛者要爲有據乎？文字異同，竢他日别爲校記以存之，兹將所補各詩標目於左：

蠻家五律　送華陰隱者五律　欲別五律　夜泊淮陰五律　經李白墓五律　白髮歎五律

寧州春思五律　送永陽崔明府五律　送恒操上人歸江外省覲五律　上巳日陪齊相公花樓宴五言排律　山店七絕

鈔本新刊權載之文集跋

《權文公集》《四庫》著録爲十卷本，據《提要》言，乃明嘉靖時劉大謨序刻者，所存祇詩賦十卷。其王士禛之五十卷集本已不可得。至嘉慶丙寅，朱石君乃出其兄竹君藏本，醵資鋟梓，於是《權集》五十卷之完本乃重出於世。

余昔年得此本於廠肆，凡五十卷，爲朱子清舊藏，又有鄂氏順安藏印。半葉十二行，每行二十一字，首卷書名上標「新刊」二字，卷十一以後文集目録皆在每卷前，與本文相接，審爲宋刊原式。鈔手雖未爲工，要是乾、嘉間風氣。以朱刻本校之，卷次悉合，惟行款改易及文集各卷前附目録删去耳。

據朱刻自序言，竹君得祕本於五柳居陶賈，當時惟陶請假鈔一部，此外不輕示人。後石君聞之，從姪少河手索出，録存副本。彭芸楣又借去移寫一部，手自校勘。石君所謂海内僅有四本也，其互相矜祕如此。然觀《楹書隅録》，海源閣亦有一帙，爲孫淵如校補之本，則當時好書嗜古之人固有聞風傳録者。此本當亦同時所繕，若朱本既出，又何庸勞費如此耶！

此書宋本昔年出於廠市述古堂，余曾假觀數月，并校勘一過。原書半葉十二行，行二十一字，白口，左右雙闌，存卷一至五，卷四十三至五十，共十三卷，字勁而行密，所謂蜀刻也。同時所出尚有唐人集八家。各書皆有元「翰林國史院官書印」朱文大木記，又有劉體仁印。蓋即王漁洋所見之本，第此集及《元微之集》不幸而殘佚耳。後得此鈔本，核之行款，無一不合，是源出宋刻無可疑矣。

顧余觀近時楊紹和、葉德輝、莫伯驥諸人之跋，皆訾議朱刻之不善。莫氏至疑及鈔本出於宋刻之不足據，謂朱氏以殘宋本分湊而成，尤爲臆説。夫朱刻輕改行款，校刻草率，其未善固也。然謂卷三十三之《陸贄翰苑集序》、卷三十四之《左武衛胄曹許君詩序》目皆載之，而文則刻入《補遺》，謂爲强湊之證。不知宋本卷三十三目固無《翰苑集序》，卷三十四雖有《許君詩序》而本卷並無其文，朱刻爲恪遵宋本，故列其文於《補遺》，於義正當。且不特此也，宋本卷三十四目尚有《韋君詩序》一首，而文則錯入三十五卷，咎將誰歸？蓋後人過信宋本，以爲必無差誤，豈知宋時坊刻草率，訛謬亦正多也。

又葉氏於朱刻致疑之故，因得一舊刻，以校朱本，文字多不同，各類溢出之文凡十篇，又少文八篇。奂彬在世時曾以相質，余謂《權集》近世未聞别有鋟梓者，深以爲異。及後游南岳，道出長沙，至其姪定侯家索觀此書，乃恍然知爲《全唐文》之墊印本，每卷漫去前二行書名。不知何人弄此狡獪，以啓後來之疑。實則《全唐文》爲揚州刻本，字體易辨，又每人前列小傳，文字時有增補，無一與原集卷數符者，識者過目即知。乃欲持此以翻朱刻覆宋本之案，寧不重可笑哉！

惟孫淵如本輯有《詩文摭遺》一卷，是足補此本之未備，異時倘得一遇，當録附於後，俾成完帙焉。癸未浴佛日，藏園晨起識。

鈔本權文公文集跋※

此本據明嘉靖本影寫者，半葉九行，行十八字。前有嘉靖二十年辛丑東阜劉大謨序，言楊公升菴於滇南獲是集，僅存目録及詩賦十卷，遂梓而行之。卷末有清江敖英後序，言大中丞劉公鎮蜀之明年，得唐相權文公集，親掞藻序之刻焉。是知此書固刻於蜀中者也。刻本流傳特罕，近代藏書家惟虞山瞿氏有之，此本余曩游吳中，得之沈韻初家，蓋從瞿氏本影摹而出者。乾隆時《四庫全書》開館，求五十卷本不可得，乃取此本著録焉。《提要》深歎此本僅存目録及詩賦十卷，劉刻又删其無書之目，德輿文集遂不可考。今檢此帙，五十卷之目録宛然具在，是較《四庫》本爲勝矣。其後朱氏既刻全集行世，而宋刻殘本余近年亦幸得見之，則此十卷之本儲以供對勘之資可耳。

敖英字子發，正德辛巳進士，官至河南右布政使，有《心遠堂集》傳世。集中有《輞川謁王右丞祠》詩云：「蜀棧青騾不可攀，孤臣無計出秦關。華清風雨蕭蕭夜，愁殺江南庾子山。」興幽思遠，爲時傳誦，亦雋才也，故附著於此焉。癸未釋迦生日，藏園識。

明萬曆洗墨池刊本薛濤詩跋※

《薛濤詩》一卷，舊題元刊本，半葉八行，行十六字，四周雙闌，版匡陰陽葉不相聯屬，惟中縫上方題「薛濤詩」三字，字仿坡公體，頗具逸宕之致。前有《薛濤傳》一篇，次目録，次詩，以五律、五絶、六言、七絶爲次。後附《與田洙聯句》詩。葉尾二行有補綴痕，蓋末有「萬曆己酉春仲鐫於洗墨池」一行，書賈欲充元刊截去之也。

考此刻傳布極稀，各家書目均不著録，惟嘉慶時沈綺雲有重刻本，據卷尾牌子所記，云「嘉慶庚午雲間古倪園沈氏從吴門士禮居黄氏借本翻行」，行格悉與此同，末葉正有洗墨池一行，乃知從此本覆雕者。黄氏藏本今不知流傳何家，藝風所輯《士禮居題跋》亦不載是書。沈氏翻本絶精麗，頗爲世重，惟字仿率更體，與此不類，板匡四周縮小寸許，與《楊太后宫詞》、《魚玄機詩》同式，斷非影摹上版者也。其第二十一葉與田洙聯句題秋夜五十韻中空白一葉，題「原闕」二字，兹帙則此葉完然具存，爲黄氏所未見，彌可珍矣。又沈本目五葉，詩二十三葉，各記號數。明本則通爲二十八葉，此亦翻雕改易之一失。卷首尾均有袁又愷印記，又愷與蕘夫同郡同時，往還至稔，蕘夫於故書缺卷脱葉往往多方搜訪，手寫補之，此帙乃獨見遺，何也？

余於甲寅春遊滬瀆，獲見於沈乙盦海日樓中，樊山前輩方題小詞其上。余愛翫不忍釋手，隔歲乙盦遂輟以見詒，余檢弘治本《山谷別集》報之。蓋乙盦喜涪翁舊槧，余則重爲蜀人遺著，交易而退，各得所欲也。長夜檢篋覩此，因略叙源流，識諸卷末，樊山題詞亦附存焉。

乙盦先生購得此本，亟以見示，繙帋數過，溽暑都忘。甲寅閏五月十九日，樊增祥記。

萬里橋邊，枇杷花底，閉門鎖盡鑪香。孤鸞一世，無福學鴛鴦。十一西川節度，誰能捨女校書郎。門前井，碧桐一樹，七十五年霜。 琳瑯，詩半卷，元明槧本，佳語如簧。自微之吟翫付東陽。恨不紅箋小字，桃花色，自寫斜行。碑銘事，昌黎不用，還用段文昌。

乙盦先生屬題詞其上，調寓《滿庭芳》，乞政。甲寅閏五月二十六日燈下，增祥倚聲，時年六十有九。

校明鈔本王建宮詞跋

此《王建宮詞》百首，爲毛氏綠君亭刊本，余既據朱竹垞翻宋本校正一過，編次既有參差，詞句復多違異，咸悉志之卷中矣。嗣又以家藏明萬曆甲午吳氏雲栖館《三家宮詞》本覆勘之，訂正文字視宋本不盡符合，而其中與花蕊、王珪兩家羼雜尤多，知所據與宋刻非出一源，頗難爲之刊正。

頃承趙君斐雲以明人寫本一册相贈，因更取以對勘，次第與各本咸不同，而其中異字較之宋本輒爲佳勝，雖寥寥數葉，而珍奇祕異逾於十朋，良友之惠，當什襲以儲之。原本棉紙，藍格，半葉九行十八字，版心有「江村別墅」四字。末紙幅殘破，字迹間有蠹損，審其册式當爲天一閣遺物。卷末數番載《小游仙詩》四十六首，未審爲何人所作，竢考之。

宋刊音注韓文公文集跋※

《音註韓文公文集》四十卷，外集十二卷，次第大率與他本同，惟遺文、傳贊、後序等篇合爲外集末兩卷，爲小異耳。全書及前後均不載撰註人姓名，以五百家注本考之，知爲文溪祝充也。中版式，半葉十二行，每行二十二字，注雙行同，白口，四周雙闌，版心上方記大小字數，下方記刊工姓名一字，間有二字者，記字數亦偶有在下方者。宋諱避至敦字止。前有趙德文録序，李漢序，爲半葉十行，行十八字。收藏有「吳郡潘寅叔藏書印」、「潘氏寅叔珍藏」、「瞻緑堂陳寅之印」、「陳道復印」、「盧倧私印」、「李長英印」各印記。舊藏臨清徐司業家，《藝風堂藏書記》曾述及之，蓋見於徐氏也。今爲蕭山朱君翼庵所得，浭陽張庾樓曾詳加考訂，撰爲跋語，兹附於後。余頃從翼庵假校，偶有所見，亦著一二焉。

右宋本《音注韓文公集》四十卷，外集十二卷，敦字减筆，避光宗嫌名，紹熙時刻也。槧印精良，字畫方整，望而知爲浙刊。注文專研訓詁，簡當有法，惜未著撰人姓氏。以方氏《韓集舉正》勘之，與所舉浙本有合有不合。復取《五百家昌黎先生集》對校，則所採文溪祝氏説與注皆同，惟魏氏集取諸家，不無删節，遂不若原注之詳盡耳。祝氏名充，字廷實。文溪水名，在明州南四十里，隸兩浙東路。此爲祝氏原刻，仍浙本也。書中標題不書「昌黎先生」，外集與《遺文》傳、序通作十二卷，外集不收《與大顛書》，《贈河陽李大夫》及《苦寒歌》不在外集，而在本集第七卷之末，此皆異於他本者。末有吕夏卿序一首，祝氏蓋用吕本也。宋本唐人詩文集傳於今者大率坊間彙刻之書，得者已珍如球璧，此祝學士校注單行善本，裒然巨帙，七百年完好如新，而在在處有神物護持者乎，真驚人之祕笈也已，翼厂其永寶之！張允亮誌。

按：此書晁、陳兩家皆不載，馬端臨《經籍考》、《宋史·藝文志》亦無之，惟吴郡陸之淵序《柳文音義》，言潘廣文仲實撰是書實仿祝氏爲之，其言曰：昌黎文有江山祝充音義，既反切難字，又注其所從出，亡以復加。惟《子厚集》諸家音義不稱是，自詭規模祝充，撰柳氏釋音，數月書成云云。考陸序作於乾道三年，是祝氏成書已風行一時，故潘緯得見其書而取法之，推其歲月，祝氏當爲南渡初炎、興間人矣。其後至慶元時，魏仲舉輯五百家注，乃取其音釋入書中，而列其姓氏於卷首，所謂文溪祝氏是也。今取宋刊魏氏本逐卷披覽，則所採諸家以樊汝霖、孫汝聽、韓醇及祝氏爲多，樊、孫、韓三君皆吾蜀人，而所採祝氏註以此本核之，幾於悉數收入，是廷實《音注》之見重於當世可知矣。

顧庾樓謂「魏氏集取諸家，不無删節，遂不如原注之詳盡」，則殊不然。余從幼平假閲，竭數日之力校勘十許卷，更以仲舉本比而觀之，則其文字詳略頗不盡同：有全録祝注而文字略加删節者，有魏本所采祝註音釋加詳而此本乃僅存其半者，有所引祝註全條爲此本所無者。兹就南山各詩中略舉數則，列表於後，俾覽者字櫛而句比之，斯其同異瞭如指掌矣。

然余因是蓄有大疑焉。魏氏原本於諸家注文皆先以大字標舉姓氏於上，其條段至爲分明，則決無攙雜錯紊之病可知。夫原本詳而輯本略，則出於後人之删落猶可言也；今乃原本略而輯本轉詳，此其故真難索解矣。以余私意測之，今所傳之宋本乃祝註之節本也，仲舉采輯時所據之本乃全本也。全本迄今固已無傳，而此節本遂孤行於天壤間，於是兩相比類，其溢出之文乃至於不可勝計。嗚呼！以風行一世之鴻著，數百年來飄零散佚，漸就湮沈，而轉賴仲舉采輯之役，收拾遺補闕之功，斯亦廷實所不及料者乎？設後之學者，舉仲舉所録之文掇拾而彌其罅漏，則一旦神明頓還舊觀，固非難事矣。

抑余更有感者，昌黎之文，閎深奥博，非注不明，考魏氏所舉全解孫汝聽、韓醇、劉崧、蔡夢弼、蔡元定及祝氏，凡六家，今其書多不傳。韓、祝兩家宋本僅存，不絶如綫，近世通行者惟朱文公、王伯大、廖瑩中三本，則皆集註也。廖氏本一再翻雕，流傳尤廣，然其書實視諸本爲劣，後人徒以其槧工精麗，争相愛重，不知其訛陋實甚也。陳氏景雲謂瑩中全無學識，其博採諸條，不特遴擇失當，即文義亦多疏舛，因撰《韓集點勘》四卷，專糾其失焉。余以謂讀韓集者，若求集注，當以魏仲舉本爲優，若求一家之言，則舍祝氏莫屬矣。今仲舉本幸得宋建本印行，家有其書，行當縱臾翼庵以新法流傳茲帙，使文溪遺著垂絶而復續，其爲功於韓門豈淺鮮哉！至宋人全注，余别見有文讜經進詳註本。讜爲蜀之普慈人，開板於眉州，其名爲五百家中所不見。異時倘得所假手，重付雕鐫，斯亦吾輩後學之責也。聊志於此，以諗鄉人。

又庚樓跋謂卷末有吕夏卿序，因推知祝氏所用爲吕本，以余考之，其所據蓋杭本也。

案《瞿氏目》有錢求赤校宋本《昌黎先生集》，其篇次與考異本同，惟《贈河陽李大夫》、《苦寒歌》二首列正集卷七末，不入外集，卷尾有呂夏卿序。今祝本此二詩正列卷七末，與所校宋本同。據《瞿目》言，錢氏所校爲宋刊小字浙本，核與方崧卿所云杭本脗合，疑即祥符杭本，朱子所云監本是也，則祝氏所據爲祥符杭本無疑矣。質之庾樓，其以爲然否耶？

祝氏音注文字比較表

祝氏原注：	五百家本引祝注：
《南山詩》	《南山詩》
噣音晝，喙也。	祝曰：鳥口也。《史記》中行人面鳥噣，音晝。
嵂崒，山峻也。	祝曰：《史記》：隆崇嵂崒。
輭，而兖切，柔也。酎音宙。《禮記》：天子飲酎用禮樂。	祝曰：《後漢》：安車輭輪。柔也。《禮記》：天子飲酎用禮樂。注：酎之言醇也，謂重釀之酒也。輭與軟同，而兖切。酎音宙。
歊歔：上虚嬌切，下休居切。歊，熱氣。《説文》：歊歔，氣出貌。	祝曰：歊，熱氣。《説文》：歊，氣出貌。歊，歔也。《老子》：或歔或吹。

祝氏原注：	五百家本引祝注：
鑠，一作轢，音歷，所踐也。	祝曰：轢，車所踐也。《周禮》：大馭，犯軷。注：既祭之，以車轢之。《吕氏春秋》云：陵轢諸侯。音歷。
磔，陟格切，裂也。癯音劬，瘠也。	祝曰：開也，張也。《爾雅》：祭風曰磔。注：磔狗以止風。《禮記》大爍旁磔。癯，瘠也。《選》：癯、瘠改貌。
曦音晞，日光也。	祝曰：曦，日光也。《選》：隆暑方赫曦。
簉，初救切，雜也。嵇康曰：承間簉之。	祝曰：簉，倅也，齊也，雜也。《左氏》：僖子使助薳氏之簉。注：簉，副倅也。
詆音邸，訶也。按：竇字原本無注。	祝曰：詆呵也。《史記》：舞文巧詆。竇，穴也。
霰，先見切，雨雪雜也。粈，女救切，雜也。	祝曰：霰，雨雪雜也。《詩》：先集維霰。粈即謂雜粈，《儀禮》：無物則以白羽與朱羽粈。

續表

祝氏原注：	五百家本引祝注：
猱穴：上奴月切，猴屬。下音抽，鼠屬。	祝曰：猱，猴屬。《詩》：無教猱升木。狖，鼠屬，善旋。一云獸名，似猿。《楚詞》：猿狖雜處兮虎豹嘷。
塭，芒逼切，土塊。怐愗：上音寇，下音茂，愚貌。又不明也。	祝曰：塭，土塊。《爾雅》：塊，塭也。怐愗，愚也。《楚詞》宋玉《九辨》云：直怐愗而自若。
鼯鼬：上音梧，下音抽。蟲，似鼠。	祝曰：《爾雅》云：鼯鼬夷由。注：謂之飛生。又曰：鼬鼠。注：鼬似鼦，赤黃色，大尾，啖鼠。
賁育：上音奔。賁育，古之勇力人。	祝曰：揚子曰：或曰賁育。注：夏育、孟賁，皆衛人。
肴核：上何交切，下音翮。飣餖：上丁定切，下音豆。	祝曰：《詩》：殽核爲旅。注：殽，豆實也。核，加籩也。餖：《玉篇》云：貯食也。
宿留：上音秀，下音溜。漢武帝宿留海上。	祝曰：宿留，有所須待也。《史記》：宿留之數日，無所見。又，武帝宿留海上。

續表

祝氏原注：	五百家本引祝注：
《謝自然詩》	《謝自然詩》
妖患：音還，一作妍。	祝曰：患字義與去聲同，見《楚詞》屢雜憂而逢患。音還，一作妍。
《懷秋詩》	《懷秋詩》
薿薿，音擬，茂也。	祝曰：《詩》：黍稷薿薿。《文選》：庭前有佳樹，緑葉發華滋。
其下澄湫水。無注	祝曰：即公《南山詩》：因緣窺其湫，炭谷湫也。
婉孌：上音宛，下力兗切。宛，順也。	祝曰：《詩》婉兮孌兮。注：婉，少貌。孌，好貌。上音宛，下力兗切。

宋元合璧本朱文公校昌黎先生集跋

此華亭張文敏公藏書，以宋元刊本合配成書，自序例、目録、卷一至七爲元本，卷八至十六爲宋本，卷十七至二十爲元本，卷二十一至三十二上半卷爲宋本，卷三十二下半卷至四十終爲元本。宋本半葉十二行，行二十一字，共存二十卷半，細黑口，雙闌。元本半葉十三行，行二十五字，粗黑口，雙闌，共存十九卷半。首尾相銜，卷帙無闕，可題爲合璧本矣。各卷多經文敏點勘，間有朱筆改訂評論之處，卷十三末有「雍正辛亥四月初六句讀，張照記」墨筆一行。其宋本間有闕葉，經文敏手寫補完者爲卷十二之十三、四兩葉，卷十四之三、五、八、二十二葉，凡六葉，皆小楷精湛，有晉唐遺法，至足玩味。其書後爲文敏裔孫興載所得，守護維謹，卷中鈐印十餘，知其寶愛至矣。

《韓集》元刊細字密行，世所恒有，余篋儲一帙，爲汲古閣舊物，獨宋刊特爲罕見，此帙所補亦非一刻。一筆法疏俊，一結構謹嚴，要皆是晚宋閩巾風氣耳。大流傳古本已自足珍，况經名人寶藏，其人又以工書著名一代，手書精楷，補闕拾遺，多至四千餘言，匪特文庫之舊編，實爲藝林之瓌寶。吾願後之得此書者，當焚香百拜，盥手而展誦之，庶幾前輩之精神得穆然晤對於螢窗雪案間也。癸未十二月既望，沅叔識於昆明湖上清華軒。

校宋刊大字本重校添注音辯唐柳先生文集跋※

《柳子厚集》古刻本存於世者，有元刊十三行本，宋刊十一行本，余皆得寓目。近歲始有世綵堂本出世，其書出於紹興山中故家，余方游申江，聞訊急資助肆賈往致之，嗣乃爲粵人潘明訓以高價攫取，今蟫隱廬影印本是也。前歲海源閣藏書輦致來津，其中有宋刊九行本《唐柳先生文集》，余曾得一覽，審其版刻，當在諸本之前。然倉卒中不及校勘，深以爲憾。頃游廠市，在文友書坊見一宋刊殘本，行款正與海源閣所藏同。存卷爲卷八至十三、卷二十三至二十五、卷二十九、卷三十、卷三十五至三十九、卷四十二，通得十七卷。格式爲九行十七字，白口，雙闌，版心上記字數，下記刻工姓名。標題爲「重校添註音辯唐柳先生集」，避諱爲朗、匡、胤、恒、貞、桓、慎諸字，注文爲「韓曰」、「孫曰」、「童曰」、「張曰」、「集注曰」、「補注曰」各家，刊工爲朱梓、曹冠宗、曹冠英、鄭錫、朱春、高春、高文、繆恭、陳良、王仔、王信、毛端、石昌、丁松、王遇、陳斗南、張待用、王顯、龐知柔、董澄、吴叙、金滋、徐禧、劉昭、馬良、丁日新諸人。

余取游氏本校其正文，所得異字多與世綵堂本同。其溢出之詩文，如卷十《司馬凌君墓後志》及卷四十二附録劉夢得詩，廖氏本亦有之。又取注文與廖氏本對勘，其文字亦脗合無二，各本異字注於下者亦正同。惟此本注上標明「孫氏」、「韓氏」等，廖本則去之，是瑩中所刻正出此本，特删去「重校添註」等字耳。

此書首卷僅存目録後半，序跋已失，不詳爲何時、何人所刻，海源閣本亦無之。然楊氏《楹書隅録》引《何義門讀書記》言，據陳氏《書録解題》：「姑蘇鄭定刊於嘉興，以諸家所注輯爲一編，曰集注、曰補注、曰章、曰孫、曰韓、曰張、曰董而皆不著其名。其曰重校、曰添注，則其所附益也。」疑爲鄭定所刊。楊氏又據刊工姓名有曹冠宗、曹冠英、丁松、王顯諸人，與鄭氏在嘉興所刻《愧郯録》同，益可爲鄭刻之確證。今以此殘册中所存諸注家姓氏及刊工姓名考之，則余謂此本與海源閣藏本同者，既毫無疑義，而斷爲鄭氏嘉興所刻，亦因以證明矣。乙亥六月二十二日，藏園老人校畢記。

宋永州本唐柳先生外集跋※

此《柳先生外集》余得之申江書肆，舊爲獨山莫氏所藏，有郘亭之子繩孫識語，考證至詳。宋刊本，半葉九行，行十八字，白口，左右雙闌，版心下魚尾下記字數及刊工，其姓名可辨者有趙世昌、陸公才、陸公正、伍盛、唐昌、公誠、如松寺名，又林、宋、成、輝等一字。卷首目録下接本文，後附韓昌黎撰《墓誌銘》、《祭文》、《羅池廟碑》及傳一首。末有乾道改元吴興葉桯後序，據序言，此本刊於永州郡庠。桯爲夢得之子，今《石林燕語》爲桯與楝、模同編，正德本猶存其標題，可考見也。外集詩文凡四十五首，與世行外集同者祇八首，餘皆散在本集各卷。其《送元暠師詩》、《上宰相啓》、《上裴桂州啓》三首爲世行本所無，尤足異也。取明刻校之，各篇文字頗有差異，《河間婦》一篇增改至三十餘字，葉序所謂「裒集善本，會同僚參校」，洵足信也。

余生平所見《柳集》宋刊本爲海源閣之添注重校音辯大字本，九行十七字，虞山瞿氏之新五百家注本，十行十八字，李椒微師之增廣注釋小字本，十二行二十一字，潘氏寶禮堂之世綵堂本，九行十七字，而獨未見有此本，蓋七、八百年以來絶跡於天壤也久矣。且此本匪特版刻不同，其編次亦異，寥寥小帙中竟得有佚文三篇，而其他勝異之字又不可悉舉，洵可謂斷種之祕籍，鎮庫之寶書矣。

顧此帙在吾國號爲孤本，而訪之日本，乃尚有流傳者。考《經籍訪古志》載賜蘆文庫藏有永州本《柳集》，存卷十四至十八、卷二十九至三十二，又外集一卷，末記「永州今重雕《唐柳先生文集》一部，三十二卷，外集一卷，乾道元年十二月十五日畢工。」又紹熙辛亥永州州學教授錢重跋云，爲之是正，且俾易其板之朽敝者云。後又有嘉定改元十月郡守汪楫跋。由此觀之，日本所藏雖較余本爲補刊晚印，然本集末卷猶存，可知永州所雕確爲三十二卷之古本，又以知自乾道校刻以後更有紹熙、嘉定二次之重修。不意此孤笈異書，東西兩邦，各留此殘帙，得以互相證明，斯亦奇矣。

考陳氏《書録解題》，謂劉禹錫序「言編次其文爲三十二通」，「今世所行本皆四十五卷，又不附誌文，非當時本也。」至後世乃追改劉序以合之，故《四庫提要》亦以爲疑。今得此宋刊，可以證三十二卷實爲《柳集》之古本，與夢得原序正合。惟莫氏所跋，謂柳氏外集各本皆作二卷，獨此爲一卷，遂疑爲即《晁志》著録三十卷之本。彼未知賜蘆文庫藏本可以相證，則其説差池自無足怪也。今取葉序及莫跋録於左方，俾學者得此可以見刊板之源流，與卷第之同異。倘世有穆伯長其人者，知柳州遺文尚留此異本，其忻慰爲何如耶！

辛巳祀竈日，藏園老人識。

重刊柳文後叙

按《子厚年譜》，永貞初自尚書禮部郎出爲邵州刺史，道貶永州司馬。元和中始召至京師，凡居永者十年。今考本集所載，見於遊觀紀詠，在永爲多，蒐訪遺蹟，僅獲一二，它皆不可考。郡庠舊有《文集》，歲久頗剥落，因裒集善本，會同僚參校，凡編次之殽亂、字畫之譌誤，悉釐正之。獨詞旨有互見旁出者兩存之，以竢覽者去取。命工鋟木，歲餘其書始就。噫！零陵號湖湘佳郡，且多秀民，文物之盛甲於他州，豈子厚之殘膏賸馥霑丐迨今而然耶！然則新是書以流布，豈特補是邦之闕遺而已，學者幸察其區區焉。乾道改元季冬丙子，吴興葉程書。

莫仲武柳外集跋

唐、宋《志》載《柳集》竝三十卷，晁氏《讀書志》亦三十卷，外集一卷。趙希弁《附志》作四十五卷，外集二卷。陳氏《書録解題》所載凡三種，竝四十五卷，外集二卷。《天禄琳瑯書目》載宋槧二、一爲魏仲舉集注本，正集二十一卷，外集二卷；一爲韓醇詁訓本，正集四十五卷，外集二卷；元槧三，竝童宗説注釋本，正集四十三卷，外集二卷。《天禄琳瑯書目後編》載宋槧四，元槧二，亦童注本，卷數竝同。以上諸本分卷各不同，要以三十卷者爲最古。陳氏《解題》謂「劉禹錫作序，言編次其文爲三十二通，退之之誌若祭文附第一通之末。今世所行本皆四十五卷。又不附誌文，非當時本也。」是宋時所刊柳集已非劉氏之舊。《四庫提要》謂「或後人追改劉序，以合見行之卷數。」按《劉集》載《柳文序》，實作三十二通，則四十五確爲後人追改無疑。各本《柳集》所載劉序皆作四十五通。今獲此宋槧外集一卷，詩文凡四十三首。各本已闌入正集者三十二首，入外集才八首。又溢出《送元暠師詩》、《上宰相啓》、《上裴桂州狀》三首，則諸本正、外集皆不載。卷末有乾道改元吴興葉桯刊書跋，蓋桯官永州刻之郡庠者也。所見《柳集》數本，外集皆一卷，唯《晁志》作一卷。昭德與桯實同時，或所弆即此永州本也。是册爲曹楝亭氏舊藏，檢《千山曹氏藏書目》，此種注云三十二卷，乃合此外集暨附録計之，益足證永州本正集爲三十卷無疑。以是外集例之，其正集必有大異於諸本者，惜哉！同治十二年太歲癸酉秋七月既望，獨山莫繩孫識。

明濟美堂刻河東先生集跋※

此本文集四十五卷，外集二卷，《附録》二卷，《龍城録》二卷，《集傳》一卷，半葉九行，行十七字，注雙行同，黑口，四周雙闌，板匡下有「濟美堂」三字，每卷均有「東吴郭雲鵬校壽梓」八字木記，楷書、篆、隸不一，蓋嘉靖中郭氏據宋本重刻，世人以配東雅堂《韓集》，蓋皆出於廖氏世綵堂本也。

此本初印精善，棉紙厚潔，余壬子春獲於滬市，爲結一廬朱氏藏書，有「唐栖朱氏結一廬圖書記」、「朱氏文房」諸印記。聞朱子清宗丞藏書頗富，身後爲其婿家張幼樵副憲所得，張氏家居金陵，辛亥，第宅爲兵所據，其書爲人輦致上海，然其精祕故無恙也。郭氏此書雕鐫極精，近年世綵堂本出世，持以相校，不特字體之規格宛然，即筆致亦復肖似，可謂良工妙技矣。庚辰九月初八日，藏園老人識於企驎軒，時年八十有九。

明萬曆本河東先生集跋※

此《河東先生集》乃依濟美堂本翻刻者，其本書卷第及外集、《附録》、《集傳》等無不相同，即行格亦遵而不改，當是就郭氏所刻影摹上板者。前有清源吕圖南序，言行部入龍城，求《柳集》不可得，乃覔善本，還桂，屬李華梧等校而刻之，以歸於龍城。末署「庚戌夏書於桂林冰玉公署中。」蓋吕爲廣西巡按御史，庚戌則爲萬曆三十八年，所謂善本者，即郭雲鵬之覆宋刻也。粤西邊遠之區，刻書傳世頗少，梓工未爲精善，特過而存之，使後人知柳州文集尚有桂林所刊，爲世綵堂再傳之本也。每卷有「裕經堂」朱文印，不詳何人。庚辰九月初八日，藏園。

跋歐陽行周集※

《四門文集》余昔年曾經校過，前四卷依知不足齋鈔本，後六卷爲勞季言校本，所用底本則繆藝風前輩新刻後三唐人集本也。頃聞廠市新出有宋蜀刻本《行周集》，其行款與余藏《一鳴集》同，蓋即世傳劉公戩宋刻唐人三十家之一也。急往追尋，已爲有力者所獲，思之良用悵惘。

頃從北京大學圖書館中假出鈔本，爲李椒微師藏書，原書經吴枚庵手校，又以宋本覆勘一通。因取余校本核之，乃知繆刻所據爲明弘治莊槩本，即從宋蜀本出，與枚庵覆校者正同。至余所校鮑、勞二本，則與枚庵原鈔本合，蓋此集宋時有二本，一爲八卷，一爲十卷。十卷本在蜀中，晚出，其詩以分體爲次，各卷文次第亦多不同。今以兩本卷次分列於前，其八卷本之次第則各標於目録本題上，以備參稽。至《秋月賦》一篇此本失載，則依枚庵本補録於卷尾焉，此集庶完善可誦矣。庚辰十一月二十三日，藏園。

鮑溶詩集跋※

《鮑溶集》汲古閣刊本六卷，《集外詩》一卷，席氏《唐人百家詩》刻本亦作六卷，無《集外詩》，但有補遺。其六卷次第悉同，蓋同出於一源也。汲古本前有曾鞏序，言以史館書及歐陽修本互校，訂爲六卷。然毛子晉跋云：余家藏本共一百七十七首，視曾氏之舊可知。此明鈔本，出天一閣舊藏，不分卷第，其式甚古，疑即歐公相傳之本。第其詩較毛刻又少六首，或歷世既久，更有脱佚耶！

取汲古閣本校之，訂正凡一百四十四字。兹取前兩卷異字述之：如「宫鴉叫赤光」不作「宫雞」，「夢神本無跡」不作「不無迹」，「萬里隨人去」不作「萬事」，「迴首九天門」不作

「九仙」，「此築秦民寃」不作「秦氏」，「萬里防禍源」不作「禍根」，「宮闕□千門」不作「啓千」，「一念皎皎詩」「詩」不作「時」，「一望客人還」不作「容人」，「開閉秦北門」「秦」不作「奏」，「青塚人内地」不作「清塚」，其詞旨均勝原本。尤異者，第三卷《憶舊游》詩「幾世身在夢」下多「百年雲無根，悠悠竟何事」二句，檢閱席本亦缺，則此本淵源之古可知矣。

余昔年曾校季滄葦鈔本於席本上，其異字視此更多。然季本乃彙合各本而重加編校，非若此本其探源直出於古刻，尤足貴也。原本自天一閣散出後歸蔣氏密韻樓，今爲北平圖書館所得，蓋辛未冬趙君萬里在南中所獲者也。

校宋蜀本新刊元微之文集殘卷跋※

《新刊元微之文集》殘本，慈谿李氏所藏，存卷五十一至六十，凡十卷。憶戊申、己酉間，述古堂書賈于瑞臣得唐人集數種於山東，詭祕不以示人，余多方詗尋，乃得一見，計所存者爲《司空表聖文集》、《李長吉文集》、《許用晦文集》、《鄭守愚文集》、《孫可之文集》、《張文昌文集》，皆完整無缺。外有殘帙三册，爲《新刊權載之文集》八卷，自卷四十三至五十，《新刊元微之文集》十六卷，自一至六，又末十卷，即此册也。其後六唐人集爲友人朱翼菴所得，權、元二殘帙爲袁寒雲公子所得，余皆得假校焉。昨歲朱氏書出，余收得《司空表聖文集》，周君叔弢得《許用晦文集》，其張、李、鄭、孫四集咸爲同學邢君贊庭購之。袁氏書出，其《元集》首册歸蔣孟蘋，今已移轉入上海涵芬樓。《元集》末册、《權集》末册質於慈谿李贊，日久無力收贖。今則李氏亦不能守，將入廬州劉氏篋藏矣。此十餘年來蜀本唐人集流轉之大略也。

《元集》余昔年曾借讀一勘，惟尅日程功，懼多漏失。頃聞李氏書將捆載而南，乃取來重校一過，更取盧抱經校記互相參證，通計十卷中改定凡二百八十餘字，而題目中增益之字尚所不計。其溢出盧校之外者，至八十餘字。如：卷五十九《告贈皇考妣文》「重羅纓裳」，盧云：「羅疑罹。」今蜀本正作「罹」。《告畬三陽神文》「原濕生出」，盧云：「濕疑隰」。今蜀本正作「隰」。卷六十《祭淮瀆文》「取順拾逆」，盧云：「拾疑捨。」今蜀本正作「捨」。《祭亡妻韋氏文》「塊日前之戚戚」，盧云：「塊疑媿，日疑目。」今蜀本正作「媿」、「目」也。又，卷五十一《白氏長慶集序》，注文内「多作模勒」，「勒」乃「寫」之誤。「夫以諷諭之詩」，「夫」乃「是」之誤。卷五十二《魏博德政碑》「衆龍能名之爲副大使」，「能」字乃「故態」之誤，「之」字衍，《南陽王碑》「庫便之藏」，「便」乃「庾」之誤；「賻布帛」，「帛」乃「泉」之誤；「鑑徐究潤」乃「全徐完潤」之誤。卷五十四《崔公墓誌銘》「凡十餘日」，「凡」乃「不」之誤；《李公墓誌銘》「唯宰相罪珣瑜」，「罪」乃「鄭」之誤；「尚書遜被口詔」，「詔」

乃「語」之誤。卷五十五《嚴公行狀》，「烝糧以曝於日」，「糧」乃「粱」之誤。卷五十六《劉君墓誌銘》，「近軍郡守將」，「軍」乃「江」之誤；「諸將攝理奪其馬牛」，「將」爲「州」之誤；「諸羌之長」，「長」乃「酋」之誤。卷五十七《元君墓誌銘》，「宗姪没子公慶」，「姪」下脱「觀」字，「子」乃「嗣」之誤；銘詞「禽交加六神没」，「禽」上脱「四」字。卷五十八《陸翰妻墓誌銘》，「是唐之貞元二十五年」，「是」下脱「歲有」二字；「董方書奏議者凡八轉」，「奏」上脱「草」字；「聖善六姻」，「善」下脱「儀」字；「夫人亦不利行有年矣」，「行」下脱「作」字；「侍其側者二三歲」，「者」下脱「周」字。卷五十九《告皇祖皇妣文》，「朝列不許」，「列」乃「例」之誤；《報三陽神文》，「録事參軍元叔則」，「叔」乃「淑」之誤；「祈三辰克霽於神」，「神」上脱「明」字；《祈雨九龍神文》，「我田疇其育」，「育」乃「有」之誤。卷六十《祭白太夫人文》，「遠定死生之契」，「遠」乃「遂」之誤；「推濟壑之念」，「濟」乃「擠」之誤；「大被澤鄰」，「澤」乃「擇」之誤；「戒歌非淺」，「歌」乃「歡」之誤；「重則金鑾之英」，「重」乃「仲」之誤；《祭亡友文》，「吞呵噴渭」，「呵」乃「河」之誤；「我輩尤在」，「尤」乃「猶」之誤。皆賴蜀本改正。其他異字，殆難臚舉。蓋抱經所見乃浙本，即上溯之錢牧翁所得，及楊君謙循吉所録者，皆是也。余頃在日本静嘉堂文庫見殘本三卷，存卷四十至四十二，半葉十三行，行二十三字，結體方整，槧手精湛，爲南渡初浙刻正宗。其爲乾道四年洪景伯刻於紹興蓬萊閣者，殆無疑義。

獨此蜀本，傳世殊稀，惟洪景伯跋中曾一及之，歷來藏書家未見著録，雖僅存殘帙，固宜與斷珪零璧同其珍重矣。原本每半葉十二行，每行二十一、二字不等，白口，左右雙闌，中縫但記微之幾、十幾，而無字數及刊工姓名，板高約六寸四分，闊四寸七、八分，字體古勁，與余所藏之《册府元龜》、《二百家名賢文粹》字體刻工絶相類。其中敦字間有缺筆者。收藏有元時「翰林國史院官書」楷書朱記，又劉公戩印。此八種外，余所藏者有《孟東野文集》，所見者有《皇甫持正文集》、《劉文房文集》、《劉夢得文集》、《姚少監詩集》諸集，均鈐有「元翰林國史院官書」大印，合之凡得十三家。疑蜀中鼎刻必爲數十家，乃迄今所存祇得此數，且殘缺又居其半，欲考其時地與鋟梓之人，竟渺不可得。世代遼遠，古籍淪喪，可勝嘆哉！可勝嘆哉！己巳十二月二十九日，藏園漫記。

校明鈔本李衛公文集跋

《李衛公集》世傳嘉靖刊本爲最古，余昔年曾見黄蕘圃跋宋本十卷，又校舊鈔殘本十餘卷，均爲李木師藏書，乃知嘉靖本脱誤實甚。嗣閲陸氏《儀顧堂題跋》，言借得月湖丁氏影宋本，以校嘉靖本。因歷舉其大者，如《與黠戛斯可汗書》脱八十餘字，卷七脱《用兵之難》一首三百九十二字，卷十四脱《奏回鶻事宜狀》一首一百六十字，脱《請發陳許軍馬狀》一首一百二十七字，又《賜仲武詔》、《與王宰兼議討使狀》、《石雄請兵狀》此三篇文字羼雜糾紛，至不可讀，皆賴丁氏本訂正之。今丁氏本隨皕宋樓藏籍已歸日本静嘉文庫，欲校《衛公集》者徒隔海相望，寓目無從，未嘗不撫卷而興歎也。

頃聞徐司業遺書散出，有明鈔《李衛公集》，爲朱翼菴所得，因假得一觀，從事校勘，留置案頭者殆半載，乃克蕆功。凡陸氏所舉脱篇佚字咸具在焉，而片語單詞尚不可悉數。原本半葉十行，行十八字，卷中遇宋諱缺末筆，文集卷十至十三、外集卷一板心皆注刊工姓名，則出於宋本無疑，然則欲讀《衛公集》者正不必遠求之海外矣。校畢爲之愉快不已，因書數語以歸之。嗟夫！宋本不可得見，見此明影宋鈔竟與月湖丁氏本並留天壤間，勝於嘉靖刊本萬萬也，是豈皮相者所及知哉！翼菴嗜藏古鈔名校，具有神解，試取明刊並席而觀，知余言之非溢量也。

校李文饒集跋※

此校本《李文饒集》涵芬樓所庋，不審爲何人筆，有「閩中蕭寥亭」、「夢松」諸印，於嘉靖本之訛誤是正甚多，與黄蕘翁校宋本亦多合，是亦源於舊本矣。然余考《儀顧堂題跋》，借校月河丁氏影宋本及蘇州新刻本，其舉正各條，有一篇脱至數十百字者，而此本皆無之，則其所出非宋本明矣。

明代士大夫喜刻古籍，或藉爲羔雁之資，沿訛襲謬，不復致詳。如此集嘉靖刻向爲世所珍重，而細繹其中，乃疏漏不可究詰。後之讀者影宋本不可得，得朱氏吴門新雕亦勝於嘉靖本萬萬也。蕘翁校宋殘帙余曾假李椒微師所藏移録，然與朱本又復歧異。朱本亦言出校宋本。嗟乎！天水遺刊渺不復覯，皕宋連篋復歸海東，倘天假之緣，月河傳本復出，庶幾一掃榛蕪哉！丙寅七夕傅增湘書於藏園池北書堂。

明本李長吉詩集跋

長吉詩自金本、棚本外，明以來刻本甚多。此本失去序跋，未審爲何時所刊，然以寫刻風氣測之，當在萬曆以後矣。半葉九行，行二十一字，每卷列校勘人姓名一行，卷一爲雲間璩之璞君瑕，卷二爲金壇鄧伯羔孺孝，卷三爲金壇王㭎琨伯弢，卷四爲金壇于嘉惠生，然目録下又列「于嘉惠生梓」一行，是此本爲于氏所校刊無疑矣。詩亦分四卷，而無《集外詩》，然據汲古閣本目録核之，則詩之次序咸合，但分卷已改，其《集外詩》已納入卷四之末。明人好自出胸臆，更張舊式，大率若此，無足責也。卷中字句，校王氏本多不合。

余昔年曾假涵芬樓明初十行黑口本校於毛本上，今以此本對勘，與前校符同者八九，知其源亦出於舊刻也。此本楷法雋美，鎸工精麗，更經前人評點，朱碧爛然，布滿闌幅，留此爲諷習之資可耳。

題何義門校宋本李長吉詩集※

庚午秋，余主講清華研究院，適典書周君以義門手勘長吉詩見眎。卷端跋語一則，云康熙丙戌校碣石趙衍本，庚寅過録毛斧季校南宋本。有「俊明」、「孝章」二印，蓋金耿菴舊物也。余盛稱其佳。不數日，劉君叔雅挾以過訪，命余記其略。蓋當日同觀是書，叔雅深信余言，已出重金收得之矣。

義門勘正羣書，致力甚勤，生平所見不下數十百帙。其鉅編流傳者，如《文苑英華》一千卷藏滄州劉仲魯家，《津逮祕書》十六集藏豐順丁雨生家，其餘若《元豐類稿》、《蘇子美集》、《唐人選唐詩》八種、《中州集》，咸移録副本。敝篋所藏則有《史通》、《文心雕龍》、《李翰林別集》、《元氏長慶集》、《温飛卿集》，皆精審可誦。此書十餘年前爲貴陽陳國祥所藏，陳氏殁逝，楹書不守，友人王君以八千金傾篋輦歸。時王君與余比鄰而居，晨夕過從，因從之假讀，臨寫於近刻本。近年王君舉藏書百篋，以五萬金歸之鄧君翔。俄而鄧氏緣商業耗貲，藏書析鬻殆盡，此書遂散入内城坊肆。嗟夫！區區一帙之微，而十餘年間親見其流轉數姓，幸得有識者鑑而藏之，差免沈湮於故紙堆中，亦足慨矣。

或疑此帙爲弟子所傳録，故流散肆中，久無留眄者。然以余諦審之，則確爲真蹟無疑也。義門弟子中如沈寶硯巖、蔣子遵杲、金梧亭鳳翔諸人傳校師門諸書，余咸有之，用筆率依仿其體，而秀逸俊麗之致終不能逮，況卷中所鈐「彭城莊房」、「花香竹色」諸章往往見於他書，足爲佐證耶！又其校書自核定版本異同外，多隨文評騭，益以標點，頗沿明季批尾之習，爲大雅所不尚。然取其精要，擿其瑕纇，覽之心目開朗，要於誦習爲便，是又烏可廢耶！且其徵引古來類書、總集，旁稽博辨，已開乾隆以來考訂之風，視茅、孫、鍾、譚迥不侔矣。

嘗考義門生平踪迹，在鄉時得交毛斧季，入都後識徐健菴，故得多見古本祕籍。此南宋本《昌谷集》即從斧季假校者也。迨橐筆王府，供奉内廷，又獲窺天禄、石渠之藏，而廉親王在當時亦號爲風雅，多藏善本，因益得窮搜博采，肆力丹鉛。余所藏《史通》，跋語言閱於八貝勒府中者，即廉邸也。義門依廉邸最久，其幼女即畱養府中，世宗曾有諭痛斥其事。其女後不知所歸，而郢書燕説藉此滋爲異聞矣。義門既以校勘名家，一時名卿巨儒争相推詡。如乾隆三年詔重刊經史，方苞曾上疏，言何焯曾博訪宋板，校正《兩漢書》、《三國志》，乞下江蘇巡撫，向其家索取原本。可知其斠勘精審，正定可傳，已赫然上徹帝聽矣。

近時風尚，宋元刊本之外兼采名人校本，而黄氏蕘圃最爲世重，以潘鄭堂、繆藝風先後有《士禮居藏書題識》之輯，而訪書之官又從而倡導之也。以余衡之，黄氏晚出，多見古槧，且以收藏而兼校讐，其博識自越常人。然視義門之筆墨精嚴，考核翔實，固當遠遜。顧蕘翁手蹟，一册入市，懸直千金，選祕抽奇，見者惟恐弗獲，而何氏此書流落經年，不得邀藏家之一顧，設非叔雅之特具精鑑，什襲珍儲，其不飽蠹魚之腹者，殆幾希矣。

嗚呼！士君子矻矻畢生，其名之傳否要有數存。顧幸而傳矣，而名之盛衰，傳之久暫，又操於一時人心之尚好以爲消長。且露鈔雪纂，昔賢精力所聚，其保持而表襮之者，正有待於後人。而世易時移，好者不必能藏，藏者不必皆好，豪族之插架萬籤，或與金玉翫好同其品第，求如錢述古所云讀書者之藏書，並世曾有幾人？此余所以展卷流連，嘉叔雅之鑑真，慶是書之得所，而慨然生異代知己之感也。

校朱慶餘詩集跋

虞山瞿氏藏宋刊《朱慶餘詩集》，每葉二十行，行十八字，卷末有「臨安府睦親坊陳宅經籍鋪印」一行，即前人所稱書棚本也。取此席刻對勘，版式行格悉同，乍視疑出於一源，及詳勘之，文字乃有差異。如「回」「迴」、「仙」「僊」、「牀」「床」、「途」「塗」，同一字而結體有殊，不足爲異；然卷中如《送陳標》詩云：「滿酌勸僮僕，相隨郎馬蹄」，宋本「勸」作「歡」、「郎」作「即」；《將之上京》詩云：「唯當隨去雁」，宋本作「身爲當去雁」；《看濤》詩云：「風雨翻前駐」，宋本作「風雨驅寒玉」；固顯然有别。又，題目中如《題王長史宅》，宋本作《王丘長史》；《近試上張水部》，宋本作「張弘水部」。又，詩句注異同，如《春日旅次》「早晚榮歸計」下注「『榮』一作『營』」；《途中感懷》「何當功業遂」注：「『功業』一作『勤苦』」，皆在本句下，宋本則咸在本詩末。其他增改之字尚夥，不備列舉，知席刻所據當别一宋刊也。至席本原有空格，宋本多可填補，惜宋本佚去六葉，致第二十葉、二十六葉中所缺七字未能補完，亦一憾事，竢更博訪之。

明本樊川文集跋

此《樊川集》二十卷，外集一卷，别集一卷，明翻宋本，半葉十行，行二十字，白口，雙闌，前後無序跋，未審爲何時所刻，然以刻工風氣觀之，自是正、嘉間也。鎸雕工雅，尚存舊規。前有裴延翰序，牧之之甥也。别集有熙寧六年田槩序，謂於魏野、盧訥家得逸詩若干首，編爲一卷云。

按：《樊川集》宋刻本王漁洋曾見之，謂其雕刻最精而多數卷。然其後不聞有著録者，意亡佚矣。其行世最早者祇有此本，瞿氏目題爲嘉靖刻，亦就刊工言之，非有他據也。錢遵王有摹寫宋本，言「新刻校之，無大異。此翻宋雕之佳者」，所言當即此本。然漁洋又言，「得金陵舊刻，有謝兆申跋，爲萬曆四十一年王若所校刻，有王文恪鏊序，云是内閣祕本，手鈔以歸者」。至今日則此本之外不聞有萬曆刻，何耶？光緒中葉，吾鄉人楊君葆初曾取此本翻雕於鄂，頗爲精雅，其初印本竟可亂真，第今亦稀覯矣。余舊藏一帙，有張載華印，知爲菊生前輩先世所藏，因舉以貽之。未幾，菊生郵致此帙，云藉以補前書之闕。楮墨精湛，視余舊藏爲勝。且以卷首鈐印考之，歷經黄陶菴、金元功二家所藏，尤可寶也。歲在庚辰六月，沅叔傅增湘識於頤和園之清華軒。

薛許昌詩集跋

《許昌詩集》十卷，唐薛能著，汲古閣刻本，毛斧季據南宋本校勘，余辛亥冬在海上所獲校本八唐人集之一也。其撰人署銜爲「唐節度使檢校禮部尚書汾州薛能太拙著」，與汲古本已大異矣。張乖崖序言，凡詩四百四十八篇，依舊本例編爲十卷，雕印行世。而紹興改元山陰陸元望跋乃言删其瑕纇，得二百三十章，録藏平山書院，即今本是也。蓋沙汰之餘，僅存半數矣。今以十卷計之，通得二百二十七題，視陸氏所選更差三首，豈梓本流傳又有遺佚耶。

按：能以吟咏自負，其遺聞軼事《古今詩話》、《北夢瑣言》、《南部新書》多載之，《該聞録》稱其格調清奇可尚，誠射雕手。然自矜幹略，使氣任情，敢爲大言。爲蜀川從事日，嘗疵議孔明，見於題詠。如《題籌筆驛》云：「生欺仲達徒增氣，死見王陽合厚顔。流運有功終是擾，陰符多術得非姦。」又云：「葛侯真竭澤，劉主合亡家。陣圖誰許可，廟貌我揶揄。」又云：「焚却蜀書宜不讀，武侯無可律吾身。」又云：「當時諸葛成何事，只合終身作卧龍。」凡所以詆訶者不遺餘力。其未達時高自標舉，有云：「空餘氣長在，天子用平人。」嗟當宁之不己知也。及屢領戎鎮，又鬱鬱自歎，有云：「麤官乞與真抛却，賴有詩名合得償。」又鄙將相爲麤官矣。及鎮徐州，《元夜》詩云：「誰見將軍心似海，四更親領萬人游。」則又驕恣之情目空一世。然考其後徙帥忠武軍，卒爲大將周岌所逐，身既爲僇，家亦被屠。昔能嘗有詩云：「舊將已爲三僕射，病身猶自六尚書。」蓋能鎮彭門，時溥、劉巨容、周岌俱在麾下，故詠此以自矜。豈知奪其節、殺其軀者即此舊將之僕射耶？其才疏志亢以忤物取禍，良非無故，而乃果於訾毁前賢，亦多見其不知量矣。劉後村云：「能自負其詩，又自負其才。然位歷節鎮，不爲不用，卒以驕恣陵忽，僨軍殺身，其才安在？庸妄如此，乃輕議諸葛，可謂小人之無忌憚者。」姜明叔《蓉塘詩話》亦謂「唐之薛能始則議詆孔明而不爲之，卒至辱身喪家而僨國事，孔明果如是乎？」嗚呼！蚍蜉撼大樹，可笑不自量，若能者，余固不暇責而轉哀之矣。伏暑困人，偶讀《許昌集》適有所觸，因書其事，附之卷耑。

癸酉閏月二十四日，藏園記。

明萬曆本黎嶽集跋

《黎嶽詩集》一卷，唐建州刺史李頻所撰也。建州東南十五里有山如覆釜，名曰黎山，頻刺州有異政，郡人建祠山中，且尊山爲嶽，因以「黎嶽」名其集。詩凡百九十五篇，真德秀得遺稿於三館，欲以私錢刻梓於廟，未果。嘉熙三年，金華王埜來守茲土，乃得鋟木。元貞元、大德間裔孫邦材，至元丁丑裔孫會，先、後覆刻。明永樂十三年河南師祐正、正統七年嚴陵張瑛並爲重刊。今皆不可得見，惟錢唐丁氏《善本書志》載有至元、正統二影本耳。

此爲明萬曆丙申本，乃晉陵龔道立守郡時授京口陳善，取元、明各本三校而後付刊，蓋亦矜慎之至矣。集以寫楷上版，半葉九行，行十六字，白口，四周雙闌，異文注「一作」於本句下。前有真文忠獻黎嶽狀，王埜舊序，陳善刻書序，末有龔道立集後小序。卷中鈐印有「晉安徐興公家藏書」、「徐𤊹之印」、「蘭屏鑑藏」、「碧荊書舫」、「晁廷珍藏」諸章。

按：頻詩筆尚清健，然在晚唐諸人中亦非上駟，而元、明以來覆板至於六次，觀龔氏後序，知後人之推重黎嶽者，非以其詩爲足重，特以功德在民，數百年來謳思不忘，而汲汲思有以永其傳也。嗚呼！後世之自命爲詩人者，其思所以自處哉！

又按：此集既經陳氏詳校，固宜精審足傳，然粗披一過，見《渡漢江》詩，「嶺外音書絶」一首，乃宋之問詩，村塾兒童皆能誦習，何至羼入！豈元本即已誤收耶？明人刻書多不足取信如此，可歎也！戊寅二月，藏園記。

明崇禎本劉拾遺集跋※

此即劉復愚《文泉子集》，明季閔齊伋所刻，而别題此名。同時刻者尚有《孫可之集》，亦改題曰《職方集》，二集授梓皆在吳郡後，而傳播乃極稀，故諸家著録，吳本尚有存者，而此本乃殊不經見。余偶游廠市，見此集，乃亟購而藏之，俾與石香館本同貯焉。石香館本分六卷，此本不分卷，而篇次咸與之同。惟篇中僻字間加音釋，文字異者注一作某於句下，要其所采，當不越《英華》、《文粹》諸書。又卷中各文咸加句讀。復愚文詞詭僻，故爲之斷句，便於循誦，庶淺學後生不致佶屈聱牙，讀未終篇而遽思掩卷，斯於此集不爲無功耳。

第閔氏致力雖勤，而校讐乃多未審。如《投知己書》「欲振之者」句下乃誤接下篇《答知己書》爲文，遂致二書混爲一首，而中奪文至八九行，此校勘之巨繆，殊難以自解者也。又以《全唐文》核之，其中《論令狐滈疏》爲此本所無，疑據他書補入者。其《禺謗》一首《全唐文》不載，則據《唐文粹》爲皮日休作，而刊去之。且此本亦注明於題下，非誤收也。此本前有崇禎庚辰閔齊伋序，述蜕事爲詳，可以考見其生平志事，視熊文舉、吴甝二序，猥詞溢語，强事效颦者，固大有間矣。録如左方，庶以補史傳之闕失焉。戊寅七月識。

先生名蜕，楚之長沙人，年廿四，以其所著歌詩文爲三軸，遣使獻諸節度使崔鉉。鉉甚異之，復書珍重，然先生援魏舒薦士之義，不即往見也。荆南解比，向號天荒，大中四年先生以是府解及第第一。崔大喜，以破天荒錢七十萬資焉。先生謝以書曰：「五十年來，自是人廢；一千里外，豈曰天荒！」咸通四年秋八月，朝廷以吴德應爲館驛使。臺諫言：「故事，御史巡驛，不應忽以内臣代之。」懿宗曰：「勑命已行，不可復改。」時先生爲左拾遺，上書言：「自古明君所尚者，從諫如流，豈謂已行而不改？且自陛下行之，自陛下改之，何爲不可？」於時雖不見聽，而直聲震朝端矣。是年冬，令狐滈以左拾遺改詹事司直。初，以滈爲左拾遺，先生言，滈專家無子弟之法，布衣行公相之權，不可以居言路。蓋令狐綯執政時，時人號滈爲「白衣宰相」也。滈亦引避，故有是命。方先生之以文學舉進士也，其父戒之曰：「任汝舉進取，窮之與達，不與於吾，吾歿，爾慎勿祭祀。」乃乘扁舟以漁釣自娱，竟不知其所終。當時隮顯要者，每中奇禍，延及家族，如是者亦足悲矣。先生後登華貴，出典商於，霜露之思，於是乎止。臨終，亦戒其子如其先君之命。蜀禮部尚書纂，即其息也，嘗爲同列言之。文集十卷，先生自號「文泉子」，然往往不嘗見，僅見新安吴氏所校本如干篇，序言出於桑民懌，尚有「桑悦珍藏」印記。夫不傳於他人，而傳於桑先生，大是佳事，如干不爲少也。眉公愛其瑰琦，每讀一過，輒浮白大呼，欲以酒澆其墓。予亦云。崇禎庚辰仲春六日，烏程閔齊伋序。

舊鈔本文泉子集跋

此鈔本《劉蜕集》六卷，昔年得於廠肆，半葉十行，行二十二字，目録下題「味無味齋」，未審爲何人，觀其字蹟，亦百年前所寫也。前有熊文舉序，天啓甲子吴馡序，則亦從吴刻轉録，第改易其行款耳。吴刻不易得，得此亦慰情勝無耳。余新收崇禎庚辰閔齊伋刻本，於文字殊有不同，似從《文粹》、《英華》及别本參訂者，異時可以此本互勘之。

復愚與可之皆好爲艱澀之文，復愚辭較疏，而氣益悍，於爲文明達之矩遠矣。然《可之集》吴氏之前有吴中王文恪本，有宋代蜀刻本；復愚之文，自問青堂外，祇傳有烏程閔氏本，而又世所希見，其亦有幸有不幸耶！其文冢銘有云：「文乎！文乎！有鬼神乎！」亦有慨乎其言之矣。熊氏序文有意追摹復愚，吴氏紀事亦務爲奇澀，非文章正軌，不足觀也。丁丑三月下浣，藏園老人識。

校宋蜀本孫可之文集跋※

此唐孫樵《經緯集》十卷，余從明吴馡本摹録者，存之篋中已十五六年矣。故人朱翼盦曾藏有宋刊本，因循未得假校，近始摹印行世，因取校讀一過。其最異者，吴本卷二爲宋本卷三，吴本卷三爲宋本卷二，其他文字改訂亦逾百許，蓋吴氏所得爲鈔本，又以《英華》、《文粹》諸書釐正其異同，於天水原雕固未嘗寓目也。

昔年曾假鄧氏羣碧樓藏何義門手校本移寫一本。然何氏所見爲明正德王濟之所刻，雖言源出内閣本，而訛繆頗多，亦以不得宋本爲憾。至道光時，顧千里校勘此集，乃得見長洲汪氏所藏宋本，因舉《龍多山録》云「起辛而游，洎甲而休」，《刻武侯碑陰》云「獨謂武侯治於燕爽」一條，謂「見宋刻而後知正德本之謬」。今檢此本證之，信然。汪氏宋本後歸於海源閣楊氏，余於津門得見之，半葉十一行，行二十一字，與朱氏此本正同，余别藏司空表聖《一鳴集》行款亦如是，蓋爲蜀中所刊唐人數十種之一也。

明刊唐孫樵集跋

此孫氏《經緯集》，明末吴馡與《劉復愚集》同刻者，半葉七行，行十六字，版匡四周雙闌，惟每葉陰陽各自爲闌，前後不相連屬，視常刻爲異耳。前有「鐫唐孫樵《經緯集》記」，題「天啓乙丑蓮花生日吴馡於字祖堂滌硯濡毫正冠稽首製」。丁氏《善本志》作「吴馥字祖堂序」，名既誤書，又以「祖堂」爲其字，益舛繆矣。次録樵自序。目録下題「明吴馡重訂」，卷三、卷五、卷六、卷七、卷八、卷十末，咸有「乙丑春吴馡考訂録於石香館」二行。卷尾有舊人朱筆題識三行，文曰：「戊寅七月廿有二日，李家堡仲氏塾中句讀卒業，時秋蘭開十二枝，涼雨新霽。香巖記。」鈐有「旴眙王氏十四間書樓藏書記」朱文印。

按：《可之集》有宋代蜀刻本，與余所藏司空表聖《一鳴集》、《孟東野文集》行款相同，友人朱翼菴曾有藏本，涵芬樓已印入《續古逸叢書》矣。海源閣亦有一帙，余於津沽一見之，以諧價未成而罷。明正德有吴中王文恪家刻本，見丁氏《善本書志》。此天啓吴馡刻本，雖時代較晚，而流傳最稀，近世藏家書目，惟丁氏《善本書志》載之，餘皆傳鈔本也。余昔年於廠市曾覯一帙，以懸價過高，命小史映録一部存之。兹來秣陵閲肆，忽見此帙，亟以廉值收得之。閲卷中印章，知爲盱眙王氏十四間樓所藏。余於己未夏薄游高郵，曾登樓披閲竟日。時全書萬餘册尚未散，其中雖無宋元古本，而舊鈔祕刻亦頗有之。後爲市賈捆載至滬市，余指索諸書，多不能得，此其一也。不意區區小集，十餘年後仍展轉以入吾手，古人所謂書緣者，殆足信耶！

第有不可解者，壬子在海上楊惺吾家，曾見所藏孫、劉二集，云是吴翀合刻。惺吾盛稱此書罕祕，慎勿以版式粗陋而忽之，并影刊入《留真譜》中。今以此本與譜核之，版匡行款咸蚪若畫一，而目録標題作「孫可之集」，下署「明黄燁然、卅也剛同編輯」，較此本迥然不同，豈吴氏石香館刻版後移歸黄氏，而改題姓名耶？然同時不應有兩刻本，即好事者覆雕，其字畫豈能酷肖如是？異時倘得兩本並案而觀，庶幾一決此疑也。

又余曩時讀《可之集》，曾假得鄧孝先同年藏何義門手校本，遂録於覆汲古本上，又以顧千里校本參證之。今宋蜀刻本已由涵芬樓印行，而余又適獲此本，行當取蜀刻校於此本上，庶能折衷以歸於一是。蓋宋本雖古，未必可盡從；明刻雖晚，亦不無可取；是要在善校、善讀者而已。丁丑三月二十一日，藏園老人記。時方冒風游極樂寺看海棠歸也。

明正德刊皮子文藪跋※

明正德庚辰刊本，每半葉十一行，行二十字，白口，左右雙闌。其版式狹幅密行，似繆刻《太白集》，意宋刻唐人集多如是也。後有吳下袁表跋，言偶見舍弟褧摹本，與諸弟袞、褒勘校鋟棗。袁褧刻《世説》、《大戴禮》、《楚辭》，皆覆宋本，精湛可喜，故其兄刻此書亦頗工整也。第此跋往往爲肆估撤去，以冒宋鐫，曾見數帙，皆不存，偶從文友書坊得一完帙，乃摹寫附後，亦快事也。此本爲吳人貝磵香所藏，云在全唐文館以内府本校過，訂譌補脱凡五十餘字。第未審其本爲刻爲鈔耳。貝氏手記附後：

嘉慶丁巳購於蘇州，面籖書甚佳，不敢重裝，恐損之也。三月十日記。

戊辰十月，充《全唐文》總纂，據内府本校一過。又記。

宋蜀本司空表聖文集跋※

此宋代蜀刻本，凡十卷，半葉十二行，每行二十一字，白口，左右雙闌，版心不記字數刊工，遇宋諱皆闕筆。前自序，次目録，本卷前亦列文目。每卷書名下又標「一鳴集」三字，各卷總目均題「雜著」，惟第五、六卷作「碑」。前後鈐「翰林國史院官書」朱文長印，又有「劉體仁印」、「潁川劉考功藏書印」、「劉體仁」各印。

按：陳氏《直齋書録解題》載《一鳴集》十卷，「唐兵部侍郎虞鄉司空圖表聖撰」，「蜀本但有雜著，無詩，自有詩十卷别行。」今此本卷數標題悉合，其雕刻刀法斷爲蜀工，是陳氏所稱之蜀本即是刻也。昔王漁洋言，劉公戢家有宋刻唐詩三十家，今卷中劉氏印記宛然，自屬公戢藏本。此書廠肆於估得之山東，凡唐集六家，許用晦、鄭谷、孫可之、張文昌、李長吉及此集，余展轉以千金獲之，重其爲唐人祕籍，世無第二本也。此集近有結一廬朱氏新刻，所據爲曹能始書倉本，余壬子歲曾從鄧君孝先假知不足齋寫本校勘，鮑氏本云據宋刻所校。癸丑歲更從章君式之假錢辛盦藏本再校，於曹本頗有改正。嗣以宋本覆勘，其補訂之處出於兩本外者尚多，不審鮑氏所據宋本爲别一刻耶，抑轉徙鈔時不免有脱漏也。然宋本亦時有奪訛之字，要亦未可盡從。惟行間兼有粘補填寫之字，細審筆迹亦屬舊人所書，其何所據依，殊難索解耳。己卯八月十八日，沅叔識。

校司空表聖集跋※

此《一鳴集》十卷，光緒乙巳結一廬朱氏刻本，所據爲明季曹能始家書倉寫本，而繆藝風前輩爲校刻者也。壬子歲，余假得同年鄧孝先藏知不足齋本校勘一過，糾正之字，殆以百計，增補佚文《連珠》八首。翊歲癸丑，又假章君式之所藏戟辛盦鈔本重校，與鮑本時有差異。越五歲戊午，得見宋蜀本，又取覆勘，則其改訂之處與鮑本十有八九合，蓋鮑氏言固以宋刻校正者也。余既校宋本，後藝風、式之二君先後假余此本參證得失，因各疏記其訂正之字，及余所漏略者，附簽於卷中。今悉排比以綴諸卷末，用誌良友切磋之益。洎壬申歲，此宋蜀本亦展轉爲余所得矣。

今日開篋檢書，重披此集，忽忽二十餘年，藝風、式之已墓有宿草，孝先新逝於吳門，遺書斥散都盡。憶昔桑海之後，僑寓津沽，同志數人，皆耽書嗜古，賞奇析異，文讌過從，其樂無極。昔遵王祭葉林宗文，所謂「埶巾步屧，頻頻往來，尺蹏問字，一日幾迴」者，庶幾似之。追念前游，宛如夢境，爰誌於此，以見盛會不常，知音難得。余亦暮景飛騰，非復昔時壯往之概矣，能不重可歎哉！舊跋附後。

廠估于瑞臣自山東收得唐人集六册，宋刊宋印，懸直至高。爲袁寒雲所得者元微之集二十四卷、權載集之六卷、皆殘本。皇甫持正集六卷，余已假得移校矣。于旋送一册來，乃《司空表聖集》十卷，半葉十二行，行二十一字，白口，左右雙闌。有「翰林國史院官書」印、「劉公勲印」，與各集同。取此本校勘一遍，與鮑本同者十六七，此外佳處亦最多。惜不知鮑氏宋刊爲何本，孰爲先後，無所參證耳。戊午中秋夜記，增湘。

司空表聖文集舊鈔本跋※

司空表聖《一鳴集》，余於壬子歲假鄧正闇同年所藏知不足齋鈔本校勘一過，鮑氏固自云從宋刻鈔訖也。翌年辛丑，又假錢辛盦藏本於章君式之，據以再校，文字乃頗異同。戊午秋，又得見宋蜀本於廠肆，急假得，竭一日夜之力點勘終篇。洎於壬申歲，此蜀刻本亦展轉竟歸於余齋。生平於表聖文字信爲有緣矣。庚辰秋末，偶過文友堂書坊，於架上忽覯此舊鈔本，審其行款，似從宋本録出，卷中有惠氏藏印，卷首有漁洋山人手跋，亟以善價收之。歸而取前校本核之，卷八之《連珠》仍付闕如，或所從出之本亦脱此葉也。稍暇當取宋刊復校，并補佚文，以成善本。漁洋山人跋語不載集中，或編集時失之耳。

附漁洋跋

唐《司空表聖集》十卷，雜著八卷，碑版二卷。前有自序，云所撰《密史》别編，又有《絶麟集述》，亦其自著也。其《與王駕論詩》曰：「國初雅風特盛，沈、宋始興之後，傑出於江寧，宏肆於李杜。」「右丞、蘇州趣味澄敻，如清沇之貫達，大曆十數公抑又其次。元、白力勍而氣孱，乃都市豪估耳。」又《與李生論詩》曰：「江嶺之南，凡是資於適口者，若醯非不酸也，止於酸而已；若鹺非不鹹也，止於鹹而已。」「酸鹹之外，醇美者有所之耳。」「王右丞、韋蘇州，澄澹精緻，格在其中，豈妨於遒舉哉！」晚唐詩以表聖爲冠，觀此二書持論，可見其所詣矣。濟南王士禛跋。

明鈔雲臺編跋※

雲臺編三卷，唐都官郎中鄭谷著，明人寫本，綿紙，藍格，半葉九行，每行二十字。卷首自序，次目録。書籤爲金冬心手翰，全書經何義門先生校勘批點，朱筆燦然，古香異采溢於函帙。義門所校乃據明嘉靖乙未袁郡刻本，又以宋本次第不同者注於闌上。然余曾見蜀刻《鄭守愚集》，取席刻勘正一通，其次第與義門所引宋本皆不合，知何氏經眼者乃别一宋刊也，而席刻次第又與此明鈔差異。是鄭氏之詩一時乃有四本，彼此咸不相同，其先後傳衍之緒竟莫由考訂，殊足異矣。

余之得此書也，在壬子三月之杪。自辛亥十月，奉袁内閣命，隨唐少川赴上海參與和議，因而留滯南中者半年不歸。逮至三月，孫、黄同唐氏北上，時局底定，始定歸計。携僕登新銘海舶，布署粗定，方引枕欲卧，忽書友陳韞山來舟次，言新自金陵吴門歸，所獲殊夥，欲邀至寓所一觀。余詢之舟人云，啓椗尚有三四時，遂隨之而往。至則盡發其篋笥，檢取明翻宋本《春秋經傳集解》等十數種，而是書爲之冠。評價既定，抱書疾走，抵埠四顧，則船影渺然，蓋鼓輪東發久矣。不得已折回客邸，訪孫君蔭庭，貸資斧、假衣衾，守候四日，乃重買舟旋津。今檢書及此，聊述其事，知余年少氣盛，嗜好專篤，聞有異書，如蟻之集羶，蛾之赴火，縱歷艱難挫折，而曾不少恤。今老矣，雖雅尚猶存，而豪情已減，無復昔年壯往之概，迴溯舊游，宛如夢境。此買書失舟一段故事聊取附卷尾，留爲後人之雅談而已。甲戌三月十九日，藏園雨窗書。

卷中有「約菴居士」、「臣恩復」、「秦伯敦父」、「石研齋秦氏藏印」諸印記。約菴疑爲何氏印，原跋録左：

嘉靖乙未，袁郡有雲臺編刻本，嚴介溪爲序，云得之故少傅王文恪公，公本録自祕閣。蓋出於宋刻也。蔣生子遵所收葉丈九來家書中有之，借校一過。康熙辛卯春日，焯記。

校明鈔唐風集跋※

《唐風集》分上、中、下卷，明寫本，棉紙，烏絲闌，半葉十行，每行二十字，次行題「九華山人杜荀鶴」。前有太常博士顧雲序。卷上五言今體一百十六首，卷中七言今體一百四十首，卷下五七言絶句五十一首，原作二誤。通三百十七首，與顧雲序言平生所著五七言三百篇者合。原書藏徐梧生監丞許，凡唐詩二十餘家。余從其壻史吉甫編脩假得之。取席刻本校讀一過，在清水院中校竟二卷，餘則旋京始畢之。席本亦分三卷，均題雜體，鈔本則分體别載，故其次第迥不相符。改訂字句凡數百事。其出席本外者，爲《維揚冬末寄幕中二從事》五律一首。席本有而明鈔所無者，爲《和吳太守罷郡山居偶題》五律二首《亂後送友人歸湘中》五律一首《旅舍遇雨》七絶一首是也。

其刊繆糾訛之處，茲舉其大略述之，如：顧雲序中「遁者來，隱者出」，「遁」不誤「遥」；「摧幢折角」，「幢」不誤「撞」；「相與阿禦來朝」，「禦」不誤「樂」；「貪夫廉」，「夫」不誤吏，「曾不蔕芥」，不誤「蒠介」；「或情發乎中」，不誤「情動於中」；「形兀枯木」，「兀」不誤「死」；「萬象貪於抉剔」，「貪」不誤「貧」。至各卷詩句，介丙辰春曾假鄧正闇同年藏季滄葦舊寫本細勘，其中訂正者不下千字。茲以明鈔本校之，凡改定之字，與季鈔合者殆十居六七，而其他佳異之字，爲季鈔所無者亦甚多。爰疏其尤勝者於下，如：「求名心在閑難遂」，「遂」不誤「逐」；《題廬嶽劉處士草堂》。「禪衣衲後雲藏綿」，「後」不誤「厚」；《題覺禪和》。「江上有家歸未得」，「家」不誤「歸」；《春日旅寓》。「此道不逢知」，「逢」不誤「聞」；《卧病呈所知》。「行山溪畔藤」，「行」不誤「何」；《贈老僧》。「石徑人稀蘚色交」，「徑」不誤「榻」；「窣雲松載鶴棲巢」，「載」不誤「帶」；《贈元上人》。「心火不銷雙鬢雪」，「雙」不誤「霜」；《下第東歸道中作》。「寒雨瀟瀟燈焰青」，「青」不誤「清」；《館舍秋夕》。「難致此身閑」，「致」不誤「放」；《與友人話別》。「見説來居此」不作「自見來如此」；《贈盧岳隱者》。「雨籠蛬壁吟燈影」，「蛬」不誤「苔」；《投張侍郎過毗陵》。「落第愁生曉鼓初」，「愁」不誤「秋」；「御苑早鶯啼暖樹」，「暖」不誤「曉」；《下第投所知》。「一帆程歇九秋時」，「程」不誤「塵」；《秋日泊浦江》。「幾人亂世得及此」，「得」不誤「不」；《白髮吟》。「一望一愴然」，「愴」不誤「蒼」；《秋夜晚泊》。「便是命奇人」，「奇」不誤「羈」；《哭劉德仁》。「誰思荒骨旋成塵」，「旋」不誤「便」；《登城有作》。「綾梭隔水鳴」，「水」不誤「岸」；《送人宰吳縣》。「羨君公退歸欹枕」，「羨」不誤「美」；《題汪明府山居》。「本爲榮家不爲身」，「榮」不誤「營」；《維揚遇孫侍御》。「畢竟何門遇至公」，「畢」不誤「必」；《途中春》。「不如緘口過殘春」，「春」不誤「生」；《聞子規》。「衹將波上漚爲侶」，「漚」不誤「鷗」；「若教我似君閑放」，「放」不作「散」；《贈彭蠡釣者》。「此去青雲莫更疑」，「更」不作「便」；《送友人入關》。「陶潛舊隱依稀在」，「隱」不作「約」；《送友人宰潯陽》。「石壁早聞僧説好」，「聞」不誤「間」；「六幅應輸八句詩」，「輸」不作「書」；《登石壁禪師水閣》。「平生肺腑無言處」，「肺」不作「藏」。《自叙》。

此皆出季本之外，而其意義實較時行本爲佳，是此本不獨遠過席刻之上，即季鈔號稱名帙者，比短量長亦遜此一籌矣。吾頗疑季氏鈔本乃彙集各本擇善而從，故佚詩異文往往比別本爲多，其後《全唐詩》之輯即取資於是焉，然得失時不免雜出。此明鈔必源於宋槧，其異字單詞自視他本爲足據，後之讀者並觀而慎擇之斯可耳。辛未立冬後四日，歸自暘臺清水院記之。

柳人中鈔白蓮集跋※

是書明鈔本，九行十八字，前有孫光憲序。《風騷旨格》前有柳僉跋五行，文曰：「陳氏《直齋書解》云：唐僧齊己《白蓮集》十卷，《風騷旨格》一卷，今兼得之，爲合璧矣。元書北宋刻，傳世既久，湮滅首卷數字，尚竢善本補完，與皎然、貫休三集並傳。嘉靖八年歲己丑，金閶後學柳僉謹志。」有「籛後人謙益讀書記」、「季振宜印」、「滄葦」、「季振宜讀書」朱文印，「金氏文瑞樓珍藏記」白文印。

按：此集自汲古閣刻《唐三高僧詩》本外，別無舊刊，諸家所傳者皆鈔本。如帶經堂陳氏有明抄本，鐵琴銅劍樓瞿氏有顧一鶚所藏抄本，涵芬樓印行者亦據舊鈔本，惟《讀書敏求記》言：一本從「北宋本影録，行間多脱字，牧翁以朱筆補完。又一本，有柳僉跋，附《風騷旨格》一卷。」勞權注云：「柳跋一本今歸丹鉛精舍，九行十八字，副葉有『秋夏讀書冬春射獵』白文方印、『函雅堂收藏書畫記』朱文長印。」此下尚有牧齋、滄葦、文瑞樓諸印。今檢此帙，錢、季、金諸氏印咸在，惟附葉二印不存，行款亦皆悉合，是此帙即柳氏原本也。

昔戊午歲，滬上蟫隱廬羅子經君寄示舊鈔一册，係何義門手校，所據爲錢牧齋藏本，復經馮定遠校過，轉入錢遵王家。以高價不諧。旋於德化李椒微師許叚得汲古毛氏藏鈔本，云從柳大中本録出，因竭二日夜之力對勘終卷，正定字句甚多。今取此本核前校本，凡訂譌補奪之處，大抵皆同，益信此爲柳氏手寫原本無疑。凡何校、馮校、汲古所傳，咸出於此，滋足貴也。卷中宋諱如殷、敬、玄、匡、恒、貞字，咸缺末筆，可爲源出宋刻之證。而字迹樸拙疏古，至可愛玩，決非鈔胥所能辦。至文字之異，舉其犖犖大者，如：卷五《渚宫莫問》詩十五首，次第既不同，而第一、第七、第十三三首末句乃互相羼雜，得此本悉從更正，尤可珍也。

余嘗恨《三高僧詩》無舊刻，嗣從陶齋家得影宋本《皎然集》，爲藝芸精舍物；又於保和殿廊藏書中得舊鈔《禪月集》，據嘉熙四年婺州可璨刊本影寫者，因影摹一帙藏之，是三僧中已獲其二，獨《白蓮集》求之頻年不可見。昨歲殘臘垂盡，書友魏子敏自津門携此帙來，云爲故人某君篋中物，將斥之以度歲，因出厚價收之。從此三高僧詩雙鑑樓中咸庋舊本，而此集獨爲四百年前名人手蹟，且屬各家相傳之祖本。以數十年夢寐勤求之物，一旦無意而獲之，更有後來居上之美，其忻慰爲何如耶！得書之翊日，適藏園舉行祭書之會，因浼與祭諸公題名册首，余亦撮述源委，綴言於後。乙亥二月初吉，識於長春室中。

考大中又字安愚，别號味茶居士。其手鈔羣籍，傳世者有《水經注》，全謝山亟推其有功；又有《録異記》，見《士禮居題跋》；《樂府古題要解》、《隨隱漫録》，見《皕宋書志》；《沈雲卿集》，見《敏求記》；《剡溪詩話》，見《瞿氏志》；《夢粱録》，見《北平館目》。余亦别藏《樂府古題要解》，大中自題五律一章，未知與皕宋所藏孰爲真本也。

明萬曆刊本唐黄先生文集跋※

《唐黄先生文集》八卷，題唐監察御史黄滔著，明萬曆刊本，半葉九行，行十八字。前有萬曆丙午曹學佺序，蓋與《歐陽四門集》同刻於閩中者也。前録宋洪邁、楊萬里、謝諤三序。卷一賦，卷二五言古詩、五言律詩，卷三七言律詩，卷四五言排律、七言排律、五言絶句、七言絶句，卷五碑、記、銘，卷六墓誌、祭文，卷七書、啓，卷八序、讚、雜文，末有附録一卷。

按：明李閩中張燮刻《七十二家集》，嗣燮與曹荃等同刻《初唐四傑集》、《沈詹事集》、《宋學士集》，其書學佺多列名校訂之中。今學佺更刻此二集，其體例行款與張燮所刻正同，是當時閩中所刻唐人專集其風氣大抵如此，特余所目覩者祇此數家耳。

此集目録後列校梓姓氏二葉，自達官貴人迄於末秩處士，列名至三十四人。其中如葉向高、謝肇淛、徐燉、林古度諸人，皆一時名輩也。明末士大夫通聲氣，廣交游，凡刻一書，必羅列勝流，以震燿當世，甚者多至百餘人。沿及清初，此風不革。洎於莊氏史案，緣是株連，慘興大獄。其實署名參閱，而其人初不與聞，徒騖虚聲，貽兹禍害，斯亦可爲鑑誡者矣。

考文江集有淳熙所刊十卷本，即楊萬里序所言「此集久逸，考功公始得四卷，永豐君又得詩文五卷於吕夏卿家，又得逸詩於翁承贊家，又得銘碣於浮屠老子之宫，編爲十卷」是也。淳熙本世久不傳，然明正德八年有覆宋本，余曾見之吳佩伯家，十卷，分上下帙，半葉十行，行二十字，題「莆陽黄御史集」，標題大字，占雙行。今曹氏本改爲八卷，序中不言據以授梓者爲何本，然篇中猶時注有「廟諱」、「御名」等字，是仍從宋本出可知。《四庫》著録者十卷，《提要》言所據爲汪啓淑家藏崇禎刊本。然則此萬曆本乾隆徵書時猶未及見，是亦罕祕足珍矣。辛巳八月二十日，藏園識。

影宋本披沙集跋※

此李推官集六卷，楊惺吾先生據所藏南宋書棚本所摹寫者也，半葉十行，行十八字，前有紹熙四年誠齋野客楊萬里序，序後有「臨安府棚北大街陳宅書籍鋪刊行」一行，原本蓋陳思所刻。余壬子夏得之琉璃廠肆，因取席刻對勘一過，席刻版式行格與此悉同，知即從棚本覆木。然丹鉛既竟，訂正訛謬至五十餘字之多，姑舉前二卷言之，如卷一「蛾眉螓首聊我仇」，「我」不作「成」；《長歌行》。「上帝春宫思麗絶」，「宫」不作「官」；「争教此物芳心歇」，「心」不作「菲」；《緋桃歌》。「下在黄泉上須漸」，「漸」不作「慚」；《短歌行》。「短影日斜不滿尺」，「日」不作「月」；《小松歌》。「誰是的提挈」，「的」不作「眴」；《劍喻》。「至哉先聖情」，「聖情」不作「哲言」；《放歌行》。「白骨風霜切」，「風」不作「冰」；《隴頭吟》。「蒲箑今無種」，「蒲」不作「脯」；「安如植叢篁」，「如」不作「知」；《題叢竹》。「鄉夢欲成山鳥啼」，「欲」不作「不」；《江南曲》。「由來一無事」，不作「無一」；《寄脩睦上人》。「白紵眼細匀於研」，「紵」不作「苧」；《謝僧寄茶》。「通財能幾何」，「通」不作「過」，《古意論文》。其義皆以宋本爲長，可知一經傳刻，便多差失，校書所以貴原本也。

宋刊原本，余壬子春旅居申江，訪惺吾於虹口寓樓，曾出以相示，惺吾以余愛不忍釋，後乃割以見讓。洎余離申之日，以資斧不繼，遂轉以歸張君菊生，儲入涵芬樓。嗣返津沽，偶與同年鄧孝先太史話及，孝先夙有佞宋之癖，堅欲得之，浼余商之菊生，馳書往還，慨然相許。孝先舊藏李文山之《羣玉集》，李中之《碧雲集》，皆臨安書棚本，常以「羣碧樓」榜其居。及《披沙集》來歸，又改署爲「三李盦」，曾屬爲之題識。嗟夫！區區一書，一歲之中南北迴旋，徧歷三氏，而卒爲孝先所有，然自臨安開板以來，沿至今日，已七百餘年，三家之集一旦忽得合并，亦書林中一佳話也。余雖不得長有宋刊，而存此影本，書衣尚有鄰蘇老人手題，與宋本正一家眷屬。得見虎賁，如見中郎，差足以自慰矣。

書藏篋中已三十一年，前日搜篋見之，因妙選良工，補畫闌格，重付裝潢，頓覺神采煥發，宛然國初毛錢之遺風。欣賞之餘，乃略誌校本異同，并補述宋刊流轉之原委，俾後之覽者得以考證焉。歲在壬午嘉平月，藏園老人識。

前跋録成，惘然若意有未盡者。憶初見惺吾於滬上，時年已七十矣。意氣相投，交誼遂篤，盡出秘藏相示。洎君既殁，其子不能守，余爲言於項城，以三萬五千金收歸國務院。其後故宫圖書館得其善本，編爲《學海堂書目》，宋元刊佛經四千餘册及普通羣籍，則歸之松坡圖書館。此楊氏藏書聚散之大略也。孝先白官遼瀋，即鋭志收書，其後網羅益富，乃編刻《羣碧樓書目》六卷，題詞雋美，盛行於時。洎晚歲屏居吳門，生事艱窘，舉其所藏書讓歸中央研究院。此《披沙》一集，亦隨《羣玉》、《碧雲》以俱去矣。已而檢其鬻存之書，更編爲《寒瘦山房善本書目》七卷。余丁丑春以探梅南游，訪君吳下，語及藏書决去，相對惋歎。洎己卯冬，聞君溘逝，諸孤幼稚，貧薄無依，由是寒瘦山房所餘典籍，爲上海估客捆載以去，其精祕者，友人葉葵初購存于合衆圖書館，此鄧氏藏書聚散之大略也。自壬子迄今，匆匆三十年，時事日非，風流殄歇。不獨二君溘先朝露，自顧亦頽然老翁，無復往時訪祕搜奇之逸興矣。彌天積劫，萬類摧殘，此戔戔天水遺編，猶迴旋胸臆而不能忘，得勿爲賢達所哂。然感事傷懷，固有不能自已者，當世同心之士或者諒其微尚乎。

藏園羣書題記卷第十三　集部三

宋别集類　一

明淡生堂鈔本咸平集跋※

宋京兆田錫著，集凡三十卷，第一奏議，第二至四書，第五至七古賦，第八、九律賦，第十至十二論，第十三箴，第十四銘，第十五、十六律詩，第十七至二十古風歌行，第二十一頌，第二十二策，第二十三至二十五表，附《笏記》，第二十六、二十七奏狀，第二十八、九制誥，第三十考詞。卷首有蘇軾撰《田表聖奏議序》，范仲淹《田司徒墓誌銘》，司馬光《神道碑陰》，末卷後附錫撰《先君工部郎中墓碣》。明山陰祁氏寫本，竹紙，藍格，半葉十行，每行二十字，板心下方有「淡生堂鈔本」五字。彭文勤公朱筆校過，有手記二則。收藏印記有「南昌彭氏」、「知聖道齋藏書」、「錢犀菴藏書印」、「教經堂錢氏印」。其他荆門王氏、烏程蔣氏、武昌徐氏諸印皆近人，不具録。原本鈐有祁曠翁、吕晚村家印，爲後人挖毁，然其字迹尚隱隱可辨識也。

按：此集數百年來未見舊刻傳世，考《郡齋讀書志》載《咸平集》爲五十卷，《直齋書録》載爲五十一卷，與今本乃大異。直齋并言「漢嘉田氏子孫不知存亡，而文集板之在州者亦燬於兵燼矣，可爲永慨。」是此集南渡後久已亡佚，世傳之三十卷本爲後人補輯可知。《四庫提要》言，明時安磐輯有《奏議》一卷，因所録已具載本集，故附於存目中。焦氏《國史經籍志》載錫《奏議》一卷，《天一閣范氏進呈書目》亦有《田表聖奏議》一卷，疑皆據安氏所輯而出，已非《宋史·藝文志》二卷之舊矣。蓋表聖全集安氏固未之見也。歷覽近世諸家書目，如持静齋丁氏、適園張氏，皆依閣本傳抄，而閣本所從出則兩江採進本也。此外带經堂陳氏、皕宋樓陸氏、善本書室丁氏所載均爲舊鈔，惟鐵琴銅劍樓瞿氏所藏爲知不足齋藏本，藝風堂繆氏所藏爲孔葒谷傳鈔周書倉《兩江遺書》本，鐵華館蔣氏所藏爲張立人手鈔本，視陳、陸諸家爲有依據。至明代鈔本，乃世所稀覯。今此本爲山陰祁氏曠園之籍，其淡生堂所録羣書多世所未見，且校勘精核，爲世寶貴，余生平寓目凡數十種，手加點勘，恒與俗本攸殊，蓋多見古槧名鈔，淵源有自也。

詳審此本，雖繕寫未精，而格式甚古，卷中如結銜及空格諸事，悉存舊式，所據必從古槧而出。間有舛誤之處，如卷一《上太宗答詔論邊事》第七條下頗有錯簡，已取宋刊《皇朝文鑑》改正之。下篇《軍國要機》亦有奪文三四事，其《文鑑》中《論邊事疏》及《御覽序》二篇爲本集所遺。全書經彭文勤手校，奏議數首爲友人徐行可以《文鑑》對勘。南城李振唐據以刊入《宋人集》丁集中，然鐫工疏率，讐校不精，未爲佳本。表聖爲吾蜀洪雅人，異時倘梓傳鄉里遺著，當據此本，參校羣書，糾其奪譌，補其遺逸，縱未能頓還舊觀，或視此差爲充備。爰志此言，以當息壤。

此書舊爲徐君行可所藏，余聞之已十餘年矣，重其爲蜀賢遺著，頗欲得而藏之，用爲他年彙刊之本。其後流轉入於蔣氏密韻樓中，近歲鄉人白堅甫僑居上海，以書畫易得之，持以見示，愛不忍釋，留置几案者經年，終以絀於資力，仍却歸之，然五中縈念，不遑捨也。日前稍斥藏書，易米之外，囊底微有餘儲，就堅甫商讓，慨然見允。從此納之雙鑑樓中，與范太史、唐子西二集并篋而藏，俾子孫世守無失焉。己卯十一月朔，蜀南後學傅增湘謹識。

舊鈔王黄州小畜集跋

此書鈔楷頗舊，格式亦古，半葉十一行，每行二十字，各卷目録接連本文，前目低三格，本文題低四格，語涉宋帝空一格，知從宋本摹寫者。前録元之自序，後有紹興丁卯沈虞卿刻書跋，跋後附雕造此書公牒，詳具紙墨工價事項，列校正官銜名八行。又萬曆庚戌晉安謝肇淛跋，言從相國葉進卿借得内府宋本，鈔而藏之云。藏印有「蔣長泰學山氏收藏記」、「蔣日翁元龍」、「春雨祕笈」、「春雨賞鑑過目」諸印記

憶二十七年前南游上海，在徐氏積學齋見有此集鈔本，當時詳識於手册，其行款及公牒銜名悉與此同。嗣又收得張訒盦校本，其所據殘宋本行格正與徐本咸合。前歲適於廠市見此本，因其源出宋刊，遂爾收之。

按《小畜集》宋刊本今藏虞山瞿氏，存卷十二至十四，卷十八至二十四，共十二卷，餘皆石門吕氏鈔補。余所藏張訒盦校本即從此出。他如沈辨之、謝在航、毛子晉諸人所藏鈔本今流傳於藏書家者，其卷第行格亦無不相同。惟黄蕘圃所得有六十二卷本，乃出於後人之妄析，無所據依，不足深信。近時涵芬樓印行《四部叢刊》所取爲鉏經堂寫本，雖亦作三十卷，卷後亦録有黄州契勘文字，然行款已易，不及余此本遠矣。已卯八月九日，藏園。

校本小畜集跋

此乾隆庚辰山右趙熟典刻本，吳枚庵以盧召弓舊鈔本用朱筆校，張訒庵又以黄蕘圃

所得殘宋刻吾研齋鈔補本用墨筆校。宋槧自十二卷至二十四卷，中闕卷十七，凡一百四十九葉。舊藏沈辨之野竹齋，有惠松崖印，曾歸張氏愛日精廬。訒庵所校，以「宋本」橢圓小印誌之，卷十二則蕘圃代校也。趙刻亦稱據宋槧鈔本。半葉十一行，行二十二字，與宋本同，惟行格字體多有改易。又傳鈔之誤，諸本皆不能免。吾研齋本附録謝肇淛跋，謂從相國葉進卿先生借得内府宋本，蓋同出於紹興十七年黄州所刻，無異本也。卷首尾有「張紹仁圖書印」、「讀異齋校正善本」、「吴郡張紹仁校」諸印。其各卷所鈐凡七十餘印，無複出者，其人殆書癖兼印癖歟？記之以廣異聞。首册有「郁松年印」、「泰峯」二印，見《宜稼堂書目》卷十一有松年夾籤一，事甚不經見。

各卷後有枚菴、蕘夫、訒菴跋語，附録左方：

余舊藏《小畜集》鈔本，出自宋槧，丁酉八月二十三日借餘姚盧弨菴學士校本對度，精審可從。閲七年甲辰，復得此晉中刻本，行款不古，誤謬尤甚，重加點勘，儲作副本可耳。七月三日校畢此卷漫記，翌鳳。

余得宋刻殘帙復經吾研齋補鈔本《王黄州小畜集》，因與張君訒庵談及，遂出所收吴枚翁手校本示余，蓋乾隆初晉中刻本也。其行款恐與宋刻同，字句亦不甚大異，序云近得宋槧鈔本於長安市，當不誣也。惟重刊時細加讐校，不無有金根之誤耳。

枚翁所據雖出名人校本，然未見宋刻，究恐改是爲非。且宋刻亦有誤處，必得目驗始可信耳。借讀並記。道光元年四月十日，蕘夫。

余友黄蕘夫近購殘宋刻《小畜集》吾研齋補鈔本，余知而往觀之，言及敝篋中亦有此書，索去勘對，始知雖新刊而行款與宋槧頗同，惟間有誤改之字，爲可惜耳。即從黄君借新得本歸來，細心覆校。宋刻存者此本誤字悉皆改正，吾研齋補鈔之卷似出宋本，但跳行空格等以宋本體例按之則不符合，姑就鈔本款式略記於首卷，異同之字則備注於行間俟考，緣未見宋刻，不能確信無疑也。倘得見宋槧，重勘闕處，庶無遺憾矣。未知能否，企而望之。道光新元四月二十又七日，張紹仁識於乘鯉坊巷讀異齋。

余既得此宋刻補鈔本，因手校一過。余向所藏鈔本，注一本作某者，往往與宋刻合。而余友收得吴枚庵校鈔本在乾隆二年晉中刻本，其行款與宋刻同，云亦出宋刻，惜更謬誤，當是刻時妄改耳。吴校所舉鈔本云出自盧君弓，亦未必盡可據也。余友張君訒庵者，讐校書甚精審，復借此本去校，還書札云：「補鈔卷中亦有脱衍譌字，惜鈔之者未精詳也。人苦不知足，得見宋殘本又惜其不完爲遺恨，不知天壤間尚有完本存留否耶？『染削』二字簽出，在第七册牋啓中，似作濡毫筆削之意，疑與本事不合。王元之引用書典頗有誤處，枚庵校本已駁正兩條，「恐不止於此也」云云。我輩鈔書苦心，同此愛惜，近日故交零落，講究藏書者絕無其人，訒庵幾爲碩果之存，故載其言以寄慨云。端午日閒窗，蕘夫。

校宋本林和靖集跋※

昔黄蕘圃言林和靖先生詩僅見明刻四卷本爲最古，余家所藏正爲明刊四卷，黑口，四周單闌，十行二十字，標題上加「重刊」或「重刊西湖」等字，序跋不存，審其刊工當在正、嘉間。曩歲《四部叢刊》印行時，訪求舊本不可得，得見此本，以爲希覯。嗣以紙墨黯澹，乃就原本影寫上石。其中原缺第三十七葉，迄未能補完。

頃訪同學邢君贊庭，以新收正德本見示，乍觀之，其板匡行格與余本悉同，前有正德丁丑錢唐洪鍾序，乃知爲吾蜀韓廷延督課杭州時所刊。第細審之，則邢本板心乃白口，字體亦較圓渾，始知余本乃從韓本翻刻者也。卷首有象及洪鍾贊、名賢題跋詩文、姓字爵里三葉，末有附録傳記文詩等三十葉，皆余本所無者。卷中朱筆係從宋本校正，首尾鈐有馮彦淵印記四方，或即知十之筆歟？別有吳方山、劉燕庭印。爰取新影本校之，改訂得三百十七字，補缺文一葉。七律五首。別有《贈崔少微》五律一首，兩本皆失之，此尤足珍矣。

考瞿氏藏林集宋刊殘本，爲顧抱沖故物，黄蕘圃曾屬顧千里影寫一本。頃以書影一葉校之，知宋本編次與明本不同，蓋以古律分體而不分五言、七言也。然板心卷數剜改，不審爲三卷或四卷本也。此校宋本無題跋，亦未注行款，其與瞿氏本同異不可知，今以構字注「高宗廟諱」，《園池》七律：「東嘉屠構今猶在」。敦字注「御名」，《知縣李大博替》五律：「絃歌敦雅化」。證之，與《瞿目》所記合，是據校者必爲淳熙本也。明正統八年有陳贇所刊，相傳以爲佳本，曾在李椒微師許見之，此本未審視宋刻若何，然其勝於正統本及翻本則可斷言矣。又蕘圃題跋云：得顧云美手鈔本，缺七言律詩六首。其所舉《壽陽城南寫望》以下五首正余本所缺之第三十七葉，則此葉之佚亦已舊矣。夫正德迄今僅四百餘年，當時版刻偶然脱失，沿及今日，遂補訂維艱。今得贊庭惠假此本，匪特補舊刻之奪訛，兼獲覩宋刊之佳勝，怡懌殆不可言。爰述其梗概，並以著贊庭通懷樂善之情，賢於祕惜自私者萬萬也。庚午七月二十一日，陰雨淒清，秋意蕭然，竹窗閑坐，涉筆記此，不覺累幅。藏園居士書。

又，辛未春南游，復從海虞瞿氏借宋刻殘本上卷，重校　過。乙亥正月，張君庾樓以顧千里影宋殘本、黄蕘翁所校宋本爲覆校於涵芬影本，從此逋翁遺集或庶幾可誦矣。第細審馮氏所校宋本，其文字差異處，多與瞿氏殘本不盡合，疑馮氏所據或别一宋本也。藏園。

北宋本范文正公文集跋※

世傳宋槧《文正集》有乾道饒州刊，淳熙、嘉定遞脩之本，元天歷戊辰歲寒堂重刊即從此出，半葉十二行，行二十字。繆藝風嘗見一本，半葉十行，行二十字，字體方整，類唐石經，疑是北宋本。此本余得諸嘉定廖氏，前有舊人跋語，云出於范氏主奉家，蓋其吴中嫡裔所藏也。每半葉九行，行十八字，與前二本異，諸家多未著録，結體方勁而行字疏朗，參差銜貫，猶有古人寫書遺意。版心題卷幾，無字數刊工姓名，樹、朐、昜、字闕筆謹嚴，洵爲北宋佳刊。按東坡序作於元祐四年新知杭州時，意即當日初刻之本，後此坡文遭禁，未能録傳矣。原缺序目及卷第一，屬爨君頌生依乾道本按行格字數補録。然以葉數推之，尚差十六番，疑東坡序後尚有他文或年譜之類，無從臆補，故葉數不能脗合也。原本各卷葉數爲長號，卷一至四通八十三葉，卷五至卷八通八十三葉，卷九至十二通一百十葉，卷十三至十六通一百葉，卷十七至二十通六十二葉。意當時刻書合訂數卷爲一册，故其葉數通連而計之也。

余取明嘉靖黄姬水刊本校之，卷第迥然不同。詩如《閲古堂》詩、《和孫學士》、五首。《贈方秀才》、《和龐殿院》，文如《上攻守二策》、《唐異詩序》、《四德説》、《春秋序》、《上李中丞書》、《遺表》，北宋本皆無之。其第二十全卷賦十首亦不載，蓋後刻者增入之。而卷三末《落星寺》詩一首則又乾道以下各本所無。各篇奪文如：《上執政書》「我太祖皇帝」句下奪「太宗皇帝」四字；《與周騤書》「中有册文」句下奪「詎可統而爲制，僕乃求而閲之，果千首，中有册文」十九字；《狄梁公碑》「弗忘其親」下奪「此公之謂歟」五字；「其知人之深乎」下奪「又嘗引拔桓彦範、敬暉、姚元崇等至公卿者數十人」二十字；《王質墓誌銘》「曰毖，將作監主簿」下奪「曰規，前明州奉化縣主簿」十字；《賈昌齡墓誌》「弗易其居」上奪「弗辭厥命」四字；《書環州夫子廟碑陰》「公方」下奪「爲淄川兵馬」五字。其他單詞隻字校改又數百事。頃聞内府藏書有宋本《范集》，其行款與此不同，何由得取而勘之，以彌此本缺耶！歲在乙丑七月初七日開校，十九日畢，因記其梗概如右。藏園居士書於龍龕精舍。

宋端明殿學士蔡忠惠公文集跋※

明萬曆刊本，半葉九行十九字，白口，左右雙闌，版心下魚尾下陽葉記刊工姓名，陰葉記字數。卷一第一葉記「李森寫、鄒元弼刊」小字一行。各卷題「明監察御史侯官陳一元校，布政使麻城李長庚、按察使桐鄉沈蒸訂，知縣龍溪馬鳴起閲」，凡四行。各卷尾題「萬曆乙卯仲夏，南州朱謀瑋、李克家重校」。

按：《蔡忠惠集》宋刊本三十六卷，藏楊氏海源閣，余曾得一覩，寫刻精湛，紙墨映發，影補十八卷尤工雅絶倫。主人故懸高價，不敢問鼎也。此陳一元刊本，前無序文，《四庫提要》言，萬曆中莆田盧廷選始得鈔本於豫章俞氏，於是御史陳一元刻於南昌，析爲四十卷。蔡繼善復刻之興化。然盧本錯雜少緒，陳、蔡二本均未及詮次云云。據此，亦未爲善本。然《蔡集》自元代版佚後，明人未覩全帙，謝肇淛入祕閣檢尋，亦有目無書，是明代刊本以此爲最先。且余觀卷中缺字，或空格，或注缺幾字，決無明人妄意填補之弊。且校勘者爲朱鬱儀王孫，其參訂矜慎，當爲可信。余以遜敏齋本略校一卷，頗有佳字。宋本不可得，得此勝於雙甕齋本遠矣，故録而存之。

跋宋本古靈先生文集※

《古靈先生文集》二十五卷，宋陳襄撰。宋刊本，半葉十行，行十九字，白口，左右雙闌，版心上記字數，下記刊工姓名。末有紹興三十一年知贛州軍事孫輝跋。《年譜》後有六世孫曄跋。避宋諱慎、擴等字。其刊工多與《國朝諸臣奏議》、《西山讀書記》同，字橅顏平原亦頗相類，當是南宋末福州覆刻紹興三十一年贛州刊本。惜各卷版多斷爛，又間有鈔補各葉。

此爲海虞瞿氏藏書。余以舊寫本校之，開卷李綱序中，「詔書褒稱」下脱「推賢揚善之美」六字，「謚不過文」句下脱「而小人假文以爲利，則與古儒以詩書發冢者同科。自古文士多陷浮薄而爲弄筆生，無足怪也」三十七字。卷一律賦，題原有官韻，鈔本皆刊去。其餘各卷脱文如：卷十《謝兩浙運使張學士啓》「聖人因時」之下脱「利而爲之法，不能因時之」十字。卷十八《論王安石劄子》「惟聖其難王安石」下脱「者。道德之臣，經藝明誠，足以開導人主，不當責以有司財利之事」二十五字。《年譜》「熙寧九年丙辰」脱「經筵薦温國司馬公而下三十三士章疏一卷」十八字。誤列丁巳年下。其最甚者爲卷十九《詳定禮文》各條鈔本皆存其目而缺其文。今考宋本固完然具存，惟舊版刓敝，缺字殊多耳。其餘如「帝籍中」、「遇雨望祭服祭服仍設樂」、「冕旒制」、「綬」、「議罷朔望上食」、「木尺」、「銅尺」凡六條，「神倉」、「郊用特牲」、「太廟尊彝之數」、「薦新不擇日不出神主」、「告朔謂之月祭」各條，篇中空缺之字皆賴宋本一一補之。其卷末附《神宗皇帝即位使遼語録》一卷、紹興三十一年孫輝跋語十八行、《年譜》後六世孫曄跋十行、謚議十一行，似缺上一葉。則又鈔本所不載者也。

按：此集自贛州開雕，福州覆刻以後，别無刊本。諸家著録多屬傳鈔，僅日本岩崎氏静嘉堂有宋本。余已東渡，於庫中曾得寓目，與此本同爲一刻，其刓敝斷爛處亦同。余近獲鈔本，爲臨清徐梧生司業坊舊藏，字迹樸拙，審爲康、雍時風氣，而舛訛奪逸已不可勝計，幸覯宋本，乃煥然頓還舊觀。然則古來載籍刓敝叢殘而待後人之整理者寧可量耶！戊辰端午節校畢，書以志幸。書潛。

校鈔本公是集跋※

癸未穀日，出游廠甸，於廟市冷攤見鈔本《公是集》，開卷首行即署「欽定四庫全書」六字，知從《大典》輯本録出者，頗爲失望。然以其字跡頗舊，猶是乾隆間人手筆，遂携歸。展閲各卷，皆經前人朱筆校對，細審之，則所校文字皆與聚珍本互異者。新春少事，忽動丹鉛之興，因發篋取粤局覆聚珍本點勘一過，自十六日起，至二十四日止，凡九日而訖功。其異同得失，可得言焉。

此集余昔年曾手校二次，一爲盧抱經學士鈔本，不分卷，蓋殘帙也，見於翰文齋；又一殘本，祇存詩賦類，見於宏遠堂。均得假歸對勘，共補得詩十六首，文六首，皆在勞平甫所補佚文四首之外。以其傳録出於舊本，其淵源皆在乾隆刊本之前，其爲勝異宜也。余初以此帙録從《四庫》，視聚珍本或無甚差殊，及取覆核一過，又補詩三首，文一首，而奪文譌字，訂正者復數百字，忻慰之情，乃踰望外。

余嘗謂宋元人集，凡輯自《永樂大典》者，多苦無舊本可校，然若得當時四庫館鈔本，於文字必多所補正。蓋館中初輯出時，猶是《大典》原文，指斥之語不及芟除，忌諱之詞未加修改，及經館臣輯編，則有移易卷第、删落文字、如青詞之類删至全卷，防禦、邊夷之屬删及全篇及數百字者。及修飾詞句之弊，已非本來面目矣。十餘年前，曾見得法梧門家鈔録宋元人集數十家，余曾校一數種，所獲佳勝至多。嗣得孔㳟谷、李南澗家鈔本亦然，可知鈔本之可貴，不必遠溯明代、清初，凡在刻本以前所録，皆大有可取也。余於此本若非細心審視，幾於交臂失之，後人從事校讐者，其深體此意乎！兹取歷次所校增出詩文列目於左，異時有重刊此集者，大可取資於是也。

原父湛深經術，學有本原，故其爲文閎深博贍，制誥之體，特所擅長，今觀集中所存内、外制，爾雅深厚，有兩漢之風。王惕甫謂「其制辭及應奉文章，傑然蓋代」，非虚譽也。碑誌之文，能追步昌黎，於當時歐公之外，自成體格。其短篇豪宕之氣，直欲奪介甫之席，此亦惕甫所推服者。至謂「叙事之文，尤其所短，五言詩學古而不能深入，七古亦無異境」，則愚意未敢謂然。蓋原甫乃學人之文，不能以文章家之繩尺相衡量也。

佚詩目：

《采藍寄王深父》五古　《奉同永叔聽女奴彈啄木》五古　《燈花》四言　《送張太尉

新安》五律 《晚涼》五律 《觀魚台》五律 《重傷胡二》五律 《亭》五律 《周節推移曹》五律 《和永叔禁中對月》七律 《入北界示陳副使》七律 《戊戌十一月還閣寄正臣密學給諫》七律 《詠汾州崇徽公主手迹》七律 《集禧齋宫雨後》七律 《聽女奴彈胡黎》七絶 《正月初九日杜城集》七律 《鄰幾和奕棊詩》，五古附。《一月贈渾父第二首》五古 《曲水台》五絶

佚文目：

《祖母某氏追封郡太夫人制》 《父某贈太子少師制》 《治戎》上、中、下三首 《雜律賦自序》。

宋刊元豐類藁殘卷跋※

宋人鉅集如王荆文公、歐陽文忠公及三蘇，余皆藏有宋刊本，獨曾集無之。遍觀南北藏書家，亦未著録。昔年正文齋譚篤生有《南豐文粹》六卷，余曾假校一過，後爲袁寒雲所收，今不知流轉何所矣。昨歲溲陽張庾樓兄以宋刊《元豐類稿》殘葉見貽，爲卷四十三之尾，其《張久中墓志銘》後又刻一首，文字大異，是一文兩刻之例，雖僅存三葉，頗以敝帚

自珍。

頃於季湘齋頭見宋刊第三十一、二兩卷，葉四周皆殘蝕過半，望而知爲内閣大庫之蠹餘。取近刻校之，卷三十二《論中書録黄劄子》「恐於理未安」句下脱二十二字。此外詞句小異者，亦觸目皆是。其「一作某某」以小字注於本句旁，爲宋刊本中之創例。雖零縑斷璧，要爲海内孤帙，以視近世豪門豐屋，羅列牙籤錦裹以相侈炫者，其輕重爲何如也！書此以告季湘，并告世之喜讀未見書者。甲子立冬前一日，藏園居士傅增湘。

明嘉靖刻南豐文粹跋※

《南豐曾先生文粹》十卷，編者不著姓名，此明刊本題「盱江張光啓校，無錫後學安如石刊」。前有嘉靖己酉王慎中序，卷末有補遺文五首，卷尾有「許文會繕寫」五字。半葉十行，每行二十一字，白口，左右雙闌。舊爲馬笏齋所藏，鈐有「馬玉堂」、「笏齋」、「笏齋珍藏之印」各印記。余壬子歲得於上海坊市，洎丙辰歲，以殘宋刻校過。宋刻乃巾箱本，存卷五至十，共六卷，半葉十四行，行二十六字，白口，四周雙闌，版心上記字數，下記刊工姓名。有「兼牧堂書畫記」印，又有「天禄繼鑑」、「乾隆御覽之寶」二璽。密行細字，精整可愛，蓋《天禄琳瑯後目》之書，不知何時流出此半部，爲盛意園祭酒所得。余壬子夏見之於正文齋，旋歸於袁寒雲公子，余對勘時蓋從寒雲假得者也。宋本脱誤頗甚，然間有佳字可取。惟安氏所刻似非出於此本，如卷六《齊州二堂記》宋本無之，補遺文六首宋本亦不載，其他字句宋本脱誤而明本則否，是安氏所據别爲一宋本也。

此書雖屬選本，所録文字有爲《元豐類稿》所佚者，如卷二之《聽琴序》，卷四之《上歐蔡書》、《代上蔣密學書》、《代人上石中允書》，顧東巖校刻《元豐類稿》據以補入。其補遺五首亦屬佚文，然宋刊巾箱本無之，未知爲别一宋刻所載？抑安氏重刻時所輯補？原書未注所出，疑莫能明也。又顧刻所補有《書魏鄭公傳》一首，注云「出《南豐文粹》」，今檢宋、明兩本均無之，豈東巖誤記耶？此本手校已二十餘年，偶檢閲及此，因追憶其略而識之。辛巳五月，藏園。

宋本宛陵先生文集跋※

梅都官集今世所傳以正統本最爲古，舊乃袁廷輔旭守宣城時所刻。凡世之號爲元本者，皆正統刻之初印者也。庚午秋，訪書日本，於東京内野五郎家忽覯宋刻，洵海内之奇書，傳世之孤籍。驚喜歎賞，生平未見。私意欲得傳校以歸，顧縞紵甫通，主人似祕惜異常，祇私記其行格於册而已。其後聞涵芬樓展轉殷勤，竟得攝取影本，私心爲之大慰，而詢其刊行之期，則渺不知何日。因馳書菊生前輩，乞先以稿本見示，旋以二巨册郵致，展卷疾讀，如逢故人。因取明刻校之，文字異同固不必言，而今本佚收之詩乃至一百篇。其最著者，如《東軒筆録》所記之《書竄》詩乃赫然具在。余乃盡取佚詩，别寫成册，補入明本之後，世之嗜梅詩者，或以先覩爲快耳。

宋本半葉十行，行十九字，白口，左右雙闌，板心上記字數，下記刊工姓名，目録列每卷前。存卷十三至十八，卷三十七至六十，通得三十卷，適有全書之半。卷末有紹興十年汪伯彦後序，蓋即其知宣州軍時郡學鏤板者。又附嘉定時重修官銜一葉，兹并依録於左，俾知此本刊板於紹興，重修於嘉定，而其地則爲宣城。按其刊工姓名，亦可與他書相印證也。藏印有「皎亭收藏」、「島田重禮」、「島田翰讀書記」諸印，皆日本人印記。别有「常山常住」正書墨記，最古，是此書亦宋代求法僧徒所携歸，故卷中絶無吾國名家藏印，真海外之佚籍矣。

卷末銜名列後：

重修宛陵先生文集

白嘉定十六年端午日修校

至十七年正月上元日訖事

司　書　王安國監修

掌　計　殷　質

學　諭　賁士虎監修

學　諭　王應龍監修

直　學　盛志剛

學　録　賁約之

學　正　戚夢實

文林郎充甯國府府學教授　劉　寅

又按：此帙有島田翰跋，謂其家舊有元翠巖精舍本《宛陵集》，乃覆此紹興刻者。翠巖本亦中土所不傳，何宛陵遺編彼國乃獲二妙耶？噫！異矣。甲戌三月，藏園居士記於暘台山麓清泉吟社，時環山十餘里杏林怒發，連岡被領，雲蔚霞蒸，可謂錦繡萬花谷矣。

鈔本鄱陽集跋※

《鄱陽先生文集》十二卷，舊鈔本，十一行二十一字。有「春雨樓校藏書籍印」朱文方印，「梅谷」朱文葫蘆印，「梅谷掌書畫史沈彩虹屏印記」朱文八方印。遞藏汪氏、于氏，有「汪士鐘讀書」朱文長方小印，「于氏小謨觴館」朱文小長印，「于昌進珍藏」白文長方印。字迹輕婉，斷爲沈虹屏女史所寫。虹屏名彩，吴興故家女，爲平湖陸梅谷烜之侍妾，能詩，工書，小文亦有佳致。其所著有《春雨樓集》十四卷，蕭山江輝祖爲之序，余篋中有之，鐫工精雅，前有虹屏小像。集中詩詞外有文二卷，書畫題跋二卷，其《戲題自寫臨池圖真十絶》有「却依名士住邱樊，春雨樓如寫韻軒」之句，其才調清絢可以想見。以各卷後題記證之，全集皆虹屏所手寫，此亦書林之艷聞，閨襜之逸韻矣。

此書舊藏蔣氏密韻樓，後爲涵芬樓所得，余假歸，以嘉慶戊寅高氏刊本校之，訂訛補脱凡三百八十九字。更補卷五《拜送》詩後脱文十七行，卷七《答相州司諫同年後有懷》七言詩一首。考高澤履刻此集所據爲周潤東孝廉藏鈔本，據高氏自言，視《四庫》所收馬裕家藏本爲善，馬本古律互淆，有有題而詩闕者，有一詩而兩見者，周本以傳鈔在前，較爲完善。孰知此本更出其上，且補奪文至十數行耶！此集校定後，閉置篋笥已歷三年，頃游戒壇寺歸，檢書及之，因追記其略。器資遺著，其傳世之功，轉出於紅閨翠袖之手，亦足異矣。庚午九月初一日，藏園記。

所補脱文録如左：

卷五，第五葉，第二行「新成元結垂」下：

方佩，舊有淵明漉酒巾。漢上更須呼水鏡，郢中疑復繼陽春。歸帆見説如雲去，夢斷江湖一釣綸。

戲招史祕校

畫橈隱隱水中間，紅粉相瞻幾淚潸。行客自言歸真樂，故人終惜别情難。羞慚俗吏浮生拙，嘆息神仙一夢閑。君有詩，言「閑是小神仙」。漫拾酒杯留客住，春風底死笑人慳。

和濟叔春日

青衫日月逐埃塵，風雨今朝重惜春。幽鳥數聲還近節，落花萬片正愁人。十分潤澤生東畝，一丈波濤長舊津。欲踏泥塗上城角，紛紛草色細如茵。

偶與誠之小飲，翌日以詩謝之

相對春風共酒樽，盤蔬取次得情歡。風吹一鶴歸天上，雪壓孤松見歲寒。論極不知空肺腑，交成應許綴金蘭。明時更聽王陽仕，洗手思彈貢禹冠。

河東橋亭以久廢置不用，欲移菜畦，以爲老兒游息之地，因以詩就公權乞之

欲留春色在圭蓬，須乞幽亭置此中。冉冉久虛雙栢翠。

卷七，補詩一首

有懷答相州司諫同年後。

長年日戲老萊衣，不忍此身終日違。今日馬頭燕北去，不堪頻望白雲飛。白雲汝飛去何許，悠悠會到江南路。朔風吹淚灑大河，直與波瀾競東注。

宋衢州本居士集跋※

宋刊本《居士集》，目録一卷，全，半葉八行，每行二十二字，版心記「六一目録」四字。本書存卷三至十五、卷二十九至三十三、卷三十七至四十七，凡二十有九卷，半葉七行，每行十四字，注雙行二十四字，白口，左右雙闌，板心記居幾，下記刊工姓名。版式高七寸七分，寬五寸，字大約徑六分，開版宏朗，字體嚴整，氣息樸厚。目録筆致清勁，別爲一格，然亦宋刊也。宋諱桓、構字缺末筆，慎字不缺，當爲南渡初所雕。每卷首行題「居士集」卷第幾，次行低四格題「六一居士歐陽脩」，以後篇目，連屬正文。卷末有「熙寧五年秋七月發等編定」一行，不更標卷數。刊工有楊端、林彦、周昌、李明、周實、王正、洪其、范宜、徐昌、王子正、周彦、周先、梁□、宋杲或作宋刀，或作宋杲刀。諸人。又祇記劉、徐、解、宗、杜、亢、祝、文、辛等姓，或忠、振、圭、言、夅等名各一字。

按：歐陽公集當時流傳者有廬陵本、京師舊本、綿州本、吉州本、蘇州本、閩本、衢本諸名。自慶元二年周益公與曾三異、孫謙益、丁朝佐等重編校定，盛行一時。嗣是元明遞有翻雕，皆從此出，而他刻遂湮没無聞。以余所見官私目録，《天禄琳瑯》有宋本一百卷，爲吉州所刊，今已無可追尋；天一閣有宋本六十四卷，爲廬陵所刊，曾得寓目，密行細字，今歸適園張氏；此外北平圖書館藏殘宋本二部，虞山瞿氏藏宋本《居士集》一部，余家藏宋刊全集一部，殘宋本《居士集》一部，咸爲慶元吉州刊十行本。《延令書目》載宋刊本一百五十三卷，不記版刻行款，然以卷數考之，亦當是周益公本也。欲求見汴、吴、蜀、衢、閩諸刻，竟渺不可得。茲獲此帙，連日披覽，其大字闊幅似蜀，而結體鎸工又似杭。及反覆詳推，參之《郡目》，證以《考異》，乃知是即衢州本也。就存卷中得二證焉。卷三《汝癭》詩「平地猶确犖」，《考異》言衢本作「确犖」，吉本作「磽砮」，建本作「确砮」，蜀本、羅氏本作「磽确」，字各不同，今從蜀本、羅氏本作磽确云云。按此本作「确犖」，是爲衢本之證一也。卷三十《杜待制墓誌銘》，文内有「知建昌縣」四字，《考異》言建本、吉本作「建安縣」，蜀本、衢本作「建昌」，羅氏本作「建陽」，今從《仁宗實録》杜杞傳作「建安」。按此本作「建昌」，不作「建安」，是爲衢本之證二也。第衢本雖槧於南渡，而探源仍出於熙寧。如卷十四《永厚陵挽歌辭》，前有「引狀」一百二字，至周本則析置之《外集》卷五中矣；每卷標題爲「六一居士」，且篇目即附本卷，至周木則咸爲改易矣。嗟夫！熙寧祖本既不復可見，得見此本，猶可覩歐公手定之舊，亦足貴矣。或者不察，見每卷有發等編定一行，而指桓、構缺筆爲改剟後印，執此懸定爲熙寧祖本，則非余所敢知矣。

憶己未初秋，余謝職薄游淮南，覯此本於世好劉君許，楮墨精美，字大於錢，裝褙籤題盡存宋式，望而識爲内閣大庫之物，愛翫不忍去手。顧主人似有吝色，未敢遽以爲請，然縈於夢寐形之歌詠者非一日矣。昨歲聞有待價之訊，浼人往商，除夕定議，洎清明乃郵致而來。十年夙願，一旦獲償，喜可知也。行當携入山中，就古松流泉之下研朱細勘，半月光陰其消磨於此殘卷中乎。庚午三月既望，傅增湘書於藏園長春室。

諸家題跋録後：

宋刊《居士集》殘本二十九卷，藏園主人得諸淮南劉氏，字大如錢，疏朗悦目，爲所見《六一居士集》之最早者，主人定爲紹興初本。然此刻古質猶存，當是北宋開板，斷手於南宋，雖非熙寧祖刻，要是海内無二善本。主人原題謂或有執此爲熙寧者，其説亦不爲無見也。目録一卷，筆畫清矯，源出瘦金，必當時名手所書，如《施注蘇詩》爲傅穉手寫上板之例，故與本書仿率更體者不同，而行格亦因之而異。主人去歲爲東國之游，海外庋藏，多經披覽，著有《東游别録》四卷。今年又首獲此書及慶元本

《文苑英華》十卷，古緣清福，所得獨多，欣羨曷已。庚午三月下浣，長白彦惪、建德周學淵、侯官邵繼全、江夏楊熊祥、蕭山陸衷、豐潤張恂、淮陰王毓霖、通州張文祁同宴藏園拜觀，蕭山朱文鈞謹記。

庚午暮春，藏園讌集，獲觀主人新得宋衢州本《居士集》，楮墨精美，字得北宋歐體，洵人間之瓌寶。同觀者恩施樊增祥、瀘州高樹、膠西柯劭忞、昭文孫雄、杭邵章、如臯冒廣生、雲陽涂鳳書，屬蓮花朱益藩記之。

庚午三月既望，閩縣陳寶琛觀。

陳蒼虬仿方薰畫蘭之例，寫孤松於後幅，并爲題志如下：

庚午冬十月十四夜，同子安、適厂過藏園，主人以宋本《六一居士集》示觀，驚爲希世之寶，因作此幅，以志勝緣。曾壽。

明天順程宗刊歐陽文忠公集跋※

此天順六年吉州知府程宗刊本，半葉十行，行二十字，黑口，四周雙闌。首總目，次年譜。本書《居士集》五十卷，外集二十五卷，《易童子問》三卷，《外制集》三卷，《内制集》八卷，《表、奏、書、啓、四六集》七卷，《奏議》十八卷，《雜著述》十九卷，《集古録跋尾》十卷，

《書簡》十卷，通爲一百五十三卷。附録五卷。則祭文、行狀、謚誥、墓誌、碑傳事迹之屬。末有《記清神洞》六葉。後有周益公跋，及編定校正人銜名十二行。

憶昔辛亥、壬子之間，余游南中，收歐公集有天順、正德、嘉靖三本，獨此天順本頗有殘缺。頻年在廠肆搜集正德刻本以補之，凡補入者爲《四六集》卷七，《奏議》卷一至五、卷十三十四，《河東奉使草》卷上，《歸田録》卷下，《集古録跋尾》卷十，《書簡》卷一至五，獨尚缺《歸田録》上卷，則影寫代之，通計補配者凡十有七卷。付工重裝，截長續短，黏補裁貼，靪爲十册，整齊畫一，居然完善可誦。然溯收書之日，已越二十餘年，可謂艱矣。

按：《直齋書録解題》言公集「遍行海内而無善本，周益公解相印歸，用諸本編校，定爲此本」，「刊之家塾。其子綸又以所得歐陽氏傳家本，乃公之子棐叔弼所編次者，屬益公舊客曾三益校正，益完善無遺恨矣。」今檢此本益公後序，言「郡人孫謙益、丁朝佐徧搜舊本，傍采先賢文集，與曾三異等互加編校，起紹熙辛亥春，迄慶元丙辰夏，成一百五十三卷，别爲附録五卷，可繕寫模印」云云。此即世所謂慶元本也。此本前有錢福序，云程君得於胡文穆家，蓋内出本也。余以後跋考之，知程守所據内出之本當爲慶元原刻無疑。今觀歐公全集流傳至今已數百年，卷第無大增改，文字絶少疵謬者，皆緣益公編校於先，程守覆刊於後，規隨不失，恪守前模，其爲功亦云鉅矣。

至明代内府藏本，光、宣之交，悉由内閣大庫檢出，付圖書館珍儲。同爲慶元版刻，而殘缺不完者，殆有六七部，余咸得手披而目鑑之。其後余游吴門，於舊家竟獲慶元初刻全部。惟《集古録》十卷爲明人鈔補。嘗取此本勘之，文字絶少差舛，可知程守授梓時，雖行格未依原式，而字句悉據宋刊，其讐核之功特爲精審。慶元本爲十行十八字，天順本爲十行二十字。迨嘉靖時銅仁陳珊刻本則改併爲一百三十五卷，變易宋本舊次，視此殆有毫釐千里之差矣。

又此本字體秀逸，雅有松雪齋風範，鎸工尤爲精麗。其初印之本，楮墨明湛，世人往往誤爲元刊。如《天禄琳瑯書目》所載元本，正是此刻。近時涵芬樓印行《四部叢刊》，於廠市訪購元本，爲盛意園藏書，售價至踰千金，及細觀之，實即此本之初印者耳。然則此本之精妙寧不與元刻同珍也哉！

顧千里校嘉祐集跋※

此明嘉靖壬辰太原守張鏜重刻本，書凡十五卷，與晁、陳諸家目録所載卷數合。惟《嘉祐新集》作十六卷，至明正、嘉間巾箱本分十四卷，清康熙時邵氏本分二十卷，疑皆妄爲增損，此猶循宋時舊編，滋足貴也。第溯源雖古，而傳刻已不免差訛，顧氏據蔣篁亭校宋本手爲訂正，使數百載榛蕪，一旦廓清，有功於兹集殊鉅。

考校本舊藏黄蕘圃家，然蕘圃後得宋刊，取校本覆勘，頗譏其校勘之疏。如所舉卷十一「而數月間」句，「數月」爲「數年」之誤，而篁亭未經改正；卷十三《蘇氏族譜》，「子間」下「軾」、「轍」二字爲後人妄加，蔣氏篁亭疑而存之，非親見宋刻，何由知之。今檢本書，兩卷中顧氏所臨校者正同，知沿訛踵謬，正由蔣氏之疏，非顧氏之失也。

按：篁亭所據校者爲宋婺州小字本，昔聞李木齋師言，光緒己丑歲曾見之京師，嗣爲作緣歸於潘文勤公。余辛、壬桑海之交，客游蘇州，親訪文勤季弟仲午，探詢此書，意欲影寫一本，刊入《蜀賢叢書》中，而仲午堅言無之，惟檢出木師致文勤箋，實言及婺本《嘉祐集》事，謂其時或議而未諧耶？其詞惝怳，莫可根尋。然其後《滂喜齋藏書記》出，而此書實不與其列，則其踪迹茫茫，殆不可知矣。顧原書雖未得寓目，而無錫孫毓脩所藏影宋本近付涵芬樓印行，余取顧氏手校對勘影本，乃如合符契，不見中郎，得見虎賁，亦慰情於聊勝矣！

至得書之緣，尤有足紀者。余辛亥冬，以參與和議，留滬瀆，遍走蘇、杭、寧、越，訪求舊籍，頗獲宋元古本及名家鈔校之書。殘臘將屆，揚州書估陳韞山自江寧來，言爲余收得顧氏手校此集，抵滬時，適余游杭未歸，爲繆藝風老人索去。余亟往商讓，而老人恡不忍捨，敦諭再三。老人言欲得余新收之清平山堂本《夷堅志》，始允相易。顧是書亦世所希覯，余又不欲遽爾割棄，姑告以異時倘更得複本者，當如約。老人笑曰：「余收書四十年，今日始爲創見，君既得隴，乃復望蜀！此願恐河清難俟也。」孰意不及匝月，而蘇估忽以一帙見投，亟斥重金收之，抱書走訪藝風，欣喜過望，竟如原議，交易而退。且曰：「君抑知清平本《夷堅志》之足貴乎？此書《四庫》未收，阮氏未進，蕘翁亦衹見影鈔本，余懷思欲見久矣。蓋葉氏爲宋末人，親見洪氏四百二十卷之舊，其書雖爲節録，然所甄取多有出於宋本八十卷之外者，雖名明刻，要與宋元同珍。余校訂洪氏志有年，垂老幸見此書，自衿得寶。君雅重鄉賢遺著，嗜此名校，竟如願以償。余兩人皆於文字有夙緣矣！」余深感老人之高誼，因追懷當日交易授受原委，記之簡末，爲書林增一佳話，且藉以見余少年訪書之勇，得書之難，尚冀後來得吾書者，珍惜護持，長留於天壤間，庶無負前輩鄭重相付之意云！戊寅人日，藏園老人記，時年六十有七矣。

紹興本臨川先生文集殘卷跋※

荆公文集今世通行者以明嘉靖本爲最善，然嘉靖本實源出紹興十一年所刊，即此本是也。其版至明時尚存，後歸入南京國子監，故流傳印行至多。余曾於南中收得全帙，就新刊校勘一過，撰有題記。此殘本爲劉君翰臣所贈，存卷三十七至四十九、卷六十至六十九，凡二十三卷。其中所存宋刻約十之九，字畫頗爲清朗，蓋視余藏全帙摹印在前也。憶昔年觀書於廣化寺京師圖書館中，架底存明刊《臨川集》八九册，余檢視之，正爲紹興所刊，因告典守者更其籤題，緣其棉紙瑩潔，字體方嚴，驟視之與明刻正無以異。至今追思之，其紙幅尺寸，墨采濃淡，視茲帙正同，頗疑藏大庫時本爲一部，而先後分析者。第未審合併之後能否再爲完帙耳，竢暇時當詳檢之。

此本半葉十二行，行二十字，白口，雙闌，版心下方記刊工姓名，字體端麗，雅近歐陽率更，避諱至嚴，桓字注「淵聖御名」，構字注「御名」，此亦南渡初鐫之一證也。壬申天中節，裝成記之。

覆刻宋本王荆文公詩箋注跋※

李文懿注荆公詩，較《臨川集》多古今體七十二首，《晁志》惟載卷目，《直齋書録》差詳。《覃谿集》中有二跋，已備采之。世行元槧，經劉辰翁删評，多失其真。宋本惟此十七卷，及序目三卷，孤帙流傳，不絶如線。覃谿言，盧弓父校李注，將其卷尾所謂《補注》者，移置於本詩之下。考《補注》乃是臨川曾景建所爲，非出雁湖手，以語弓父，始追悔而已無及。案盧學士鈔補元槧，舊在善本書室，此宋本歸吴興劉氏，繆藝風前輩曾叚影摹，今據以上版，寫手未合古意，略存形似耳。覃谿又言，前賢於山谷詩任注、半山詩李注序葉殘字，皆訪求珍録，蓋古人一字之遺，後人皆得據以考證。此本幸存弱半，其珍重爲何如耶！

宋本每半葉七行，行大小字十五，注語有刓補擠寫者，各卷後有庚寅增注及抽換之葉，即曾景建所補。魏華甫序作於嘉定七年守眉時，言其門人李西美以是書版行。元槧劉將孫序，稱東南僅刻兩本，眉久廢，撫亦落。皆翁跋所未及。丹棱李氏，史學名家，雁湖爲巽巖第三子，其弟𡈼有《皇宋十朝綱要》，後來井研李微之、江陽李好德，咸以掌故擅稱吾蜀，先賢遺緒，所亟當表章也。癸亥仲春，江安傅增湘。

《藝芸精舍書目》《荊公詩注》存宋版二十七卷、二十八卷、三十四卷至三十八卷、四十八卷至五十卷，鈔四十五、四十六、四十七卷。按所記與此本不同，廿七、廿八複出，似非一本，而其餘八卷又適足互補，他家未見著録，不知猶在世間否？附記竢考。

明成化程宗刊本東坡七集跋

明成化四年江西吉州府知府程宗刊本，半葉十行，每行二十字，黑口，四周雙闌。首録贈太師制詞，次宋孝宗御製序贊，次年譜，次本傳，次墓誌銘。全書凡分七集，一《東坡集》四十卷，二後集二十卷，三《奏議》十五卷，四《内制集》十卷附《樂語》，五《外制集》三卷，六《應詔集》十卷，七續集十二卷，通爲一百十卷。前舊有成化四年郡人李紹序，余此本序已佚。言蘇集宋本雖存，藏於内閣，仁廟嘗命工翻刻蘇集，以工未畢而升遐。程侯守吉，既刻歐集於贛，又求蘇集，得宋時曹訓所刻舊本及仁廟所刻未完新本，重加校閲，仍依舊帙。舊本無而新本有者，别爲續集，并刻之云云。此七集之名所由始也。

余按：東坡文字當時風行海内，京、蜀、吴、越、吉、建各地傳刻紛紜，而中遭禁錮，多已不存。余生平寓目者，有眉州、黄州、浙中各本，又巾箱細字本，然皆殘缺不完，無由觀其全集之次第。嘗檢晁、陳二家書目，載《東坡集》有前集、後集、《奏議》、《内制》、《外制》、《和陶》、《應詔》諸集之名，其編次卷數與此本正同，惟續集爲程氏所編，采各集所無之詩文而併《和陶集》於其中，此其異耳。余頗疑晁、陳二家所著録者或即曹訓之本，取其編次特爲完備，學子便於誦習，故得以傳播久遠也。第曹氏原帙久絶天壤，獨賴程氏勤求博訪，既獲得天水舊槧，復參以御府新刊，詳校精鐫，勒成善本，遵循流衍，歷數百年不衰，其表章昔賢之功，寧不偉且鉅哉？

此書鐫梓精良，字體古逸，宛有松雪之風，肆估多撤去李紹序，以冒元刊。如瞿氏藏目著録有元本坡集，余細意審觀之，正是此本，以楮墨精麗，特足珍耳。惟成化至今歷年六百，此本傳世頗稀，偶有存者，亦鮮完帙。近世藏目惟瞿氏、陸氏、葉氏有之，餘若丁松生、繆藝風所藏，咸有缺卷。此本余得於端匋齋家，其中亦逸前集七卷，後集九卷。余取嘉靖覆刻補完後集，而前集竟付闕如，可見古書傳世之難，而後人獲此要宜倍加珍惜矣。

宣統初元，匋齋建節金陵，深惜坡集世無佳本，適江南圖書館以七萬五千金盡收丁氏善本書室藏書，其中正有成化本七集，因發官帑重付梓人，而繆藝風爲之校訂。顧丁書原有闕失，藝風又出家藏錢求赤校宋殘本合而校正，仍不足者，更取嘉靖本補勘完之。由是坡公全集得此本傳播於世，使人人獲窺宋刻之舊觀，端、繆之功，上接曹、程，流風餘韻，後先嗣美，鄉邦人士，披誦此書者，所宜瓣香祝頌於無既矣。惟編增續集，後人頗有遺議。如《醉鄉記》、《餓鄉記》諸篇，其詞鄙俚淺近，決非公作，宋人《捫蝨新話》已斥其非，而續集仍加甄采。又如嘉靖刻本前載繆宗道校訂義例，摘發所載詩文與前、後集及《奏議》複出者，爲詩五十一首，爲文六十六首，重刻悉予芟除，程氏於此殆未能免疏漏之譏。然其以部郎出守大郡，下車數月，即訪求歐集舊本，刻置郡庠。歐集蕆事，更推及坡公。以儒術飾吏治，其留意文學，迥非俗吏之所爲。至增編續集，或委諸幕客所爲，以文牘紛填，無暇尋檢，致有複出濫收之弊。然刊傳古籍，爲功於藝林甚鉅，續集偶疏，未足爲累。後人勿過爲苛責可也。

明嘉靖本東坡七集跋

此嘉靖時重刻成化本，半葉十行，行二十字，白口，四周雙闌。前列敕詞、序贊，次録成化本李紹序，次重刊全集義例八條，後題「校正官南豐縣儒學署教諭事舉人繆宗道識」，次年譜，次總目，次本集七種，次第悉與成化本同，惟後集末卷題「嘉靖十三年江西布政使司重刊，南豐縣學教諭繆宗道校正」二行。

案：東坡全集近世通行者爲眉州祠堂《三蘇集》本，《四庫》著録者爲蔡士英本，其卷第頗有更易，均非宋本之舊，不足據也。自來收藏家咸推成化初吉州本爲善，以其源出曹訓舊刻，一切咸遵宋式，可糾後來各本竄易之失。顧其書流傳極罕，頗不易覯。此嘉靖刊本即從成化本出，故不特卷數次第相同，即行款字數亦宛然若一，第版口黑白有異耳。惟續集十二卷其中乃大有差殊。葉郎園謂嘉靖重刻時續集版已亡佚，搜其逸詩、逸文再編，故大非成化本之舊。繆藝風爲陶齋覆刻成化本七集時，以嘉靖本對勘，謂嘉靖本脱去詩四十五首，文四十七首，遂謂此本不如成化本之佳。然余嘗取兩本比較，亦殊有不盡然者。就續集目録考之，此本詩文題目次序與成化本相勘，其符合者固十之九，是重刻時實親見成化本，不得謂相距六十餘年，其版失亡，其書亦至於不可復見，似非情理所宜有也。至詩文之減少，洵如藝風所言，然其事則固有説。據此本前載義例，言舊本續集所載多與前、後集及《奏議》重出，今删其全同者詩五十一首，論、序、啓、書、奏議、贊、銘等共六十六首。是此本續集詩文之減少，乃因其複出而删之，非未得原書而佚之也。義例又言，舊本模糊及元寫差誤，爲之補訂改正，凡二千餘字。是此本當時固校勘精謹。初非漫然翻刻而已。故陶齋覆本所附校記，其是正文字太半取諸此本。循是論之，此本之善寧遜於成化本哉！

此本雖晚出，而流轉至今，亦殊稀見，近世收藏家惟皕宋樓陸氏、適園張氏、郋園葉氏三家有之，此外亦不多遘也。余壬子歲游杭州，於文元書坊得見此書，棉紙明潔，三十鉅册，完整如新，若手未觸，書衣題籤，舊裝未改，古色照人。鈐有「王氏漱芳樓圖書印」、「任邱邊氏空青館鑑藏經籍書畫之印」。鄉賢遺集，正苦無善本可誦，且審知此爲難逢之舊刻，急以高價收之。儲藏篋笥，殆三十年，頃以檢書及之，爰考其原委，辨其得失，識之卷端，俾後人知所珍惜，慎勿以其雕工粗率而屏之，不與成化等觀也。辛巳七月初九日，書於靈巖山房。

明刊東坡大全集跋※

明刊本，半葉十行，行二十字，黑口，四周雙闌，前後不載序跋，字體圓湛，刊工亦精美，頗似成、弘間風氣。卷首録誥詞、御贊、本傳、墓誌、年譜，悉與成化刊本同，惟編次迥異，蓋合集文字而類列之，所謂「大全集」也。卷一、二爲賦，卷三至三十一爲詩，卷三十二至三十八爲論，卷三十九至四十二爲策，卷四十四爲經説，四十五至五十一爲書，五十二爲擬作，五十三至六十五爲書簡，六十六、七爲啓，六十八爲傳，六十九至七十二爲記，七十三、四爲碑，七十五、六爲序，七十七、八爲表狀，七十九至九十一爲奏議，九十二至九十四爲制誥，九十五至一百一爲内制，一百二爲青詞，一百三爲辭，一百四爲行狀，一百五爲銘，一百六、七爲贊，一百八爲頌，一百九、十爲墓誌，一百十一爲祝文，一百十二爲祭文。其每類之中又分數類，如詩則分古、律、歌、辭，如論則分程試、制科、經史、人物，策則分策問、策略、策别、策斷，内制則分貼子詞語、口宣、批答、詔勅，又未免過於詳瑣矣。

按：《四庫總目》言，蘇集「風行海内，傳刻日多」，「其體例大要有二，一爲分集編訂者，乃因軾原本原目而後人稍增益之。」「其一爲分類合編者」，「宋時所謂『大全集』者，類用此例」。今觀此本，正所謂「大全集」也。考陳鵠《耆舊續聞》言，姑胥居世英刊《東坡全集》殊有序，又少舛繆，極可賞。是合編大全之本當自居世英始矣。自明以來，傳刻紛紜，而迄少完善之本。《總目》言明代「有一百十四卷者，號《蘇文忠全集》，板稍工而編輯無法」，其説頗似此本，而卷數不同。且此本分類編次，雖略繁瑣，而頗有倫序，意必源於舊本，絶非明人率爾編排，任意揉雜者可比。余頗疑蘇州居世英刻《全集》爲合編最早之本，前人既推其善，今細繹此本，條理秩然，雕刻精雅，必從居氏《大全集》而出，獨惜序跋無存，不能考其原委耳。又，此本傳世極稀，編檢各家目録，均未著録。余舊時獲之南中，質之藝風、乙盦，均未曾寓目，無能考其究竟。嗣於吴門晤鄧正闇同年，其羣碧樓中所儲坡集正是此本，且各卷缺葉皆預留格紙，無不盡同。然正闇窮探極討，亦無由悉其源流，惟相與摩挲賞玩，各矜奇祕而已。坡集宋刻存世已無完帙，合編之本。獨此爲精，評其甲乙，若與成化本七集並稱雙璧，寧有愧哉！

宋虞平齋刊本集注分類東坡先生詩跋※

此爲楊氏海源閣舊藏，即《楹書隅録》所載之虞平齋本也，題曰「增刊校正王狀元集注分類東坡先生詩」。半葉十一行，行十九字，注雙行二十五字，黑口，左右雙闌，版心上方記字數。注家姓氏後有篆文木記，曰「建安虞平齋務本書堂刊」。字體雋麗，鋒稜峭露，是建本之至精者。歷藏李氏雙檜堂、汪氏藝芸精舍，後歸於楊至堂漕督，今入秋浦周氏莊嚴堪，此本書行格及傳授源流之大略也。

余舊藏宋、元刊王注蘇詩各一帙：宋本有泉州市舶司僞牌子，楊幼雲蘇齋舊物，原書不全，歸余後得别本補完之；元刊爲建安熊氏本，遞藏溴陽葉潤臣敦夙好齋、松江韓緑卿讀有用書齋，今春南游探梅，獲之海上。取虞氏本對核之，其版式、行格及刊工、字體，與前二本靡不符合，蓋坊肆同在建安，年代相距未遠，而蘇詩王注乃有三刻，一時風尚，萬本争傳，其風流勝概可以想見也。

第余詳加比勘，亦有不盡同者。他本開卷首爲趙夔序，次爲王十朋序，此本則王前而趙後，一異也；他本標題作「王狀元集百家注分類東坡先生詩」，此本上有「增刊校正」四字，而無「百家」二字，二異也；熊本《紀年録》於逐年事蹟皆夾行細書，此本則大字直下，三異也；熊氏本有劉須溪批點，故行間有點擲，題下有評語，此本無之，四異也；注家姓名熊本别以陰文，「泉州本」無之，此本則加圓圍，五異也；此本偶有增注，附綴本詩末，標以陰文「增刊」二字，他本則否，六異也。據此觀之此本之刻其在泉州本之後乎？此外尚有萬卷堂本，爲皕宋樓所藏，余於静嘉文庫見之，行款相同，亦鈐有李如柏雙檜堂印，知五百年前與此本固一家眷屬也。明代有汪氏誠意齋集書堂本　劉氏安正堂本，卷第雖同，而行款已易。至梁谿王永積，增入和陶詩，改爲三十二卷，删削注文至十餘萬字，並將王氏原分七十八門者，《皕宋志》作七十二門，《丁氏善本書室志》作七十六門，皆誤記。併省爲三十門。吳興茅維復再刊之，於是宋本面目後人遂無從窺見矣。

按：王氏此注後人多訾議之，《四庫提要》頗疑爲依託，邵長蘅至撰《王注正訛》一卷以糾摘其失。平情論之，此注兼收博蓄，誠不免舛雜之譏，然搜採近百家，網羅宏富，足供後人掇拾之資，且詩之本事，王氏所得爲多。其後施氏輯注，轉得取材於是，或因其詳略而損益之，蓋旨趣不同，而意實相濟。今人或揚施而抑王，非篤論也。又邵氏掎摭之端，所據者爲吳興茅氏、新安朱氏一再芟夷孱改之本，實未覩宋、元古刻，以窺見梅溪之本真。洎乾隆時，馮應榴得元槧舊本，輯爲合注，而王氏集注始爲世所推重。然原書迄未重梓，余得宋刻後，欲求一晚近之本以勘證其異同，而竟不可得，蓋自宋元以來，惟明代金臺汪諒曾以元本覆諸木，第其書亦不恒見也。嗚呼！真本久佚，而繆種流傳，轉使前賢蒙其謗議，斯亦深足慨喟者矣！又按：陸氏心源跋萬卷堂本，以干序文理拙繆，決非出自梅溪之十朋云。此說殊繆，余意孝宗所見或即馮星實所稱之五家注本，今海虞瞿氏尚存殘帙，而別引《庚溪詩話》孝宗召對梁叔子，詢及趙夔等注蘇詩事，因疑此注實夔所輯，而坊肆託其趙注之外，尚有趙、程、師、李、宋諸氏，考其宋諱闕筆，正是高、孝時所刊。況其時更有八注、十注本，安見其必爲王氏集注乎？

此帙楮墨精湛，近時涵芬樓《四部叢刊》所印蘇詩《集注》即用虞氏本，爲貴筑黄子壽所藏，字畫頗爲明麗。然以較此帙，似尚不如。昔楊氏得此書於吳門，其子紹和矜詡甚至，有「珍若璠璵」之語。近歲流落津沽，爲秋浦周叔弢所獲。前日忽馳書見告，言欲得藏園祕笈數種，願以是書爲酬，余欣然允諾。因檢取明鈔本《席上輔談》有金俊明、黄蕘圃跋，明鈔《賓退録》有孫岷自跋，舊鈔《邵氏聞見録》爲陳西昀所校，皆前輩名蹟，而爲君家所無者，手携往津，鄭重相付，於是務本書堂之精槧遂載歸雙鑑樓中，與「泉州市舶」、建安熊氏二本鼎峙成三矣。自盧溝發難以來，困守危城，插架萬籤，環視已爲身累，訪奇抽祕更復何心？今者丹鉛重理，荷良友之嘉惠，忽明珠之見投，自顧衰頽，長逢喪亂，惟此區區之書福差足自娛，爰誌此一段因緣，庶異時傳爲書林之掌故云爾。丁丑十二月十九日，祀東坡於蜀賢祠，歸而記之。

收藏有「濮陽李廷相雙檜堂書畫私印」、「君明孫子鑑賞」、「汪士鍾印」、「藝芸主人」、「汪士鍾曾讀」、「憲奎」、「秋浦」、「平陽汪氏藏書印」、「宋本」、「平江汪憲奎字秋浦印記」、「徐遵禮字從文別號虚涵子識」、「楊以增字益之又字至堂晚號寒樵行二」、「東郡楊紹和字彦合藏書之印」、「東郡楊氏宋存書室珍藏」、「聊攝楊氏宋存書室珍藏」、「周暹」諸印記。

宋刊王狀元集百家注分類東坡先生詩跋※

是書舊題王十朋注，二十五卷，宋刊本，半葉十一行，每行十九字，注雙行二十五字，細黑口，左右雙闌。目録及卷一次行題「前禮部尚書端明殿學士贈侍讀學士贈太師謚文忠公蘇軾」。其詩分類編輯，自紀行以迄雜賦，凡七十二門。詁涉宋帝空格，宋諱咸缺末筆。後半部標題上加「增刊校正」字，其增注處以白文「新增」二字别之。字體秀麗，鋒棱峭露，爲建本之致精者。其卷十五至十八各卷以元本配入，十二行二十一字，注二十六字，黑口，四周雙闌。題「廬陵須溪劉辰翁批點」。行間有標點，詩後有評語，即廬陵書堂本也。

曩閲吴兔牀跋云：「王梅溪《集注百家東坡詩》近所行本皆後人妄行竄亂删併，全失本真。今得兹帙考之，宋本分類爲七十八門，元本仍之，明本則併爲三十門；宋本二十五卷，《皕宋志》作三十卷，蓋誤記。元本仍之，明本則改爲三十二卷；至其增入《和陶詩》與夫文字删落奪誤，難以僂指計；始信兔牀之指摘非過爲苛論也。

然以余反覆諦觀，益知此集版刻不特宋本與明本有殊，即宋代初刻、後刻亦微有差别也。就余生平所見言之，皕宋樓所藏宋本曾覯之海東静嘉文庫，其行格卷第與此本正同，惟其前有傅藻《紀年録》一卷，百家注姓氏後有「建安萬卷堂刻梓於家塾」木記一行，此本無之，蓋已佚去。考陸氏目録，即吴氏拜經樓藏本，兔牀題識尚存。其後又見黄子壽藏宋本，亦與皕宋同，此當爲初刻無疑。又盛伯羲意園所藏一帙，其行格視皕宋樓本無異，而標題有「增刊校正」之字，注中亦有「新增」之文，諸家姓氏後木記爲「建安虞平齋務本書堂」一行。此帙爲袁寒雲公子所得，今影印入《四部叢刊》中。此當爲宋代後刻之本。余今者新獲入庫之書，乃合初刻、後刻而成者也。

此帙昨歲出於廠肆，摹印精湛，惜衹存卷一至十四，舊爲楊幼雲所藏，衣帙籤題備極雅麗。寫東坡象於卷首，凡搜集南薰殿本、松雪翁本、羅兩峯本、馮少卿本、孫克弘本、笠屐圖本，共六通。鈐印纍纍，首尾殆遍，矜詡之情溢於卷帙。惟市估翦裁目録，冒充全帙，以炫人目。且於目後僞造木記一行，文曰「泉州提舉市舶司東吳阿老書籍鋪印」，其心勞日拙，不足供識者之一哂。余偶憶及前歲曾見殘帙，冀得補綴一二，然賈人妄索高價，因循轉歲，頻議不諧。余雖心好之，而莫可如何也。日前會有勞山之遊，瀕行市賈忽持來求售，倉卒商略既定，兼以諈諉書友魏經腴爲籌集鉅金付之。旬日北還，乃發篋檢書，披覽所存殘卷，自十五起，至二十五止，正足補完，乃驚喜出於望外。第考其版刻，自十五至十八爲元代劉須溪評點之本，十九至二十五爲宋虞氏書堂增刊校正之本，未免爲白璧之微纇。然元本實出宋刊，虞氏本行款又與萬卷堂本契合，溯委窮源，要是一家眷屬，其契合亦云巧矣。昔翁學士覃谿得宋槧《施顧注蘇詩》及天際烏雲帖，遂以蘇齋目名。今楊氏藏本視《施顧注》固遠遜，而什襲珍儲，矜異自喜，更援覃谿之例署曰「又一蘇齋」并題詩七章以紀之，雅韻流傳，固足後先輝映。豈意百餘年後，更有人預藏殘卷，使樂昌鏡圓，豐城劍合，爲幼雲彌其缺憾。其際遇之奇，洵非意料所及者矣。余嘗謂古書名翰，數百年來歷劫僅存者，必不忍任其磨滅銷沈，隨水火塵埃以俱逝，故生平所獲殘籍，苟其珍奇罕覯者，往往窮搜博訪，使離者復合，缺者更全。如宋本《論語纂疏》、宋本《蘇老泉文集》、弘治本《元遺山集》、影元本《六經奥論》、明抄本《詩話總龜》，或劣存半編，或中缺數卷，或正帙、首册且皆分携千里，離析累世，而一旦卒假余手以完成之。此書所補雖非原帙，而卷第相銜，不溢不缺，幼雲既抱殘守缺於前，余幸得拾遺補闕於後，勝緣書福，良非偶然。爰詳述因緣，誌諸卷尾，使後人得吾書者，尚冀勤加護持，勿負余之苦心可耳。

卷中楊氏收藏印二十餘方。又「楊復」、「彦岡」二印。考復字志仁，號彦剛，福寧人，爲朱子門人，著有《儀禮圖説》十七卷、《祭禮圖》十四卷、《家禮雜説附注》二卷，學者稱爲信齋先生。「輯五」則彭元瑞之字也。吴龍錫俟考。幼雲卷尾題詩七首，又藏書木記文凡十三行，咸録左方。其泉州市舶司牌子乃賈人作僞以欺世者，幼雲以鑑賞書畫名家，而版本非屬當行，故不審其真贋，乃爲詳考其沿革以實之。兹亦附其説於後，以待識者之論定焉。壬申八月二十三日，藏園記。

題宋建本蘇詩王注後

古刻徐州並密州，更誰海外與雕鎪。謂陳師仲編公徐密二州詩及北歸後作。當時厲禁渾無用，次第諸家事校讐。

五注原從四注分，林子仁取四注益之爲五注，即宋、趙、李、程。編年施顧獨勤精。謂施武子、顧景繁二家注。竭來斷板麻沙甚，好事倉司與汰存。謂鄭羽刻之淮東倉司者。

類注紛紜出永嘉，呂繁趙簡互疊瑕。趙堯卿原分五十類，呂伯恭廣之爲七十八類，元因之。杜韓舊例分明在，彙取千家五百家。杜、韓二注或多至千家、五百家。

霅濱練浦浪傳薪，排類編門漸失真。湖州茅氏刻分三十類，新安朱氏刻分二十九類。賴有須溪舊時本，好從慶祐溯乾淳。元刻劉須溪注本馮氏藏。

越紙精瑩歙墨腴，率更書體擅形模。宋圖印書裏紙在褙紙上。卷中題字猶堪認，司榷東邊舊印書。卷後有「泉州提舉市舶司東吳阿老書籍鋪印」一行。

小篆紅消七百年，三山泥爪未全湮。二卷、三卷之端胥有宋儒楊復印。是誰探取琳瑯祕，是書題款及裝潢胥内殿式。更入弘農甲乙編。

軼事諸家近可徵，希韝鞠䐁遞相仍。謂宋、翁各家拜相舊事。比來韻事都消歇，擬築蘇齋接大輿。宋張山人天驥有蘇齋之稱，宋、翁並淑之。

辛酉初春吉日，蘇齋學人楊繼振彦起父漫稿。

案：《宋史·職官志》：提舉市舶司掌蕃貨海船征榷貿易之事。自來遠人通遠物，元祐初詔福建路於泉州置司，大觀初復置浙、廣、建三路市舶提舉官。逮建炎罷之，隸於轉運，未幾復置。乾道初，以臣僚建言，罷兩浙提舉歸轉運。廣、建仍之。書末有「泉州提舉市舶司東吴阿老書籍鋪印」一行，此書成於宋末，則此提舉司必建炎以後之所復置。至吴阿老云云，亦足見此書爲闔肆之所覆刻，與吴兔牀所收建本似相脗合，且楮墨精瑩，分類別卷夐然有異於時本，豈即拜經樓所收之本流轉至北者耶？因論提舉，故並著之。若集注多寡，未敢輒定，俟更求新刻詳勘焉。

楊氏藏書約朱記録後：

予席先世之澤，有田可耕，有書可讀，自少及長，嗜〻彌篤。積歲所得，益以青緗舊蓄，插架充棟，無慮數十萬卷，暇日静念，差足自豪。顧難聚而易散，即偶聚於所好，越一二傳，其不散佚殆盡者亦鮮矣。昔趙文敏有云：「聚書藏書，良非易事。善觀書者，澄神端慮，净几焚香，勿捲腦，勿折角，勿以爪侵字，勿以唾揭幅，勿以作枕，勿以夾刺。」予謂吴興數説，愛惜臻至，可云篤矣，而未能推而計之於其終。請更衍曰：「勿以鬻錢，勿以借人，勿以貽不肖子孫。」星鳳堂主人楊繼振手識，並以告後之得是書而能愛而守之者。

予藏書數十萬卷，率皆卷帙精整，標識分明，未敢輕事丹黄，造劫楮素。至簡首卷尾鈐朱纍纍，則獨至之癖，不減墨林，竊用自喜，究之於書，不爲無補。

題宋建本王注蘇詩※

梅溪注蘇詩盛行於南渡之季，故宋元坊肆競行翻雕，其流傳於今者，殆不下五六本。余家先後所得凡有三本：一爲宋務本書堂本，舊藏於海源閣楊氏；一爲元建安熊氏本，舊藏松江韓氏；一爲殘宋本，有泉州市舶司東吴阿老僞牌子，舊藏楊幼雲氏，即此本也。楊氏以鑑賞書畫知名，其得此書，矜詡甚至，既考訂而爲之跋，復紀之以詩，又仿覃谿之例，自號「蘇齋」，刻印遍鈐於册頭卷尾，欲與覃谿争驅並駕。然余得此書時，披檢前後，乃知僅存十四卷，未爲完帙也。適匣中儲有宋刊殘本，行款正同，因取以增入，其所缺者，以元刊足成之，自謂鍊石補天之功，足爲楊氏功臣矣。嘗撰爲長跋，刊入《羣書題記》中，並於東坡生日招邀鄉人，開宴藏園，出此書互相欣賞，各題名於後，以誌盛會。蓋余之所以寶愛之者，亦云至矣。

昨歲盧溝變起，都市震驚，嚴扃深鐍，備極辛勞，萬卷庫儲，幸得無恙。偶與孫君仲山宴譚及此，仲山謂宋刻坡詩，世所希覯，常人得一䕫已足，君乃鼎峙成三，可云美富無倫。然世亂無涯，懷寶可懼，儲藏必謹，散佚堪虞。與其聚之於已，而獨力難持，曷若授之於人，得同心守護。余憬然意動，乃議以此本歸之仲山，以熊氏本歸之涂君厚盦，而余獨留務本書堂本，用資諷誦。且三本各有所長，勢難軒輊，楚弓楚得，余復何所容心。從此寶書所在，神物護持，什襲珍藏，子孫永保，坡公有知，其亦鑑此微忱，默爲相佑也乎！奉書之日，特誌數行，附諸褔葉，使後人得此書者，知干戈俶擾之際，吾輩之手相授受，别具深心，固非徒嗜古耽奇，矜爲雅玩而已也。

元建安熊氏本百家注蘇詩跋※

此元建安刻本，題「增刊校正王狀元集注東坡先生詩」，半葉十一行，每行十九字，注雙行二十五字，黑口，雙闌。卷首標題，次行「宋禮部尚書端明殿學士兼侍讀學士贈太師謚文忠公蘇軾」，三行「廬陵須溪劉辰翁批點。」首趙夔序；次王十朋序；次諸家姓氏；次門類，下題「東萊吕公祖謙分類」，凡八十二類；次《紀年録》，傅藻纂；次目録。姓氏後有篆文牌子，文曰：「建安熊氏鼎新繡梓。」收藏有「虚谷草堂」、「密閣」、「玉局生」、「毛氏家藏圖書」、「毛氏起宗」、「毛繼祖印」、「啓宗」、「雲翼道人」、「峯山退士」、「葉氏敦夙好齋收藏古刻善本」、「漢陽葉氏敦夙好齋印」、「敦夙好齋」、「葉名澧印」、「葉名澧潤臣印記」諸印章。

按：東坡文字自政和弛禁後，至乾道初，孝宗召對梁叔子，詢趙夔等注蘇詩，取以進呈，遂御製序文，冠於文集，命與詩集同刊。由是坡公詩文盛行於時，杭、蜀、楚、建諸地，咸有刊本。詩注行世者，大别爲三類：一，趙夔等注本，今海虞瞿氏藏有殘宋刻；一，施、顧注本，翁覃谿及翁文恭家、楊氏海源閣、繆氏藝風堂均有殘宋刻；一，爲王梅溪集注，即此本也。然王注又有數刻：建安虞平齋務本書堂本，見《天禄後目》；建安魏忠卿家塾本，在日本圖書寮；建安萬卷堂本，見吴氏《拜經樓題跋》及日本圖書寮；一爲「泉州市舶司」本，此牌子亦僞，姑假定此名。舊爲楊幼雲所藏，今在余家；一本標題上加「增刊校正」四字，下作「集注分類」，不作「集百家注」。余亦藏有十餘卷，第不審爲何人所刊。以上五本咸閩中刻梓，版式行格皆同，蓋人士喜誦蘇詩，風行一時，流播四出，閩中坊肆遂争先鐫雕，或就原版以摹刊，或改標名以動聽，期於廣銷射利，故同時同地有五、六刻之多，而於文字初無所更訂也。此外别有集百家注本，注文家數與前同，而增入劉須溪評點，余所見有三本：一爲十三行小字本，今藏日本圖書寮；一爲元建安熊氏本，即此書也；一爲元代盧陵某某書堂本，版式增爲十二行，余家亦有之，而明代又就元版重翻焉。此梅溪集注版刻源流之大略也。至梅溪之名，爲坊賈所僞託，《四庫提要》已詳言之，兹可勿論。第編輯出自宋人，援引詳明，邵長蘅補注《施顧注蘇詩》多取材於此書，且流傳至今而不廢者，要其徵取繁富之足珍也。

又按：今世所行王注蘇詩爲文蔚堂刊本，《四庫》以之著録，然分卷爲三十有二，次第迥然不同，乃明人王永積重編授梓，非以宋、元本覆木也，故不能與此本對校。今以元廬陵本與熊本勘之，偶披卷一首葉「蕭條初出郭」句，廬陵本已誤「郭」爲「廓」，則其他之翻刻沿誤者正自不尠。此本與建安虞氏、魏忠卿、萬卷堂、「市舶司」各本行格、字數、板匡尺寸一一皆同，所微異者，注中各家姓名改作白文，及行間加標點，卷末附評語耳。

余生平酷嗜坡詩，尤喜收訪舊刻。二十年前得元刊本於廠肆，有須溪評點者。嗣得宋刊本，爲楊幼雲舊物，惜祇存十四卷。旋配得宋刊别版數卷，更以元本足之，乃爲全書。私意求一完本，以資勘誦，苦不可獲。春初南游，偶於滬肆覯此帙，詢知由松江韓氏散出，歷藏毛氏及漢陽葉氏，三氏咸以收藏著名海内者，檢閲一過，序目、《年譜》咸具，歎爲希世珍籍，因浼書友諧價定議。適行囊空乏，從鄉人孫君仲山告貸十餘金，納幣取書，載以北還。近日筆墨少簡，乃檢點庫藏各本，徧取諸家藏書目、留真譜，考其先後同異，詳著於編，俾後之得吾書者可以覽觀焉。丁丑立夏日，藏園老人識。

宋刊施顧注蘇詩跋※

此宋刊本，首行標題「注東坡先生詩」，次、三行並列「吴興施氏」、「吴郡顧氏」，半葉九行，每行十六字，注雙行同。每卷前附目録，本卷前題詩若干首，下注起某某地，至某某地。或題時在某官。詩題低三格。白口，左右雙闌，版心下記刊工姓名，刊工有周鼎、嚴鎬、成玘、阮玘、周珪、羅振、戴居仁、林春、潘雲、羅永、羅文、阮忠、周祐、張慶宗、徐珙、仇瓊、沈昌、吕拱、李峕、馬祖、張世賢、林光祖、丁諒、金震、包仲、馬良、阮慶諸人。缺卷五至十、卷十九、卷二十，凡八卷，存三十四卷。卷尾有景定壬戌鄭羽跋七行，及翁松禪師、潘伯寅、汪柳門題識，並録如下方：

《坡詩》多本，獨淮東倉司所刊明净端楷，爲有識所寶。羽承乏於兹，暇日偶取觀，汰其字之漫者大小七萬一千五百七十七，計一百七十九板，命工重梓。他時版浸古，漫字浸多，後之人好事必有賢於羽者矣。景定壬戌中元，吴門鄭羽題。

曩嘗於葉潤臣家得見嘉泰本《施顧注蘇詩》，歎爲瓌寶。一日坐殿廬中，桂侍郎以怡邸殘書見視，忽覩此本，以二十金購之。前後缺八卷，此雖景定補本，然字畫清勁，粲如明珠，恐人間無復數本矣。同治十年伏日早退，題於東華門酒家。常熟翁同龢。

此景定壬戌吴門鄭羽刻補於淮東倉司之本，叔平六兄得於安樂堂散出之書者也。按《施顧注蘇詩》傳世者，一爲絳雲樓藏本，已歸庚寅一炬；一爲汲古閣、傳是樓藏殘本，後歸宋牧仲、翁覃溪、吴荷屋、葉潤臣，即嘉泰殘本也。嘉泰本缺十二卷，是本缺卷五、六、七、八、九、十，又缺卷十九、二十。卷尾鄭氏一跋，馮星實亦未見刻本，僅從人抄得。玩跋中語，是就施武子原刊本修補其漫漶處，非重刊也。此本在世亦希如星鳳矣。昔宋牧仲得嘉泰殘本，屬幕客補足刊行，其書爲人齒冷，不足置議。覃溪以查氏所補有未盡，曾爲注八卷。今此本較嘉泰殘本多原注四卷，叔平願再補之，以留原注面目。文字因緣，非偶然也。叔平得此本不輕示人，獨屬蔭爲之跋，其爲欣幸何可勝言，而嘉泰殘本猶在人間，或者旦暮遇之乎！同治十年六月二十一日大雨中，吴縣潘祖蔭識。

光緒辛丑四月二十二日，錢塘汪鳴鑾觀。

憶癸丑、甲寅間，余僑居津門，與常熟翁敬之觀察之廉衡宇相望，晨夕過從，譚讌懽洽，藉諗松禪師藏籍半歸其守護。暇日敬請拜觀，因出舊槧名鈔十許部見眎，其最稱珍祕者，宋刊《鑑誡録》及是書也。當記其行款卷帙於《瞥記》中。按松禪師跋語，知其書出自怡王邸。陸存齋麥本《九經》跋言，怡府得徐、季兩家之書，其中多爲世所罕見，如《施注蘇詩》全本有二，即指此書也。

考此書宋刊傳世者有數本：一爲錢牧翁所藏，燬於庚寅之災。一爲毛子晉所藏，遞傳徐健菴、宋牧仲、翁覃溪、吴荷屋、葉潤臣諸家，光宣之交湘潭袁伯葵以三千金得之。伯葵方官京曹，文酒流連，名輩翕集，摩挲展翫，形諸詠歌，然校録傳刻之説則未聞焉。俄而所居西安門寓舍今之居士林即其遺址。不戒於火，一夕化爲煨燼。伯葵從灰焰中掇拾殘餘，僅存斷爛小册。同此一書，三百年來同厄於火，先後遥遥相對，亦一奇矣。袁氏藏本余未得寓目，不審其摹印若何，兹本則字畫俊美，楮墨明浄，生平所覩宋代佳刻殆難其匹。此外余所見者尚有殘本兩帙：一爲繆藝風所藏，存卷十一、十二、二十五、二十六，凡四卷，今歸南潯劉君翰怡，而影寫副本則歸余齋。一爲海源閣所藏，存卷四十二、四十三，凡兩卷，爲和陶詩。曾庋士禮居陶陶室中，今歸秋浦周君叔弢。綜合各家藏本計之，怡府本缺八卷，若以宋牧仲本補之，可增入第七、第八、第十九、第二十，凡四卷，是全書所缺者衹四卷矣。嗟夫！坡詩之有注，施、顧之外，獨永嘉王氏耳。王氏本坊賈託名，且紕漏百出，然數百年來家有其書，而施、顧遺著，號爲精審者，流傳迄今，竟無完帙，且沈晦不彰，有若存若亡之歎。豈文字傳否固有幸不幸歟？抑淺陋者易諧俗目，而湛深者難得真賞歟？耀潛德而發幽光，是宜有待於後賢之卓識矣！

按：馬端臨《通考》云：《注東坡詩》四十二卷，司諫吴興施元之德初與吴郡顧景蕃共爲之注，元之子宿從而推廣，且爲年譜，以傳於世。又，周公謹《癸辛雜識·别集》言：施宿字武子，湖州長興人。父元之，乾道間爲左司諫。宿晚爲淮東倉曹，時有故舊在言路，因書遺以番葡萄。歸院相會，出以薦酒。有問知所自，憾不已致也，劾之，無以蔽罪。宿嘗以其父所注坡詩刻之倉司，有所識傅穉字漢孺，窮乏相投，善歐書，遂俾書之鋟板，以賙其歸。因摭此事，坐以贓私云。夫武子能讀父書，能傳父書，若三衢毛居正之增廣《韻略》，可謂賢矣。而漢孺字畫精妍，手繕終編，妙翰名著，允稱雙絶。乃竟緣此被劾去職，此與唐仲友台州公庫刻《荀子》之獄相類。第唐有僞造會子之嫌，施則爲讒邪誣陷所致，爲足異耳。顧當時雖厄於臺官，莫由申訴，而六十年後，覃溪考此書當刻於嘉泰初。猶有人慨慕流風，爲之補緝而鼎新之，是知明珠大玉，有目同珍，縱使摧抑於一時，終當顯焯於異世。彼仇人怨家之口，寧能拂好惡而久存哉！

第余有大惑不解者，牧仲尋訪宋刊，遲之數十年莫能得，及晚歲撫吴，始於河南舊家獲之，其誠祈嚮往，亦云至矣。顧何以不依仿原本精寫覆雕，而必以屬邵青門爲之訂補，加以芟正，果爲何耶？夫缺卷不可得，則補其缺可也，何必更取原存者而删落之，改定之？抑何不憚煩耶！且余視其所謂删補之本，凡注文之再見者則省之；引書之詳備者則節之；凡題下附注關涉本事者恒略取數語，而遺其大端；其它去取增損，多不明其意之所在。牧仲自序，謂殫精力，積歲時，完殘補缺，使施注幾亡而復顯。自余觀之，則施注經宋、邵諸公之手，雖謂幾顯而復亡可也。

查氏《補注》深悟宋、邵之非，於是奮然取其删落者而逐卷補録之，其志未嘗不嘉。然余取篋藏影宋殘帙校之，則又有大謬不然者。如卷十一《蘇潛聖挽詞》，宋本題下固詳著其名籍、官職，凡三十七字，而查氏乃注云：「爵里失考」。卷二十五，《送陳侗知陳州》題下注「侗與東坡爲同年」凡八十七字，邵氏删之，查氏亦注「失考」。詩中注文凡二十五事，邵氏衹取六事，亦删節其文。查氏補者三事，然鐵牛一條施注引《唐文粹》賈至《鐵牛頌》，而查氏則引《太平寰宇記》。其餘類此正多，豈查氏於宋本未曾親見耶？抑就宋本更有所取捨耶？

覃溪翁氏更撰《補注》八卷，以正查氏之脱失。翁氏家藏宋本，躬自輯訂，宜其詳盡無遺矣。然以影宋本就蘇齋所著證之，則於原注有所去取而不全補者，有因原本間有蠹損而不能補者。如卷十一，《董儲故居》詩「冬月負薪雖得免」，翁氏補原注謝靈運詩「已免負薪苦」一條，而其前引《禮記》「問庶人之子」一條則未補也。卷十二，《獨樂園》詩「青山在屋上，流水在屋下」，翁氏補原注《楚辭》「鳥次兮屋上，水周兮堂下」一條，而其他句下引《孟子》、《老子》、《莊子》、《漢書》、《唐書》、《韓詩》、《杜詩》、《幽閑鼓吹》凡十條，均未補也。卷十一《孔郎中馬上見寄》題下注，翁氏補原注自「知徐州起」，而其前尚有一百二十七字，以闕失不能補也。注末又脱坡爲周翰作虔州八境詩二十三字。卷十二，《獨樂園》題下注，翁氏補查氏之脱失字句五處，而其間斷爛之文近百字亦不能補也。然以上闕文影宋本固完然具在耳。又有誤補者，如卷十一，《藏春塢》詩「楊柳長齊低户暗，櫻桃爛熟滴階紅」，翁氏補原注引白樂天《夢遊春》詩「門柳暗全低，簷櫻紅半熟。」不知白詩查氏固已補入，其所遺漏者爲《唐宋詩類》齊己《櫻桃》詩「幾聽南園爛熟時」等十六字耳。

綜而衡之，邵氏删訂謬妄，誠不足論。查氏所補時與宋刻牴牾，且亦不免意爲進退。翁氏既得宋本，可以正查氏之疏失，而原本已蠹蝕不完，録入之注仍復未備，要於宋刊面目愈趨愈遠，使覽者回惑而莫辨其是非，豈不重可歎哉！余竊謂施、顧注本傳世本稀，自袁氏藏本被燬，惟松禪師此帙存卷獨多，斷爲海内孤本祕笈。儻得有志者取原書精摹印行，不妄增減一字，所缺之卷祇録本文，無煩補輯，庶幾神明焕然，頓還舊觀，一洗邵、查諸氏紊脱之失。余蘊蓄於懷久矣，聊於此妄發之，嗜蘇之士，並世不乏其人，有能鋭心奮力以助其成乎？余日夜引領而望之矣。新曆七夕雨窗記。

嘉靖本豫章黃先生集跋※

此嘉靖丙戌吾蜀徐岱巡按江西時所刻，半葉十二行，每行二十一字，別集卷四至七凡四卷爲十二行二十四字。白口，四周雙闌。凡文集三十卷，外集十四卷，別集二十卷，《詞》一卷，《簡尺》二卷，《年譜》三十卷。後附《伐檀集》二卷、邑人周季鳳所撰《別傳》及重刻文集跋，通爲九十九卷，蓋豫章先生文集最完之本也。本集卷首有嘉靖丙戌徐岱序，次丁亥周季鳳序。後有建炎二年洪炎序。文中多空白處。《伐檀集》前有皇祐五年青社自序，後有嘉定二年諸孫犖跋，又諸孫嶅跋。《年譜》前有諸孫嶅序，後附《豫章先生傳》、太常寺謚議、弘治乙丑張元禎撰詞記、邑人周季鳳撰別傳，又重刊文集跋。末有嘉靖丁亥分寧後學吉仲道後序。

按本書序跋言，山谷詩文集舊刻多零落散逸，近省郡間有刻者，若《詩集》、《刀筆》、《精華》之類，終不見全書。邑人周侍郎來軒即季鳳也。與其兄南山都憲宦游於京師，於浙，於蜀，博求諸薦紳士大夫家，傳寫之羣書故牘中，始於丘瓊山家得《豫章集》三十六卷，訛脱未慊。後因潘南屏時用。抄之內閣，得正集、外集、別集、《詞》、《簡》、《年譜》，凡九十七卷，乃宋蜀人所獻本，於是屬前守葉君天爵梓行。適乙丑歲葉以憂去而寢，板本殘逸。逮徐氏巡江右，訪書於寧，得見故刻，然乙丑至此已二十餘年，版之蠹蝕將半，乃命攝邑州事佘載仕購求元本補之。適新守喬遷莅任，遂命庠生王朝宗、查應元輩復求繕本，重加校刻，越數月而告成。觀於州人先後搜訪之勤，官吏刊播表揚之力，歷弘治、正德、嘉靖三朝，葉守付梓在乙丑，爲弘治十八年。歲踰二紀，使殘佚得以復完，工役免於中輟，其成功可謂艱矣。今觀其書，三集各卷之首目録咸接連正文，尚沿古式，可爲出於宋刻之證。惟別集卷四七目録別自爲葉，其行款亦改易，當是補刻時所爲也。其各卷字蹟圓婉仿松雪體者，猶見成、弘風氣，而結體方整者定爲嘉靖續鐫，此固一披卷而可決也。又三集各卷均不著校訂人名，惟《山谷詞》、《簡尺》、《伐檀集》三種卷首列「前寧州知州婺源葉天爵刊行，知州九谿喬遷訂補」二行，藉存先後致工之蹟。尤可異者，全書首尾均無刻書牌子，獨於正集第二十八卷末葉左闌之角存有木記一方，録《顏氏家訓》等文凡十行，其式特爲新穎，明刻書中向所未見，亦談版刻者所當知也。

自此刻行後，山谷集傳世者以是本爲最完具，故文淵閣著録即用此本，《提要》謂爲不失宋本之遺，非外間他刻所及。則葉、喬二守及周、徐諸人其功亦云鉅矣。惟此本開雕至今已四百年，流傳亦不多覯，近代藏書家惟鐵琴銅劍樓、皕宋樓及藝風堂有之，錢唐丁氏祇存《簡尺》二卷耳。余壬子之夏獲此帙於盛意園家，裝册猶存明時舊式，更喜爲葉文莊家故物，每册均鈐「葉氏藏書」朱文方印，各本書籤題均古隸體，下押「箓竹堂」三字楷書記，當爲文莊遺翰。各集并有「白堤錢聽默經眼」朱文小章，歷經兩代名家鑑賞，淵源可考，視各家藏本尤爲遠勝，洵可寶也。溯得書之日，迄今已三十年，頃以見高麗古刻《山谷詩注》三集全帙，因搜篋出之，以資參證，爰詳考其原委而誌之。辛巳十月廿五日，大雪嚴寒，呵凍手識。

弘治本後山先生集跋※

《後山先生集》三十卷，明弘治十二年己未刻本，半葉十一行，行二十字，黑口，四周雙闌，每卷首葉三、四、五行題「茶陵陳仁子同備編校」、「後學南陽王鴻儒懋學重校」、「後學彭城馬暾廷震繡梓」。前有山西按察司僉事王鴻儒序，略言「此本録於仁和陳氏，潞守馬君請録付梓，以無别本校證，訛字頗多，觀者以意讀之可也」。其卷首載賤姓名，而題曰『重校』者，蓋附驥之意，非事實也。」次有門人魏衍記，元城王雲、天社任淵二跋，皆據宋時原刻傳録。卷末有「潞州儒學廩膳生員郭銘繕寫」一行。此本傳世無多，昔年廠肆曾出一本，爲周君叔弢以重金購得，旋又歸之邢君贊亭。昨歲文友書坊爲收此帙，中缺卷四、五、六各卷，因假贊亭藏本屬四姪遹謨影寫補入，遂爲完書。其原本書衣及明代簽題皆存其舊式，余更取海苔牋染以石青，裝褙外護，居然古香黤藹，可爲什襲珍藏矣。

按：《後山集》卷數傳本各異，據魏衍記稱，以甲、丙稿合而校之，得詩四百六十五篇，分爲六卷；文一百四十篇，分爲十四卷；《詩話》、《談叢》則各自爲集云。是宋本當爲二十卷矣。《文淵閣著録》所據爲松江趙鴻烈重刊馬暾之本，近時番禺陶氏愛廬刻本因之，凡詩八卷，文九卷，《談叢》四卷，《詩話》、《理究》、《長短句》各一卷，通爲二十四卷。據青浦王源序，言從姚太史聽巖家借得鈔藏馬氏本付梓。然今取此本與趙刻核之，其卷數乃不相合，殊不可解。蓋馬本詩十二卷，文八卷，《談叢》六卷，《理究》一卷，《詩話》二卷，《長短句》一卷，實爲三十卷。趙氏付梓時，即言馬氏刻板久已亡失，意其所假姚太史傳鈔本或有改訂。而藝風老人乃歸咎於四庫館臣之併省，殆亦未加深考耳。余嘗觀諸家藏目，多載《後山詩注》，而馬氏三十卷本乃獨缺如，近時惟丁、陸二家有之，此外不多覯也。雍正庚戌，趙鴻烈重刊時，求明刊已不可得，《四庫》開館，亦衹據趙本著録。蓋當時既未廣流傳，逮及今兹，已歷四百餘年，其罕祕難遇宜矣。

顧此本版刻古舊，雖自可珍，而文字奪訛，宜勤校訂。昔何義門於康熙己丑得嘉靖以前鈔本，對校明刻，刊誤補佚，是正良多，嘗憤言錯本誤人，有不如不刻之歎。其手校原本，今藏静嘉堂文庫，錢唐丁氏亦有傳録之帙。别下齋蔣氏取彼異同，編爲校記，附諸《斠補隅録》以行。余嘗就兹帙勘之，差失至有百許條，其謬異之甚者，或誤聯二文爲一首，或遺落字句至數百，敗棘荒榛，觸目皆是。兹舉其犖犖大者，臚列左方。其詩下小注及單詞片字，尚不能悉數也。

又按：世傳吴荷屋方伯藏宋刊本，繆藝風晚年曾語及之，而訪尋踪跡，竟未知歸於何氏。余昔年游吴門，於潘世兄博山家遍觀藏書，得見宋刊大字本，正二十卷。字大如錢，氣息樸厚，每半葉九行，行十五字，版心刻工有眉州某某刊字。前有紹興二年五月十日汝南謝克家序，蓋南渡初蜀中刊版，與《蘇文忠集》、《蘇文定集》並行，故字體行格宛然如一，因知魏衍所編，詩文之外不附《談叢》各種者，正是此本。卷末有翁蘇齋題詩，蓋即荷屋舊藏。披玩再三，驚喜出於意表，蓋不特爲海内孤行之帙，亦實爲後山集傳世最早之編。異時儻得一瓻見惠，從事勘讐，其左右采穫，必有出於義門丹黄之外者。引領金閶，何日得酬此奢望耶！丙子六月初四日，藏園老人識。

各卷奪佚撮舉大要如左：

卷十三，《送邢居實序》「其患在於俗」下，脱文三百一字；又，《章善序》脱題一行，序首六十一字；又，《顔長道詩序》「從游之樂」下，脱九字。

卷十五，《徐州學記》「祭周公孔子於學」下，脱二十字；「爲守攻之」下，脱二十字；又，《是是亭記》「使世皆愚也」，皆下脱十二字。

卷十六，《一統論》「學者所論者五焉」，「學者」下脱十三字； 又，《霍光論》「不學而能者道也」，「能」下脱十九字。

卷十九，《賀水部傳》「今安可得耶」下，脱二十字； 又，《代司理院獄空道場疏》「資賢守之良能」下，脱十八字。

卷二十，《比丘理公塔銘》「始出汝陰」下，脱十六字； 又，《昌樂縣君劉氏墓銘》「巽以行直」下，脱十八字； 又，《宋魏府君墓表》「思曠之車以叙之」，「車」下脱二十字； 又，《先夫人行狀》，「潁公娣弟趙氏婦」下，脱一百十字； 又，《光禄曾公神道碑》，「從江南來上書曰」下，脱四十六字； 「非國之以幸天下」，「國之」下脱十九字； 「豈足道哉」下，脱一百二十九字。

卷二十一《談叢》，契丹犯澶淵條，「以問公曰」下，脱十字。

卷二十七，五世之祖條下，脱「禮之别也」一條十九字。 又，「今之學者條」，首脱三十九字。

又按：《斠補隅録》載，明本第二十卷中，《光禄曾公神道碑》，「歷撫州宜黄」下，自「臨川尉輕俠少年」起,至「此固命之適」止,凡脱六百十字,正爲一葉。余取此本核之,其文完然具存,知馬刻固未奪佚,義門所據之本適缺此葉耳。更可異者,近時後山集傳世者,以光緒乙酉番禺陶福祥刊本最爲通行,陶氏自題依學稼村莊本校訂重刊,然檢《蚪補隅録》逐卷證之,其奪佚文字竟無一條補列,是義門校記陶氏固未曾寓目,第虚搆校訂之名以自張耳。昔王氏鴻儒刻書自序,曾申明標題重校非其事實,以示不敢欺世。今陶氏沿訛襲謬,而逐葉徧題愛廬校本,吾不知其所校者何在?同此一書,先後版行,以王、陶二氏所言相較,人之度量相越,豈不遠哉!初五夜,藏園再記。

題顧千里臨何義門校陳後山集

近世所傳《後山集》以弘治本爲最舊,昔年余得初印本,以其奪誤滋多,因取《别下齋蚪補隅録》中何義門《後山集》校記逐卷改正存之。頃元方世兄過訪藏園,出新獲顧千里手臨本見示,乃檢前校本重勘,其正譌補脱出於别下齋校記之外者多至一千數十字。同此一集而差殊乃如是之鉅,爲之驚喜過望,是知名家勘本之足貴。若不見原本而僅據校記者,未可恃爲定論也。

何校原本舊藏愛日精廬,近時《皕宋樓藏書志》亦載之,然卷數不符,刻本亦異《張志》載嘉靖本三十卷,《陸志》則爲弘治本二十四卷。《後山集》固無二十四卷本也。且無月霄印記,其爲臨本可知。丁氏善本書室藏校本,亦爲過録,則義門手蹟殆已不可踪迹。不見中郎,得見虎賁亦慰情於聊勝矣。且後山遺集得此以正謬存真,又不僅名家遺蹟之足珍矣!元方其善守之。

又,顧校本與余藏本版式字體均同,而細審實爲二刻。蓋此本乃以弘治本重翻,殆即張志所載之嘉靖本耶?顧氏又謂政和五年魏衍編二十卷本,未知尚在世間否?余按:此本南宋初刻於吾蜀眉州,行格與内閣大庫之《蘇文忠集》、《蘇文定集》正同,顔體大字,楮墨精湛。前有謝克家序,卷末有翁覃谿題詩。余見於吴門滂博山家,真海内孤籍,人間奇寶!附誌於此,以告後人。

宋刊殘本後山詩注跋※

近日文德堂韓大頭在西小市收得《後山詩注》七册。其人以爲明初善本也,以四十金獲之跑城人之手,持以示韓,韓固精於鑑别,頗識宋元版刻,亟益以百金轉得之,遂居爲奇貨焉。時余方避囂於暘臺山清水院,留連近旬而返,森玉、斐雲兩公皆走以相告,遂假之以歸,取覆聚珍本手自斠正,凡四日而畢,改定凡一千一百二十有餘字。

原書半葉十三行,每行二十四字,注亦大字,低一格,詩題低三格,其後山自注夾行小字。白口，左右雙闌，板心上魚尾下記「巳三下」等字，此據所存首册言。下方記刊工姓名，可辨者有李彥、甘祖、小甘、張小四、張小五、張小八、小十諸人。又或記姓一字，爲甘、張、李、侯、鄧、梁、馬、楊、申等，或記名一字，如申、秋、昇、詮等。字體古勁，與《册府元龜》、唐人詩集相類，斷爲蜀中所刊。宋諱缺筆止於搆字，而慎、敦不缺，蓋南渡紹興刊本也。存卷三下至卷六下，凡三卷有半，適當今本卷六之十二。按《直齋書録》載《後山詩注》六卷，即子淵自記亦言詩止六卷，益以注，卷釐爲上下。可見今本分卷十二之非，而此殘帙標題卷爲上、下，碻爲任氏舊式。即此一端，已足貴矣。

按：《後山詩注》宋時本與山谷合刻，且同刻於蜀中，以同爲蜀山任氏注也。余舊藏日本五山刊《山谷詩注》大字本，考從蜀刻出，近時江西陳氏取以覆本行世，其前有序，即題「黄、陳詩注」，然此本世祇傳山谷，未見後山也。《讀書敏求記》載此集，遵王云與山谷詩注均宋刊本，第未審爲大字或小字也。《愛日精廬目録》載宋刊本，鈔補前三卷。今其書歸鐵琴銅劍樓，然觀其新印書影中所列，乃別一殘本，祇存第六卷。據其自記，與鈔補者同爲一本，核其版式行格，悉與此本合，第細審之則又並非一刻。瞿本標題作「后山」，此本作「後山」，一也；瞿本題「卷第六」，此作「卷三下」，二也；瞿本版心上有字數，此本無之，三也；瞿本詩題低五格，注低一格，此本題低三格，注低二格，四也。依此四者推之，知此本爲蜀中初刻，而瞿本必出於覆刊。蓋分卷爲十一，既失原式，且刊工字體亦不如此本之氣韻古樸，非深知版刻者殆未足語此耳。至《瞿目》中所舉各卷異字，與此有不盡合者。如卷六「人去此事古未有」，此本仍作「人言」《瞿目》謂當作「人云」，去字乃云字之訛。卷七「茅屋濕風霜」，此本仍作「漏風霜」，此尤足爲顯然兩本不同之明證矣。余生平所見者，尚有明弘治楊一清本、嘉靖梅南書屋本、朝鮮古活字本、日本古活字本。弘治本據楊序凡兩刻，至梅南書屋本乃明光澤王藩府嘉靖時所刻，余曾收得一帙，沈乙盦見而好之，因以持贈，其源實從弘治本翻雕。朝鮮本余亦有之，今《四部叢刊》中所通行者是也，亦由弘治本出而改易行款耳。日本古活字本乙盦有之，與《山谷詩注》同時排印，然亦載楊序，則亦出弘治本可知。是此書弘治楊氏當時所據必出於宋刻，其餘梅南、朝鮮、日本各本，皆從弘治本孳乳而生耳。故余取朝鮮本與蜀本校，其合者殆十之七八，凡聚珍本誤者，朝鮮本多不誤，此足證朝鮮活字爲宋刻再傳之本矣。茲仿瞿氏例，取卷三下蜀本與聚珍本異者排比於後，其各卷注文尤異者亦略著一二，庶覽者一展卷而瞭然其得失之故焉。

卷三下：

「公自爲德吾何取」，「自爲」不作「取爲」。《寄杜侍郎》。《後漢書》地理志：南陽，酈侯國注曰：縣北八里有菊水，飲者上壽一百二三十。漢司空王暢、太傅袁隗爲南陽令，縣月送三十餘石。《寄杜侍郎》詩「菊潭之水甘且潔」句下注。此文完然不同。《漢書·劉屈氂傳》，不脱「氂」字。《寄杜擇之》詩注。「然且云爾者」，不脱「然」字。同上。「不辭杖屨衝泥雪」，「屨」不作「履」。《次韻晁無斁感懷》。「高僧康僧會傳」，「康」不作「誌」。《魏衍見過》注。「簾户每宜通乳鷰」，「乳鷰」不作「燕子」。《次韻夏口江村》注。「彼免狐免厄」，「免」不作「貉」同上注。「麋鹿同羣歲月長」，「麋」不作「糜」。《次韻夏口》注。「舌端幽眇致張皇」，「眇」不作「渺」。同上。注文同。「莫欺九尺鬢眉蒼」，「鬢」不作「鬚」同上注。「後來出入郗嘉賓」，「入」不作「人」。《送杜擇之》注。「雖然得入未爲真」，「入」不作「人」。同上。「蜀志·劉璋傳》曰慶鍾二主」，聚珍本此處引《左傳》曰云云，與此大不同。《楊夫人挽詞》「後盧壺欲就宋氏」，「壺」不作「壺」。同上。「紙墨遂多」，「墨」不作「行」。同上。「桓山」不作「栢山」。詩題。「兩雄不俱立」，「俱」不作「並」。《桓山》詩注。「林巒特起終爲汙」，「爲汙」不作「有汙」。同上。「先王謂列武韓王」，「列武」不作「武列」。《送高推官》注。「霜黄未登俎」，「未」不作「皆」。《和黄預感秋》「願自申而不得」，「申」不作「中」。同上注。「幾家能有一絇絲」，「絇」不作「鉤」。同上注。「年年此日常爲客」，「常」不作「長」。《和顔生游南山》注。「而體便登陟」，「陟」不作「涉」。同上。「陽氣見於眉宇之間」，不脱「於」字。《和魏衍元夜登黄鶴樓》。「移彭祖廟於子城東北樓，爲彭祖樓」。

「子城」不作「彭城」，「爲」不作「謂」。《和元夜》注。「天邊梅柳動」，「動」不作「樹」。同上。「人生不滿百」，「人生」不作「生平」。《和魏衍同游阻風》注。「恒覺白日蔽」，「恒」不作「恍」。同上。「東坡雪夜獨宿詩」，「夜」不作「後」同上。「朱敬則諫武后曰疾趨者無善迹」，此十三字爲聚珍本所無。《招黄魏二生》注「梅直講書意」下。

各卷注文與聚珍本不同，或爲所失載者，撮録於左：

卷四上：

「盼盼者徐之奇色」，聚珍本作：「盼盼者善歌舞」。《登燕子樓》題注。此條朝鮮本與蜀本合。「《説文》亦曰：蘧葛枝枝相值葉葉相當」，此十四字聚珍本失載。《和黄充實榴花》「葉葉自相偶」句下注。此條朝鮮本亦失載。

卷四下：

「《西京雜記》曰：『長卿不似人間來』」，聚珍本無此文。《黄預挽詞》第二首，「不似世間來」句下注。此條朝鮮本無之。

卷五上：

「《後漢·陳蕃傳》曰：惟陛下哀臣朽老，戒之在得」，與原注引《南史》者不同。《晁無咎畫山水扇》。此條朝鮮本無之「《莊子》曰：鵬之徙於南冥也，水擊三千里，摶扶摇而上者九萬里。蜩與鷽笑之曰：我決起而飛，搶榆枋，時則不至而控於地而已矣，奚以之九萬里而南爲？」聚珍本無此文。補《再酬》詩注「飛鷃並見上注」句下。此條朝鮮本與蜀本合。

卷五下：

「《李陵書》曰：每一念至」，聚珍本無。補《雪中寄魏衍》「情生一念中」句下注。此條朝鮮本無之「敬作三絶句」《徐仙書》題下注。聚珍本無此五字，有「事詳後注」四字。此條朝鮮本與蜀本合。

卷六上：

「歷險見上注，貫休詩：萬水千山得得來」《湖陵與劉生別》首二句注。聚珍本引温庭筠詩「馬聲特特荆門道」云云，與此不同。此條朝鮮本與蜀本合「《前漢書·京房傳》：對元帝曰：今陛下即位以來，日月失明，星辰逆行」《夜雨》詩首二句注。原文引盧仝《日蝕》詩及司馬遷書，與此不同。此條朝鮮本亦誤。

卷六下：

「《唐書》吴后啓故窆，衣皆赭色，見者謂有聖子之符。按《舊書》爲葬春明門外。」《追尊皇太后挽詞》第一首「青門啓故封」句注，補入「因山託故封」注下。此條聚珍本所無，朝鮮本亦無之。

此書各卷鈐章有「皇次子章」、朱文。「養正書屋」、朱文。「華云從龍」白文。各印，審爲舊時内府散出者。籤題署「舊刊後山詩注」，不題宋刊，此亦禁中舊式。余昔年入保和殿觀避暑山莊移來書籍，中有宋刊小字本《劉賓客文集》，亦題「舊刊」。意當時典領諸臣即明知其爲宋爲元，亦不貿然斷定，故寧渾括其詞，以示矜慎之至，深恐鑑賞失真，來當宁之詰責耳。辛未十月十四日，藏園附志。

藏園羣書題記卷第十四　集部四

宋别集類　二

校柯山集跋※

《宛丘集》世傳卷數最爲參差，聚珍本題《柯山集》五十卷，明嘉靖本題《張文潛文集》十三卷，鈔本題《張右史文集》。有八十二卷者，知不足齋藏。有八十五卷者，有六十卷者，涵芬樓藏本，余在蘇州亦見一本。而《四庫》著録又爲七十六卷。至汪藻所編《張龍閣集》三十卷本，周紫芝所稱《譙郡先生集》百卷本，今已不可得見，蓋編刻之時地不同，傳録之源流遂異。秋間自温州墨香簃寄來舊鈔本，存四十三卷，十行十七字，有「紅豆後人」印，因其寫手頗舊，又卷數特異，遂以廉值收之，固知爲未完本也。暇時取廣雅局翻聚珍本一校，大要視刻本詩僅得十之六、七，古樂府、歌辭三卷，同文倡和集二卷皆不載。文僅得十之三、四，然勘讀一過，則佳處乃不可枚舉。撮其大者言之，如：卷六《西山寒溪》詩，題下脱「一本云挈家同潘郎游寒溪西山二寺并寄邠老書齋名也」小注二十三字，詩中第二聯下，脱「山蹊并修澗，嘉木開蒲蓮」一聯；「石磴相牽攀」下，脱「迎客窮道人，俯僂鬢眉斑」一聯。卷十三《送邵郎中》詩後脱「同州石鏉餅中州作鱠虀甚貴之」小注十三字。卷二十《書寺中所見》三首，脱「閑裏光陰最好，病中談笑無多，夢幻世間種種，《楞嚴》卷裏消磨」一首。卷三十二《論法》下，「嗚呼！治天下之難也」，意與上文不屬，不知乃别爲一篇，脱去題目「治術」二字也。卷三十四，《憫刑》下「夫犯天下之所惡」下，脱「吾報之以所惡」六字。卷三十五《秦論》「大率十年間耳」句下，脱「秦明法立政，以經營天下且數世矣。至於始皇之時，六國大抵皆消沮」二十七字；《魏晉論》「諸侯不敢」下，脱「侮焉，此以名節爲重也。齊桓公兵車徜徉天下，而諸侯不敢」二十三字；《晉論》「晉之不亡何也」下，脱「夫晉之不亡，是幸而至於敗，而遂成其業者也」十九字；「敗於分之不正也」下，脱「夫好博者不皆貧也，然謂博可爲而不貧，則不可。其言固天下之理也」二十七字；《唐論》上「故唐之患」下，脱「不起於僖、昭之間，而起於天寶之際節度之强」十八字；《五代論》「皆智士也」下，脱「可以言志，而時君」七字；「立晉者契丹也」句下，脱「若二人之見亦明矣」八字；「三見而一用」句下，脱「故惟李穀獨有功」七字；「天下何嘗無士哉」句下，脱「有而不可爲者，獨患不能用耳」十二字。卷三十六《陳軫論》，「不能補其所不及」句下，脱「秦以客死，儀以逃，魏其」九字；

「負天下之責」句下，脱「從則任天下之咎故」八字。卷三十八《陳湯論》「立功者又寡」句下，脱「匈奴之衰乃五分其國，而其賞則未有二單于也」十九字；論尾「凡若此而已」下八十一字，與原文截然不同。《拾遺》卷七，《遠慮篇》下，「小不恥見用於大」句下，脱二十行一百八十一字，文繁不備載。其片詞隻句，賴以補正者，更不可勝計。此外古、近體詩爲聚珍本所佚，且爲《拾遺》所不及者，都四十四首，咸繕録於卷末。考《拾遺》十二卷，爲廣雅覆刻時采别本《宛丘集》、《宛丘文粹》而成，又益以《墨莊漫録》、《歲時雜詠》、《瀛奎律髓》諸書所載，搜輯可云勤矣，孰意此殘缺不完之本，其裨益竟若是乎！倘得完帙，更加校録，所獲宜不止此。嗚呼！古今才俊，著作如林，八史經籍，流傳有數，或目存而篇帙已湮，或僅存而名字莫舉。若宛丘者，著籍蘇門，登名祕庫，可云幸矣，而文字訛奪，彌望榛蕪，爬梳釐革之功，更待之數百年之後，寧不重可喟慨哉！故余勘書之旨，於刻本之孤行，名氏之不顯者，特致意焉。「冠蓋滿京華，斯人獨憔悴。」欲奮丹鉛之力，爲九原一吐其鬱伊耳！歲在乙丑祀竈日，識於藏園之龍龕精舍。

校宋本永嘉先生標注張文潛集跋

德化李椒微師藏明郝梁刻《張文潛文集》十三卷本，經吴人徐葵手校，所據爲宋建安余騰夫所刊永嘉先生標注本。余本藏秋浦周叔弢許，余展轉假出，取廣雅局覆聚珍本勘之，其文字殊異不可勝記。余方臨校三卷，而來書促還。旋浼叔弢長君爲續校終卷見寄。今日移硯北海，因坐抱素書屋，竭一日之力移録訖功。標注本録文凡八十一首，分爲十卷，視郝梁本卷數雖異，而文之篇目悉符，始知郝氏所出正爲此本，而析其卷第耳。其《進論》、《遠慮》等五首及《進齋記》一首爲聚珍本所無，而廣雅覆刻已據《宛邱文粹》增入，故得以悉加點勘。其差舛最甚者，如《治術》一首，聚珍本誤與《論法》下合爲一篇，《秦論》脱文二十七字，《魏晉論》脱二十三字，《晉論》脱四十八字，《五代論》脱三十七字，《陳軫論》脱二十三字，《陳湯論》脱一百七十字，《遠慮篇》下脱文一葉，凡三百六十餘字，皆賴宋本糾正補足之。凡所增改之處，與余昔年所校舊鈔本多合，蓋《柯山文集》歷年來凡三校矣。兹將宋本目録鈔存於左，俾後人得見舊刊面目，徐氏手跋亦附著之，藉可考見《宛丘集》各本之源委焉。戊寅五月二十二日，沅叔書於瓊島北岸之鏡清齋。宋本目録别存於校本中。

校本張文潛文集跋※

此集祇十三卷，明嘉靖甲申龍渠山人郝梁刊本，半葉十行，行十八字。前有江都馬駙序，言龍渠子得宋集本，取而刻置山房，是集蓋昔人選本，有文無詩云。今觀所録，祇論説雜著八十二首，視本集之文亦不盡備，知所言出於選本者，殆可信矣。兹帙爲椒微師所藏，歷藏吴方山、馮彦淵諸家，經姑蘇徐葵澹如校勘，所據爲宋建安余騰夫本，余氏原本分十卷，題「永嘉先生標注」，則亦坊賈選録，以備場屋揣摩之用耳。據徐氏跋語，宋本篇目與郝本正同，而分卷殊異，知郝氏所得宋刻當即余本，第必欲改定其卷第，殊費人索解也。每文咸撮舉大意一二語，記於題下，意即所謂標注者耶！余舊有郝氏本，前歲以易書斥去，今猝不可獲，因以聚珍本校其文字異同，而别寫十卷目録附後，以存宋本舊觀，庶後人有所考焉。徐君生平年代無可考，其跋録之左方。丁丑十二月十七日，藏園書。

《張文潛文集》亦名《宛丘集》，相傳南宋初已有四本：一本十卷，一本三十卷，一本七十卷，一本一百卷。國朝《四庫》所收之本則又七十六卷。今余得此本十三卷，係虞山馮氏與吴氏兩家藏本，與記上五本卷帙不同，想即胡氏應麟所見之本也。昨吴興書賈鄭甫田以宋建安余騰夫所刊《永嘉先生標注張文潛文集》來，上有季滄葦與毛子晉圖書，書共十卷，與此本校對篇目正同，惟分卷則異，因知此本即南宋初十卷之本，後人亂其卷次耳。校正一通如右，俾不失宋本面目。篇中標注亦照建安本寫出，以便讀者。至字句異同，無論允否，並一一校注，不敢意爲去取，蓋校書之體例也。然賴以是正者，已居十之九，益信古本之足貴。乙卯十二月初六日，姑蘇徐葵識。

明胡民表刊本淮海集跋※

《淮海集》四十卷，後集六卷，《長短句》三卷，明嘉靖乙巳刊本，半葉十二行，行二十一字，白口，四周單闌。前有嘉靖乙巳江都盛儀序，次嘉靖己亥張綖序，後有嘉靖乙巳郡人張繪跋。按諸家序跋，集版蓋舊藏國子監，歲久漫漶，儀真黄中丞瓚刻於山東，高郵張州守綖參校監本、黄本刻於鄂州，綖自序於鄂之石鏡亭，所謂「山東新刻不全，予乃以二集相校，刻之郡齋」者是也。後以家居，藏版别墅，甲辰歲燬於火，高郵州守龍山胡君民表重加校正，捐俸而翻刻焉，即此本也。是此本爲嘉靖乙巳胡民表所刻，世皆認爲張綖本，誤矣！

余考近世藏家目録，如皕宋樓陸氏、八千卷樓丁氏、藝風堂繆氏、適園張氏，虞山《瞿氏目》有《淮海集》，著録爲張綖本，然未見其書，不敢遽定，且《丁氏目》亦誤以乙巳刻爲己亥也。凡著録嘉靖本《淮海集》者皆爲胡氏重刊之本。余昔年游南中曾獲一帙，亦正是此本，無一人得覩張綖原刻。夫原刻成於己亥，其版燬於甲辰，中間版存者尚有五六年，何以獨無印本流傳於世？而正德黄氏山東刻本轉有存者，丁氏、張氏兩目皆有黄本。殊不可解。今觀胡氏覆刻，版式雅飭，字體亦整潔，則原刻之精麗亦可推知。惜乎六丁收去，使後人不得識其真面，良足嘆矣。

又按：《淮海集》虞山瞿氏藏有宋刊殘本，存二十有六卷，余曾得寓目，大字悦目，仿顔平原體，板心有「眉山文中刊」五字，蓋蜀本也。其同時同地所刻者尚有蘇文忠、蘇文定及陳後山集，余咸得見之，板式字體亦復相同。張綖刻書序，言以監本參校，是所據者乃監本而非蜀本。今監本不可得，而蜀本尚有存者，故《瞿目》所附校記足以正綖本之誤者甚多，余一一校改於行間。然使余得逐卷推勘，其所得或當不止此也。至《長短句》三卷，《天禄琳瑯後目》載有宋刻，近年主館事者曾取以影印行世，以此本對核，亦頗資改正。少游文集古刻竟得留貽至今，亦可云幸運矣。至黄氏刻本，余未之見，不敢定其得失，若後此之李之藻本，刊工粗率，又變易行款，可無庸置論也。

余二十年前於滬市收得一本，無盛儀序及弟繪跋，意以爲張綖本。嗣藝風老人觀之，謂仍是乙巳覆本。其後與人易書去之，於是少游文集篋中遂無舊本，私以爲憾。今秋余生七十生辰，同年唐君桂馨舉此書爲壽，適足補篋藏之闕，且楮墨視前本爲勝。摩挲展誦，欣喜逾恒，因付書肆，重加裝治，補殘綴敝，護以苔牋，益復焕然改觀。爰略考源流，綴言卷尾，藉以誌良友之惠焉。

又按：張綖字世文，高郵人，正德癸酉舉人，除武昌通判，遷光州知州，有《南湖集》四卷。世文少年才華早著，詩文操筆立就，當時有江淮才子之稱。尤善長短句，從王西樓游，深得其旨。每填一闋，必求合於宫調，其聲出入第幾犯，俾抗墜圓美，合作而出。顧環、朱曰陂皆盛稱之。其校少游此集，固以傳鄉賢遺著，亦其平時宗仰所在也。辛巳十月十一日，藏園誌。

校寶晉英光集跋

《寶晉英光集》六卷，黄蕘圃收王蓮涇家舊鈔本，假吴枚菴校本臨勘一過。吴校所據爲錢景凱宋刊本，其注「張云」者則張青父鈔本也。此書舊藏楊氏海源閣，頻年兵禍，閣中掠取一空，此書遂流入廠市。余昔年收得蔣氏求是齋精寫本，爲雲自在龕故物，因取蕘圃校本移録之。先以兩寫本對校異字，用朱筆照改於旁，其宋本異字則加朱圈以别之，張本異字則標「張本」二字於上方，庶眉目清晰，閲者可不致混爲一談矣。全書訂正凡二百零六字，惟卷五《九雋老會序草》詞句迥别，更改獨多，則全據張本以審其異同，宋本不如是也。原本有蕭翁手跋一通，已見《楹書隅録》，兹不贅列焉。

頃聞楊氏所藏《山林集》宋刊本方懸價待沽，友人東海君於沽上得見之，云寫刻精湛，光采焕發。此即蕘翁跋中所稱錢景凱所收爲鹺賈吴姓購去者，津門豪富多以鹽莢起家，有好事如吴姓其人乎？企予望之矣。庚午小春，書潛偶志。

校宋本謝幼槃集跋※

宋謝邁幼槃著，文淵閣著録，題《竹友集》十卷，與陳氏《書録解題》、《宋史·藝文志》合。《四庫提要》言，世行本只四卷，今本乃明謝肇淛從内府鈔出，爲編修汪如藻家藏本，末有紹興壬申撫州州學教授苗昌言跋。是《四庫》著録亦從宋本出也。惟明内府本今已不可得見，諸家藏目所收多屬傳鈔，自明以來亦未有刻本。余昔年在杭州得舊鈔本，爲黄蕘圃舊藏，眉上有舊人校筆，然偶加披覽，時有訛舛，因無善本訂正，頗以爲恨。曩於德化李椒微師家見有新法影本，言從日本向山黄村藏宋槧映照，惟字屬反文，歲久藍色闇淡，頗艱於辨識，擱置至今，殆二十餘年矣。昨歲涵芬樓印《續古逸叢書》，中有《幼槃文集》，借吴縣潘文勤家藏本摹影以傳。其書字畫精雅，筆意蘊藉，與浙本之方嚴、建本之峭厲者，迥然不同，爲撫州所刊，鐫工與余所藏《方言》爲近。蓋即日本向山黄村所藏，楊惺吾在彼中得之，回國後以歸之滂喜齋者也。卷尾附楊氏手跋，述得書源委至詳。余取之校蕘圃鈔本，自丙子端午後起，携入香山雨香館中，校竟三卷，遂爾輟筆。今春南游吴越，載之行篋，時理丹鉛。清明北還，入暘臺採杏，住清水院者六日，始得蕆功。十卷之中，正訛補脱約得四百餘字。其差誤最甚者，卷三末《竹友軒》詩十四韻，乃誤入《讀莊子内篇》詩内；《貫時軒》詩後七韻，乃誤入《竹友軒詩》内；《讀莊子内篇》詩後四句，乃誤入《貫時軒》詩末，此三首互相羼亂，不可爬梳，若不觀宋槧，殆無由釐正矣。又，詩句下自注，寫本往往奪失。如卷一《喜劉世基至》脱注二，共二十一字；卷二《游安樂寺》脱注十一字；卷三《貫時軒》詩脱注十二字；卷五《登擬峴臺》脱注八字；卷六《次無逸韻》注二脱二十六字。又，宋本於句下偶注異文，鈔本亦不載。如卷二《送朱登仕告老》第二聯下注：「一作又不能强顔題尺依寄奴是也。」其次第小異者，卷五《觀碁》、《喜晴》二律，宋本在《蔡師直畫山水研屏》下，鈔本乃在《春寒》後。此雖無關閎旨，然足見傳録既久，而差失益多矣。按苗序，謂得幼槃善本於其子敏行，敏行逮事其父，詩律有典刑，其編次是正可無恨然。余此本卷三後附録《題臨川王右軍墨池》詩七古十二韻，云據《能改齋漫録》增，是公之詩文或遺佚尚多，長訥編訂時網羅疑有未盡者歟？丁丑三月十九日，藏園老人校畢記。

校淡生堂鈔本傅忠肅集跋※

《傅忠肅公文集》三卷，刻於慶元己卯，元、明以來遂無覆本。光緒壬辰，大興傅以禮節子始據舊鈔本校刻於福州，附《校勘記》一卷，繕寫工整，鎸刻精雅，當世奉爲善本。余頻年南北所覯寫本不下六七，未曾著手比勘，蓋節子於此書致力甚勤，信其必無舛失也。日前獲見京館藏淡生堂寫本，半葉十一行，每行二十字，宋諱小字旁注，提行空格，一循古式。訝其當有佳異，因對讀一過，乃知新刻譌謬，殆不可勝計。全書改訂之字凡三百又四十，尤異者，卷上《次晁之道韻》後有《再次韻》一首，新刻自「妙意寓醪酎」句下，即接下首「政使譽日新」云云，於是前首脱後四聯，後首脱前六聯，而兩首竟合爲一矣；《尉治吏隱亭》詩本係三首，新刻脱去第三首，於是題目遂改「三」字爲「二」矣；《代閻彦昇謝轉官表》表文佚去，而下接《沈和仲謝降官表》此題亦脱失。於是失去一文一題，而文與題不相應矣。卷中《賀提學察院啓》，「圭璋」下脱「挺器，淵源奥學，黜惠子之五車；博極洽聞，陋張侯之三篋」二十字，皆賴此本補正。

昔節子宦游八閩，勤求古籍，號爲淹博，又獲交周季貺、陸剛甫諸人，互相通叚，故刊是集時，得見者有丁松生之吳州來本，陸剛甫之吳兔牀本，楊雪滄之明鈔殘本，更益以何竹薌之傳校本、藍格舊鈔本，凡合五本，精校付雕，主其事者爲魏稼孫，鉤稽彙勘，旁及羣書，宜乎審慎精詳矣。及觀此帙，則脱漏之文，連章累幅，烏焉帝虎，彌望皆是，可知風庭掃葉，自古難言。而甒生晚出，更值文籍淪喪之秋，轉得名鈔異本，爲前人拾遺補闕之助，亦私足自幸矣。丙寅嘉平十二日，藏園雪窗書。

繡谷亭鈔本浮溪文集跋※

此吴氏繡谷亭寫本，烏絲闌，半葉九行，行二十字，左闌外下方有「西泠吴氏繡谷亭鈔本」九字。書凡十五卷，卷一詔敕，卷二制，卷三表，卷四奏議，卷五條奏，卷六、七記，卷八序跋，卷九碑、祭文、傳、書、銘，卷十、十一神道碑，卷十二、十三墓誌銘，卷十四行狀，卷十五詩、詞。前録陳定宇、孫仲益序，吴澄題辭，後附録一卷。收藏印記有「繡谷熏習」、「蟫華」、「願流傳勿污損」，皆尺鳧章，書衣題字亦尺鳧筆也。別有「王寯印」、「疏雨熏習」、「蔣維基印」、「茹古精舍蔣氏祕笈」、「華笑廎」、「密韻樓」各印，可知此書自吴氏散出，歷藏王氏、劉氏、蔣氏，而最後爲吾友蔣孟蘋得之，其流傳之緒可以考見，則其珍重護持以留貽至於今日者，亦可推而得之矣。

按《直齋書録》載彦章《浮溪集》爲六十卷，趙希弁《附志》又載有《龍溪文集》六十卷，以歲久失傳。此集爲趙子常所編，蓋從散佚後搜録，題曰《文粹》，爲詩文僅八十五篇，其名「浮溪」者，以先世居婺源還珠里之浮溪，題此以示不忘其先也。明代有正德、嘉靖刻本，然流傳極罕，清初康熙戊申有裔孫士漢刻本，亦頗稀見。此吴氏鈔本當亦據明刻所録，余篋中適藏有康熙本，因取以對勘，卷一文四首改正十字，若通校全集，訂正當必不尠，可見其鈔校之精審矣。

尺鳧以藏書名家，多蓄善本，尤嗜丹鉛，著有《繡谷亭熏習録》，考證翔實，爲世所重，惜衹存經部、集部二册，故人吴印丞爲刊傳之，此書題識尚存於集部中，兹不更録。余藏書中多有尺鳧遺籍，然獨無其家鈔本，昨臘文禄堂王進卿自滬北還，携此相眎，因以重價收之，而略考其源委附著於卷尾焉。

至彦章全集，乾隆四庫開館時取《永樂大典》中所載彦章之文，合《文粹》所收，輯爲三十六卷，與《文粹》並著録於文淵閣，由是彦章之文散佚者已得其六七，亦可云幸矣。壬午三月，藏園識。

浮溪遺集跋※

《浮溪遺集》十五卷，康熙戊申裔孫士漢刊本，卷末有士漢跋，言「龍溪以重遭兵燹，遺集十不存一，洪武間趙子常來訪家乘，約爲一十五卷，先世常録善本，正德間復加繡梓。萬曆間又遭西溪回禄之變，板已成燼。以先世遺文泯墜是懼，乃遍搜家乘，葺其殘缺，勉捐己力，録以成書」云云。以此觀之，先生全集久經散失，即此重輯之本，雖經再鐫，而旋罹火劫，其傳播可謂艱矣。

士漢此刻半葉十行，行二十一字，字體整飭，雕鎸亦精，足稱佳梓。余獲此於南中，已近三十年，而頻歲涉迹廠肆，乃絶未及再逢，故時時爲友人假閲，或至經歲不還，可以知其傳播之稀也。卷中鈐有張訒盦、龔野夫、吳枚菴、蔡文照諸印記，蔡氏未詳何人，若訒盦、野夫、枚菴皆以收藏校勘有名於時，而鈐印纍纍，列爲珍祕，則百年以前，其鄭重護惜固以善本視之矣，何況今日洊經歷劫，文籍摧殘之餘乎！

夫物以罕而見珍，世固有古刻不足貴而近刻轉爲奇者，此中消息，非深知甘苦者未足與言，故余撰記繡谷亭鈔本既畢，復取此本記其梗槩，以示後人，知所寶愛，慎毋以爲近代重梓而等閑視之也。壬午三月藏園記。

松隱文集跋※

此《松隱文集》四十卷，明代有刊本，然世所稀覯，近歲劉翰怡京卿得一本，乃刻入《嘉業堂叢書》中。余嘗假得朱翼庵藏鈔本，爲鮑渌飲所手校者，以勘對新刻，乃時有補正之字，蓋書經三寫，焉烏帝虎自所難免也。

今見此本，鈔手極舊，當爲二百年前物，取余本校之，几所校改之字，核之此本悉同。此本似亦出於明刻，舊式尚存，劉刻則已改易行款，故不免微有差失。此集傳鈔本亦不多得，留此舊帙，以爲勘正新刻之資，要爲可貴，見者幸勿以尋常鈔白視之可耳。辛巳十一月二十八日，藏園老人記。

苕溪集校本跋

宋劉行簡《苕溪集》五十五卷，宣統壬戌朱古微侍郎校定，以付沈杏墅耀勳授梓者也。其書鈔自錢唐丁氏善本書室，原本則出於曝書亭。然其中第七卷缺詩二十一題，三十三首，第十六卷書七首，第十七卷表十四首，則悉已缺佚。余白木刊《國朝二百家名賢文粹》中補《見諫垣書》、《見國信侍郎書》、《寄中丞書》三首，頗用自憙。頃得見舊鈔本，爲璜川吴氏所藏，十行二十字，卷中提行空格，率遵舊式。因取以校讀一過，其十六、十七兩卷書、表各篇燦然具存，爰囑内姪凌渭清手寫補入，其第七卷巾《親征》詩尚存半首，亦寫附焉。此外各卷佚文譌字亦觕有點定，凡六百八十九字。今舉其犖犖大者，如：卷三《待潮浙江口》詩，下脱「與言元亮時見授胎息似之方煉丹藥」小注十五字；卷十三末脱《辭免除敷文閣直學士恩命不允批答》一首一百七十五字；卷二十九《祭族兄希範資政文》後脱《張參政文》題目一行；卷三十八《蓋閎張致平轉官制》下，脱「留守辟則云留都之重得我信臣」小注十三字；卷五十《林君墓誌銘》「父雄皆」下，脱「隱德不仕，父以君通朝籍，累贈承議郎。君自幼童知」二十字；卷五十一《趙不侮權厝銘》「贈安化軍節度使追封」下，脱「安禄侯父士顆贈安化軍節度使追封」十五字；卷五十三《西河詞》中闋首脱「斷崖樹」、「愁無際」二句，皆逐卷補綴完具。古微校刊此集，號稱精審，特以展轉傳鈔，不免小有訛奪。風庭落葉，自昔難言，余得此本較舊，是以掃塵之功視古微爲易，聊綴所得於此，非敢以自矜也。

兼旬以來，畿甸搆兵，飛機投彈，巨砲轟天，都人驚恐，竄避無所。而余翻得此閑寂之暇，從事丹鉛，日夜或盡數卷至十許卷，卒底於成。蓋身際亂離，自維才力譾薄，既無益於世人，惟拚命校讐，於古人微有匡正，庶差免虚生之誚耳。丙寅三月初四日，沅叔識於藏園之龍龕精舍。

孫尚書大全集跋※

仲益爲南渡初大作家，學問淵博，文章雅贍，歴事徽、欽、高、孝四朝，文人中最爲老壽。其文集傳世者名《鴻慶居士集》，凡四十二卷，爲其子介宗所編，文淵閣著録者是也。此本七十卷，則爲宋以後人所輯，與四十二卷本大有不同。以兩本校之，此本有而《鴻慶集》所無者，詩八十五首，各體文及簡帖等八百八十三首；然《鴻慶集》所有而此本失載者，詩文共有六十二首，其參差錯出之故殊難索解。昔人謂其中雜有翟忠惠之文，難於抉擇，故盛氏輯《常州先哲遺書》仍取《鴻慶集》刊入，而採此本溢出之文别爲《補遺》，附刻於後。然余曾得《大全集》殘册，以校《常州遺書》本，則可以補正文字之奪譌者殆不可勝計。是此本雖不免雜糅，而當時采輯多見閩蜀舊刻，其源甚古，宜可以并存而不廢也。

此帙爲綬金同年所藏，夏初招賞牡丹，飲其齋中，出以相眎，鈔工極舊，當是乾隆以前人所録，鈐有帶經堂陳氏藏書印，知出於閩中陳蘭鄰家。檢《帶經堂書目》觀之，兹集正在其中。陳氏藏書最爲有名，所儲定爲佳本，惜余衰晚，不能研朱重校，爲此書竟掃塵之功，良足愧歎！因略記梗槩於卷首，冀公什襲珍儲，勿以尋常鈔白視之耳。壬午秋，藏園識。

明鈔鴻慶居士文集跋※

孫仲益文集世傳有二本，一爲四十二卷本，乃其子介宗所編，一爲七十卷本，題《南蘭陵孫尚書大全集》，其文字約增三之一，陸存齋謂爲宋以後人所編，然中頗雜以翟忠惠文，難以辨擇，不若是本之足據也。此明寫本，半葉十一行，行二十字，棉紙，藍格，格心有「山泉書舍」四字，卷帙整齊，紙幅寬展，字蹟亦明爽悦目。前周益公序，後介宗跋，皆摹寫大字，半葉七行，行十四字，是從宋板仿寫之證。余生平見明人寫本多矣，然如是帙之精潔完美者，殆未易多覯也。卷首有「蒼巖書屋」記，書衣黏有正定縣送書原籤，當爲乾隆三十七年奉通飭各省訪書之諭，地方大吏遂下行各州縣徵取，存此一籤，可見當時之格式，第未知湖州知府梁彬爲蕉林之子若孫也。

此集近時有盛氏《常州先哲遺書》刻本，余曾得汪魚亭、勞平甫二家所藏鈔本殘册，以校盛刻，多所訂正，并補完缺佚之文。今取此山泉書舍本辨之，其卷三十四中《王岡墓誌銘》闕文一葉仍付闕如，不及余校本之善，然卷二十首有《賀張參政啓》，又爲今本所缺，其他勝異之處亦多，要不失爲善本也。辛巳十一月廿九日藏園。

校元本孫尚書内簡尺牘跋※

昔年在南中得元刊《孫尚書内簡尺牘》十六卷本，有郭蘭石、吴荷屋跋語，已歸之袁抱存公子，匆匆不及留校，今不知流轉何所矣。嗣於廠肆獲元刊殘本題「新刊李學士新注孫尚書内簡尺牘」，存五卷，十二行二十二字，細黑口，左右雙闌。適四明李氏亦有殘本五卷，假得一閲，則卷數巧合，收藏印記宛然，有延津劍合之美，李君遂持以相贈。蓋與袁本分卷不同而篇數則不異也。首夏事鮮，因取舊藏嘉靖本逐卷細勘，則明刻之脱誤不勝枚舉。舉其最要者於左：

卷五《與常守王司諫帖》元刊爲十六帖，適脱去一葉，明本易其字句，蟬聯而下，改爲十一帖，其尚存之第十四帖尾數行，明本逕删削之，以泯其迹。無知妄作，殊爲可笑。卷七《與常守强朝議帖》脱去半葉，文義全不相屬。卷八《與胡寺丞帖》脱去五行一百二十六字，又脱《張郎中帖》一百六十一字及《張郎中第二帖》首三十三字。卷十《與鄒承務帖》脱大字及注二百八十七字，《與撫州疎山白雲如老帖》脱注文半葉，《與建康清凉交老帖》脱第一帖注及第二帖，又脱《常州惠山長老》一帖，《與虎丘達老》一帖，《與平江佛海長老》三帖，《與妙印大師》一帖，《與宜興洞知觀》四帖，皆賴元本補完，手寫各附於本卷後，竭半月之力，僅乃蕆功。

仲益人品不足道，然身經亂離，南渡後文人最爲耆壽，聞見賅洽。其《孫尚書大全集》至七十卷之多，余以抄本校正其半，其中頗足以供考證。至其簡尺，文字華敷，要亦居坡、谷之次，故校而存之，俾後之求毘陵文獻者有所取資焉。癸亥五月廿四日，江安傅增湘書於藏園之池北書堂。

明嘉靖本豫章羅先生文集跋※

此明嘉靖刊本，半葉十三行，行二十二字，黑口，四周雙闌。前序不存，首爲年譜，題

「進士曹道振編次校正，後學謝鸞重校新刻」，次目録，共分十七卷。卷一爲《經解》，全缺，僅存其目。卷二至九爲《遵堯録》，卷十爲《語録》，卷十一、二爲《雜著》，卷十三爲詩，卷十四、五、六爲《附録》，卷十七爲《外集》。

按：此集爲元至正三年延平曹道振所編，雖題爲《文集》，然自《尊堯録》、《語録》外，所存者只文四首，詩二十五首耳。元本雕鎸極精湛，余辛亥歲曾見一本於滬市，目後有木記云「至正乙巳秋沙陽豫章書院刊」，有田耕堂、郁泰峯藏印，喜其字體圓湛，楮墨精麗，汲汲求之不可得，聞爲田中子祥收去，至今耿耿不忘。嗣書估以此本來，乃降格取之，亦慰情聊勝無耳。

考丁氏《書志》，至正豫章書院刊行後，正統戊辰燬於兵燹，至成化八年沙縣知縣張泰乃圖鋟梓以廣其傳。此本爲謝鸞校刻，則又取張氏本重翻，故其行格與元刻殊無二致。然上溯成化時又歷七十餘年，刊工之良窳相去殆不可以道里計矣。考丁氏《書志》記嘉靖本目後木記有「刻板捌拾叁片，上下二帙，壹百陸拾壹葉，繡梓工資二十四兩」云云，此本不存，疑市賈有意去之以充舊刻也。庚辰夏六月六日，藏園老人書於頤和園内清華軒。

明天啓刊本陳少陽先生文集跋※

此宋丹陽陳東集也，宋嘉定時有李大有刊本，名曰《盡忠集》，蓋取褒詔中二字以表之也。元大德間復有版刻，今皆不可見。明正德刻本有楊一清序，言丹陽孫育得《盡忠集》，屬陳沂爲之編次，計本集五卷，附録五卷。第其書亦罕覯，惟彭文勤曾見季滄葦有藏本。其後正德版燬，至天啓時育之孫雲翼又屬其甥賀懋忠刻之，即此本是也。版式半葉九行，行二十字，行間加圈點，詩文後兼有雲翼按語，前録魏了翁序，後有賀懋忠跋，卷前尚有天啓五年雲翼序，而此本失之矣。至道光戊戌，李振綱重刻於邑庠，改題爲《陳脩撰集》，中經洪楊之役，版刻不存。光緒十六年，丹陽知縣劉德麟又重校付梓，仍復名《少陽集》，前後二刻編卷悉遵此本，但次第偶有更易耳。庚辰六月十日，藏園。

宋江西詩派本東萊先生詩集三卷外集三卷書後※

吕居仁詩集，近代藏書家目録皆係舊鈔，《四庫全書》著録所據者亦馬裕泰所進鈔本，蓋宋刊絶少流傳，元明以後亦無覆刻。邵氏《批注簡明目》言有明刊，余未之見，其言羌無故實，恐係誤記也。近時崇尚江西詩派，於東萊詩尤以不得見宋本爲憾。日本内閣文庫藏有乾道刊本二十卷，余庚午歲東游，曾獲拜觀。時方陳書中庭，以新法攝影，詢之掌庫，知方允張君菊生之請，將以副本寄涵芬樓，俾傳播於中土者也。近者，此本已由《四部叢刊續編》中印行，海内學者咸拭目驚歎，欣出意表，謂此驚人祕籍，何圖於海外獲之！不知呂詩宋刊，吾國固未嘗斷種，且十數年前已爲鄙人所收，儲之雙鑑樓中。其《詩集》雖已畸殘，而外集三卷，自直齋著録以後，數百年來，已亡佚不可復覩。似此孤行天壤之祕本，蕘翁所稱爲「奇中之奇，寶中之寶」者，殆足當之。論其珍異，宜與東瀛官庫本齊趨並駕，或且駸駸欲度驊騮前矣。茲輒述梗概於左，以告當世。

《東萊先生詩集》，宋慶元刊本，存第十八、十九、二十，凡三卷，又外集三卷。半葉十行，每行二十字，白口，左右雙闌，版心上方記字數若干，下方記刊工姓名。可辨者有，黄鼎、吴仲、余章、弓定、曾茂、高仲諸人名，及傑、遂、興、汝、昇、明、延、壽、昌、升、郁、孜、贇、敬、京、卞、霞諸名各一字。《詩集》於上魚尾下標「東萊集十八」等字，外集標「東萊外一」等字。每卷首行，書名下空四格，題「江西詩派」四字。《詩集》後有乾道二年四月六日贛川曾幾題二葉，題前下注「增刊」二字。外集前有目録四葉，目後題「慶元己未校官黄汝嘉增刊」一行。刻工精整，字仿顔平原體，結搆方嚴，而氣息渾厚，似是江西所刻。收藏有「寶勅堂印」、「蘇衛指揮使印」、「葛閬中印」、「東望」諸印記，其人皆不可考矣。

按：内閣文庫藏本據曾幾題跋，知爲乾道二年沈公雅刻於吴門郡齋者，故於「慎」字下注「御名」。余本爲慶元己未黄汝嘉刻，後於沈本三十四年，避諱已至「敦」字，而「慎」字亦僅缺末筆矣。舉殘存三卷與沈本對勘，詩題次第相同，篇中小注亦合，文字絶少差異，知黄氏即依沈本重梓，未嘗以意變更也。再與咸豐己未吕儁孫新刻相校，差譌之處甚夥，小注咸删落無存，三卷之中補正至一百六十餘字。其尤足詫怪者，則第十全卷與沈本無一首相符，而檢余本核之，正爲外集之首卷。且新刻於此卷缺字空行，彌望盈幅，取校宋刻，幸皆綴完，凡所補正，殆近二百言。羼雜凌亂，至斯而極，殊不可解。余以私意測之，此集年代曠遠，展轉迻寫，此卷適亡。幸其時外集尚存，無知市估，遂移取首卷，以彌其闕，不知其作詩歲月與前後卷迥不相接，識者一展卷而疑其罅漏。然非親覩宋刊，又焉能破其作僞之迹耶！考陳氏《直齋書録解題》載《東萊詩集》二十卷，外集二卷，今目録宛然具存，知「二」字實爲「三」字之訛。然自陳氏誤録於先，馬氏《經籍考》遂承訛於後，世人竟莫知其非者。至《宋史藝文志》，則祇存《詩集》二十卷，而不著外集，蓋其時已久湮逸矣。夫以五六百年不傳之書，一旦復出於世，已足謚爲曠代之珍，況既可以糾正舊目一字之差訛，復可以證明傳本全卷之臆造，其寶貴之值，又不徒以版刻之古、傳世之稀矣。

余之獲此書也，在戊午之秋。始聞内城帶經堂書坊有《東萊詩集》殘帙，意謂成公遺集，未之奇也。時朋好中如授經、印臣諸人咸得經眼，余以部務冗迫，未暇追尋。嗣屬徐君森玉爲我踪迹，買羊得王，發函驚忭。同來者，尚有金刻長春真人《磻溪集》三册，亦號異書。千金脱手，雙璧投懷，喜可知矣。庚申春，南游申浦，携示沈君乙盦，歡喜贊歎，謂余摭逸搜殘，有此奇遇，留觀几案者匝月，爲考訂源流，題古詩十二韻於簡末。茲録於別幅。緬懷前輩勝賞風流，今日已渺不可追，而余幸獲妙翰雅吟，更爲古書增重，又私自喜矣。

又，此集每卷咸題「江西詩派」四字，知即江西詩派之叢刻也。考居仁曾作《江西詩派圖》，列後山以次二十五人，而已居其末，意黄氏於諸家皆有刻本。余生平所見，尚有《倚松老人集》殘本二卷，行格字體與此集同，即前題「詩派」四字及慶元黄汝嘉一行亦無不同，乙盦詩中所謂「宋刻倚松孑無伍」，正指《饒集》而言，何意《吕集》復見，正可與之作配乎！此匪特版刻之舊聞，抑亦詩林之故實也。乙盦詩又深憾世無完書，無以證其割補之實。今沈本既出，糅竄之蹟大明，所謂「預搆圓成」者，殆非鑿空，九原有知，得毋欣然於豫言之奇驗耶！歲在丙子六月下澣，藏園老人識於香山雨香館中。

沈乙盦先生題詩

紫微詩話横街塾，卅年默識元祐學。東萊集迄晚歲逢，江西詩派孯異同。二十五家僅存五，宋刻倚松孑無伍。豈知還是密菴人，來與香嚴作賓主。外集完然三誤二，陳録馬考訂譌字。外集目録具存，足證《直齋解題》「二卷」爲「一卷」之誤。《經籍考》、《宋志》皆沿陳氏之誤。公雅編年廿通次，卷十胡然偭茲例。離行在詩冠卷端，微旨若寓春秋然。退聽古風茲祖述，竄廁卷中何説焉。外集與抄本正集重複，最不可解。曾序沈公雅有次第歲月之言，案之全集，井然不紊，不應獨於第十卷中以建炎、紹興諸作列之政、宣以前，此之糅竄痕迹顯然。凡江西詩派本前皆有目録，獨抄本《東萊集》無，亦罅漏之不可掩者。閣本録由馬家進，肊測元爲不全本。割將外集補亡篇，世無完書孰徵診。老翁嚮壁抽殘思，鑿空預搆圓成辭。生公立義經來證，會有延平劍合時。平生憶度多中，近日因《鐔津》而表章神清，《北山日録》忽現人間；因薛碑研究信行，而《三階集録》發見海外，皆意外足以增成妄想者。沅叔攈摭殘書，尤多奇遇，作此豫言，以待他日。庚申二月，由拳沈曾植記於海日樓中。

外集目録

東萊先生外集目録　江西詩派

第一卷

離行在即事三首

廬陵相遇同煉金液贈師厚直閣

次韻景實椰子詩　閑居

冬日雜詩　苦雨

題宮使趙樞密獨往亭　申端應詩

丁酉冬江上警報　高安道中有懷故人李彤
游陽山廣慶寺　自陽山還連州
柳州開元寺夏雨　寄雲門山僧宗杲
懷從弟　郴州謁義帝陵廟
桂陽鹿頭山寺次壁閒韻
同諸人再登鹿頭山再次前韻
聞岳侯破賀州賊次韓端卿韻　送王循友往柳州
永州法華寺西亭　廬陵舟行
春晚　宜章元日
久雨　界步河亭
途中久雨乍晴　連州
寧遠道中　春晚
湘江斑竹　興安靈渠
野岸　春晚即事
香山觀壁閒詩因次其韻　懷古

近體詩二十韻寄錢秉之

第二卷

絶句　送韓存中侍郎赴光州二首

試院中呈同官　試院鎖宿數日未出

堤上　阻雨不出

次潘節夫韻　再用前韻寄璧公

郴州牛脾山謁　星觀下有白鹿洞蘇耽飛昇之地

春日十二韻　京師雨春

府學治事奉懷張彦實兼寄惠子澤范信中向君受

寄家叔虛己　北齊

信安生日　和張文潛於湖曲

題九江王插劍泉　陽山大雹

謁韓文公廟陽山　游會勝寺蒙泉

連州游隅湖亭

奉觀超然居士面面亭唱和新句輒成近體詩上呈

送李惇秀才　元日雪中作
送王周士　寄小范
奉贈伯世仲志二弟　送張子直西歸
謝趙士㾾送酒　邦傑惠研紙墨三物謹成古體詩一首申謝
燕龍圖畫山水歌　初夏即事
晚出　贈趙九弟
寄李商老　喜宗師諸公數見過分韻得席字
巫山圖歌　將去濟陰寄泗上寧陵
丙申正月四日大雪簡府中諸公

第三卷

宿石頭多寶寺　董村歸路馬上口占
兵亂後目嬉雜詩　賀州周秀才
寄題莊季裕静軒　雪中奉簡張子直
絶句　擬古
夜同李十步月至崔成美家　讀東坡詩

讀亡弟由義舊詩有感

與范益謙飲有懷才仲絶句

感懷　贈唐虎

寄酒與陽翟諸弟　别魏先生

晉康逢師厚　初十日王震秀才家探梅

王園觀梅主人置酒暮歸　飯花光店是日立春

清隱及歐園貴梅　次韻酴醾

寒食　宿嵩前

客説嵩頂松實甚佳　送蘇龍圖知明州

塵外亭　題晁以道新居

星月枕屏歌　次韻堯明如皋道中五首

别才仲　再用前韻寄璧公

東萊先生外集目録終

慶元己未校官黄汝嘉增刊

周麟之海陵集跋

此集二十三卷，而表啓、内外制、雜文等多至十七卷，蓋茂振以偶儷擅長，又掌制日久，故所傳獨多。然考《清波别志》，言「族叔同知《海陵集》已有墨本，然於内制不載批答。又小官賞刑告詞，語雖簡而切當功罪，最爲用功處。紹興復疆，除兩京留守，孟庾西京，路允迪南京，旋坐失守，皆貶責。後追復官職，適當草制。孟曰：『屬關中之事，初有望於蕭公；棄河上之師，尚何尤於高克。』路曰：『惟睢水之遺忠，始焉有愧；比李陵之失節，終則爲多。』制出，士皆傳誦，今俱不收集中」云云。今檢集中，實無此二篇，則今世所行即出當時墨本矣。倘取宋人各總集、類書搜采，必有佚文可補入者，惜韓氏子石付刊時不及此也。又《提要》譏其外集所載《使金詩》、《中原謡》、《凱歌詞》諸篇多諛頌失實。此南宋士大夫慨憤夷禍，渴望恢復之言，與文達所處時代不同，要不足爲病也。庚午閏月，沅叔偶志。

雪山集殘本跋※

余春初南游吴越，北歸時道出秣陵，過狀元境書肆，見《雪山集》寫本二帙，存卷五至十二，首末鈐李文藻二印，喜其有舊人校筆，更重爲南澗收藏，遂以廉值得之。此集本從《大典》中輯出，印入《武英殿聚珍版書》，爲卷者十有六，此本爲初輯時所録副本，非有舊槧可據也。

頃以聚珍本對勘之，略披一卷，凡觸冒時忌處略有改竄，其餘字句初無大異，而編次則殊有不同。鈔本卷五首列《虞公壽雅》及《黄閣金印》二辭，聚珍本則改置卷十二古詩前。鈔本卷六終《白帝廟記》，卷七始《張益德廟記》；聚珍本則卷六至《興國四營記》爲止，卷七始《譙先生祠記》。抄本卷八列銘、贊、墓誌、哀辭、祭文、雜著各篇，聚珍本則列銘、贊、傳爲卷十，雜著、哀、祭墓誌等文爲卷十一。鈔本卷九爲賦、古詩，卷十爲五言律詩，卷十一爲七言律詩、五七絶句，卷十二爲詩餘；聚珍本則賦及古詩爲卷十二，五言律詩爲卷十三，七言律詩爲卷十四，五言排律、五七言絶句爲卷十五，詩餘爲卷十六，卷次乃逐卷遞易矣。其中差異特甚者爲五律詩，鈔本首《雙桂軒》詩，聚珍本則此詩在卷中，而以《何處難忘酒》一詩置之卷首。按此詩見張端義《貴耳集》，本爲四首，館臣祇取其第三首，殊不可解。雜著中原有《天申節開啓疏》等十一首，聚珍本皆不載。閲卷首所載乾隆四十年十一月上諭，知係當時奉旨删削，非漏失也。考《雪山集》據《宋史藝文志》及王阮序，知本爲四十卷，四庫館自《大典》鈔出時，初編爲十二卷，旋經奉旨删青詞一類，令總裁重加釐定，改爲十六卷，文字視初本爲減，而卷數則轉增矣。設非存此鈔本，後人竟不知刊本視原編其大相逕庭至如此也。然則雖屬殘帙，寧不足珍耶！

余嘗謂《大典》輯出之書要以得館中初編本爲貴，緣其尚未經館臣之筆削，則去古猶未遠耳。余昔年曾獲見法梧門藏宋、元人集四十種，皆館中初鈔本，偶取勘數帙，知其勝於聚珍版本者實多。兹更證以此集，則余言似非妄發也。

兹將所删削各文目附列於後方，其《何處難忘酒》見遺二首并附録焉。試玩索之，則當日刊落不存之意亦大略可見矣。辛未六月十九日，藏園居士記。

天申節開啓疏　天申節滿散疏　會慶節開啓疏　會慶節功德疏　薦李平仲水陸疏　薦孺人周年水陸疏　李平仲懺經疏　真如修御書閣疏　福勝緣化疏　真如修御書閣榜文　興國鳳樓巖化緣脩造榜文此十一首聚珍本不載。

何處難忘酒四首：見張端義《貴耳集》中，兹録其三。

何處難忘酒，蠻夷太不庭。有心扶白日，無力洗倉溟。豪傑將斑白，功名未汗青。此時無一盞，壯氣激雷霆。

何處難忘酒，姦邪太陸梁。腐儒還有鄙，好漢總無張。曹趙扶開寶，王徐賣靖康。此時無一盞，淚滴海茫茫。

何處難忘酒，生民太困窮。百無一人飽，十有九家空。人說天方解，時和氣自豐。此時無一盞，入地訴英雄。

宋刊本義豐文集跋※

此宋王南卿《義豐集》一卷，黃蕘翁《百宋一廛賦》所謂「义考信於南卿」者也。蕘翁自注云：「殘本王阮《義豐文集》，每半葉十行，每行十八字，所存五十八葉。前有淳祐戊申大梁趙希垩叙，後有淳祐癸卯吳愈叙。通體均遭割補，文僅末半葉，與前半葉和淵明詞云云初不連屬，缺損已甚矣。元書幾卷無從考見，惟《桯史》以爲阮所作詩號《義豐集》，刻江泮，校官馮椅爲之序者，有詩無文。決非此本也。」此書余十年前得於豐潤丁氏，審其卷帙行格一一都合，惟尚有賦注所未詳者。趙希垩跋行書四行，大字蒼勁，似顏平原，跋後有「克家」、「毋惰書房」墨記二方。吳叙行楷，半葉七行，筆致秀逸，似皆以墨迹上板。本書黑口，左右雙闌，版心上方記字數，下方記葉數及刊工姓名，有陳三、蘇成、吳全、万金、朱文、朱榮、陳顯、鄭興、王俊諸人。字體樸厚而微拙，雕工挺勁。據吳序，言刊於惠州之博羅，嶺外工技固不及南中之工麗也。南卿詩文他無所見，世傳《義豐集》皆自此册鈔出，洵屬海內之孤本。然趙氏跋語各家皆不録，其篇末《和歸去來辭》及殘文半葉各本多從刪削，細審目録後幅補綴顯然，意書估割去以充全帙，然從此南卿之文其卷數迄不可考，殊足憤歎。卷中有士禮居及黄蕘圃、汪閬源各印，蓋自宋廛出後曾歸之藝芸精舍矣。

近時《豫章叢書》中新刻此集，後有晉安黄瓚跋，言借鈔於晚村家。予取宋本對校，開卷趙希坙題識即已失載，目録四葉亦無之，題下注「一首」、「二首」字咸刊落不存，而詩中譌誤之字乃多至一百九十餘處。其小注脱失者亦往往而有，如：《上唐舍人》詩「戰艦奪松楸」下脱「隅官之擾民不得耕，戰船之材多伐民墓」十六字；「孽牙終作梗」下脱「盜賊日甚」四字。《游萬杉寺》題下脱「寺有昭陵御書」六字。《館娃宫》下脱「相傳吴王故宫」六字。皆其顯著者。由於展轉鈔傳，沿訛襲謬，已匪伊朝夕，設非親見宋本，又烏得掃滌蕪穢，一覩本來面目耶！

兹將趙希坙題語列之左方，其椒微師借校手跋亦附著焉。

淳祐戊申冬，得《義豐集》，夜坐涉獵一過，爲之撫卷。其所以抱負者豈不偉哉！然仕官不過二千石，殆是當先朝萬物盛多之時故耳。午來士無才學，未必乾、淳可督郵。顧余亦忝法從，兹又見諸老與之往還書尺，而重爲古之人、今之世交致其憾也。

大梁人趙希坙題。

余舊藏《義豐集》有鮑渌飲跋，蓋從知不足齋本傳録者，烏焉亥豕，不可句讀。春間晤沅叔，聞得此書宋本，亟謀借校，以留滯南中而沅叔之書又在京邸，未償此願。秋間北來，卧疾累月，至歲杪少愈，沅叔携此見過，遂得留校一通，俾西江鄉賢遺著多一善本流傳，曷勝愉快。至此刻精妙，已詳《百宋一廛賦》中，不復贅述云。癸亥祀竈前一日，盛鐸。

明嘉靖本慈湖先生遺書跋※

此明巡按江西御史秦懋功鉞所刊，前有嘉靖四年乙酉江西巡撫武陵陳洪謨序，言秦君出舊藏遺書若干篇，手自勘讐，得十有八卷，以鑱諸梓。序後有《宋史》列傳，卷末有太倉周廣序，亦言篇章謬複，多所散逸，釐校彙粹，終以成集而梓行之。是此書出於秦、周二人之重輯，非宋時之舊觀矣。版式半葉十行，行二十二字，白口，四周雙闌，目録板心下方有「江西高安藍糾寫、蘇州章景華刻」，知刻梓之工仍在吴門，故版式雕工特爲精雅也。卷一序，卷二記，卷三書，卷四祝、祭文，卷五行狀、墓誌、雜文、講義、跋銘，卷六賦、詩，卷七至十六爲家記，卷十七紀先訓，卷十八附録。其後又有續集一卷，則爲雜文及《孔子閒居解》，列爲卷十九、二十焉。《四庫總目提要》言《宋史》本傳載所著有《甲稿》、《乙稿》及《冠記》、《書記》、《石魚家記》等，名類殊多，而陳氏《書録解題》則祗載《遺書》三卷，疑《遺書》

三卷初本別行，今詩文已編爲六卷，而裒集《家記》等共成此編，仍以《遺書》名之，蓋已非《遺書》之舊矣。

慈湖以講學知名，文字初不經意，但取疏暢條達而已。詩尤平淺，頗仿《擊壤》之體，其雜以語録氣者，尤類近代語體詩。至歷代詩則塾中兒童歌訣之類，而皆附入集中，不加抉擇，可謂雜糅之甚矣。卷首鈐有「篤素堂張曉漁校藏圖籍之章」一印，當爲京江相國之後裔，俟更考之。辛巳十月二十六日，藏園雪窗書。

明鈔范石湖集跋※

《石湖居士集》三十四卷，明寫本，十行二十一字。前有目録一卷，第一卷爲賦及騷詞，以下古律詩。棉紙無格，每卷籤題均仍明人手書，全書無前人印記，惟近人據顧刻本以朱筆校正耳。

按《石湖集》爲公手自編定，嘉泰間其子莘等刻以行，凡詩文一百三十卷。顧氏跋語云：明時曾已重刻。然各家著録絶未一及，何耶？余曾見金蘭館活字本，爲李木齋師收得，惜中闕數卷，第亦有詩無文，與通行本無以殊也。康熙黄昌衢刻本分二十卷，據其自序亦出於舊鈔，以此明鈔校之，其奪訛舛異殆難僂指。考顧刻前有依園主人序，言金亦陶藏本從宋板抄得，更爲廣集諸家，校勘精密，可稱善本，兹先刻其詩集以公同好云云。是金氏藏本實兼存文集，不審顧氏何以祇取其詩，致令百卷鴻文竟歸沈没，並傳鈔亦絶迹於天壤，深足嗟惜。今取此本與顧刻對勘，卷數次第相同，惟明鈔前有目録一卷，顧刻全行删落；明鈔賦騷在卷一，顧刻列之末卷，已失宋刊舊第。其字句亦偶有異同，兹舉第一卷言之，如：《館娃宫賦》「况於捧心之百媚」，顧刻脱「於」字。騷詞《歸將》篇「猶顧懷兮此都」，「猶」不作「獨」。其餘更不悉舉。

余留意宋人集有年，惟《石湖集》鈔本乃獨少見，昔年曾收得舊本，爲董若雨寫贈張雋者，鈔手雖舊，然視此殆後百年矣。余别有詳記，此不復贅。壬申春分後三日沅叔記。

董若雨鈔本石湖居士集跋

《石湖居士集》據陳氏《書録解題》爲一百三十六卷，今通行者祇三十四卷，顧刻目録載有詞一卷，余别藏明鈔本前有目録一卷，則文集正爲一百卷也。顧氏跋言金亦陶藏本照宋版鈔得，兹先刻其詩集。是清初文集固尚存也。顧氏又言一百三十卷本明時曾已重刻，而流傳頗少。第遍檢歷來藏家絶無此本，其言或出傳聞，未可據爲典要歟？然即此三十四卷之詩，明代自金蘭館活字外更無他刻，故康熙以前傳世者祇有鈔本。以各家所載考之，《汲古目》有舊鈔八册，《延令目》有鈔本六册，鐵琴銅劍樓有叢書堂鈔本，皆爲三十四卷。其他乃絶少概見。

余既於滬市收得明寫本，爲仁和王氏所藏，復於津市更覯此本，紙色黄黯，字跡潦草，有數卷兼作行書者，其中更多空闕之字，意其必據舊刊重寫，故斷爛之處悉仍其舊，而又剋期蕆事，迫遽不及工書也。半葉十行，行二十一字，與滬市明鈔本正同。卷中有朱墨點校之筆，卷首有「壬辰若雨寫贈」六字，下鈐「張雋之印」。考董説字若雨，湖州人，其後爲僧，名南潛。張雋字非仲，一名僧願，又字文通，吴江人，積書甚富，手録者千餘卷，擁列左右。莊廷鑨聘修《明史》，爲作有明理學諸儒傳，其稿別行，名《與斯集》。史案未發，自知其禍，逃於僧舍，年已七十，後與潘檉章、吴炎諸人同受刑於杭州。著有《西廬詩草》四卷，事迹見《南潯鎮志》。葉俶緣《藏書紀事詩》云：「參閲名登野史亭，謗書酷甚腐遷刑。空王難贖多生劫，碧血湖堤走鬼燐。」正爲非仲詠也。嗚呼！白首空門，難逃宿劫，丹鉛遺卷，猶漬淚痕，事殊於固、邕，而禍烈於崔、范，撫卷流連，感愴曷已！其遺籍流傳可考見者，如《平津館鑑藏記》中《唐鑑》有「張雋字文通」印，皕宋樓藏明鈔《春秋纂言》、鐵琴銅劍樓藏宋刊《朱慶餘集》均有「張雋之印」，正與此書所鈐同。自順治壬辰迄今，已二百八十餘年，源流之古已自足珍，况其爲志節之士摩挲點勘，手澤所留貽者乎？余一匣之中並儲雙璧，而珍重護惜此本，殆駕明鈔而上之。若不得已而去，於斯二者固當貴近而賤遠矣。識者諒不河漢余言。壬申二月十九日，藏園書。

余取此本與顧刻對校，字句偶有異同，如：卷一《道中》詩「潮平宿鷺沙」，不作「湖平」；《讀史》詩「茲事定不暗」，「暗」字不缺。卷二《秋日雜興》五首，不作「六首」，其「蒼筠如蒼玉」與「屋東雙梧桐」合爲一首也。卷三《立春郊行》下有「崑山作」注三字，顧刻無之；《劇暑》詩「啾啾赤帝騎」，顧刻缺「啾啾」二字。更以黄刻勘之，則訂訛補漏殆難枚舉。蓋顧刻、明鈔與此皆同出一源，黄刻則分卷二十既已不同，文字更多舛互，疑所據乃别一本，故差違遂不可以道里計也。藏園又記。